本书受河南科技大学国家级项目配套经费、三亚学院
农民工返乡创业与乡村振兴对接机制及配套政策研究
特此感谢！

U0500069

从精准扶贫
到乡村振兴

中西部地区
农民工返乡创业研究

刘溢海　朱云章　等著

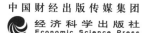

中国财经出版传媒集团

经济科学出版社
Economic Science Press

·北 京·

图书在版编目（CIP）数据

从精准扶贫到乡村振兴：中西部地区农民工返乡创
业研究/刘溢海等著 . --北京：经济科学出版社，
2023.10
ISBN 978－7－5218－5275－2

Ⅰ.①从… Ⅱ.①刘… Ⅲ.①民工－创业－研究－中
西部地区 Ⅳ.①F249.214②D669.2

中国国家版本馆 CIP 数据核字（2023）第 201864 号

责任编辑：顾瑞兰 王红玲
责任校对：齐 杰
责任印制：邱 天

从精准扶贫到乡村振兴：中西部地区农民工返乡创业研究

刘溢海 朱云章 等著
经济科学出版社出版、发行 新华书店经销
社址：北京市海淀区阜成路甲 28 号 邮编：100142
总编部电话：010-88191217 发行部电话：010-88191522
网址：www.esp.com.cn
电子邮箱：esp@esp.com.cn
天猫网店：经济科学出版社旗舰店
网址：http://jjkxcbs.tmall.com
北京时捷印刷有限公司印装
710×1000 16 开 14 印张 230000 字
2023 年 10 月第 1 版 2023 年 10 月第 1 次印刷
ISBN 978－7－5218－5275－2 定价：69.00 元
（图书出现印装问题，本社负责调换。电话：010－88191545）
（版权所有 侵权必究 打击盗版 举报热线：010－88191661
QQ：2242791300 营销中心电话：010－88191537
电子邮箱：dbts@esp.com.cn）

前　言

中国经济进入"新常态","双创"新格局逐步形成。2015年，国务院出台专门文件助推农民工返乡创业。同年，《中共中央 国务院关于打赢脱贫攻坚战的决定》强调，要"加大对贫困地区农民工返乡创业政策扶持力度"。《中共中央 国务院关于深入推进农业供给侧结构性改革加快培育农业农村发展新动能的若干意见》（即2017年中央一号文件）指出："支持进城农民工返乡创业，带动现代农业和农村新产业新业态发展。"国务院相关文件明确提出开展支持农民工等人员返乡创业试点工作，并把"促进贫困人口就业，带动1000万人脱贫"作为主要目标。2018年，《中共中央 国务院关于实施乡村振兴战略的意见》指出：一是对准贫困人口实施精准帮扶，重点进行就业扶持，完善产销链条，保证稳定脱贫；二是瞄准重点区域精准定向发力，确保基本公共服务水平；三是引导贫困地区增强内生动能，实现扶志、扶智与扶贫相统一。2019年，《中共中央 国务院关于坚持农业农村优先发展做好"三农"工作的若干意见》指出：一是力争在2020年末保证在当前脱贫攻坚总体目标下的乡村贫困户能够基本实现脱贫、困难县全面摘帽、重点困难地区全面脱贫；二是针对重点区域的重点问题，明确领导责任；三是帮扶持续发力，破解产业链断裂、社会保障不力等问题；四是贫困县、村、人口全部摘帽后，帮扶政策保持稳定，以减轻、避免返贫。《中共中央 国务院关于抓好"三农"领域重点工作确保如期实现全面小康的意见》（即2020年中央一号文件）就"三农"如何如期实现全面小康制定工作意见：一是要扩大扶贫成效、遏制脱贫返贫，强调返乡创业促增收；二是构建长效机制，设立减贫过渡期。《中共中央 国务院关于全面推进乡村振兴加快农业农村现代化的意见》（即2021年中央一号文件）指出，要实现巩固拓展脱贫攻坚成果同乡村振兴有效衔接，设立衔接过渡期、持续巩固拓展脱贫攻坚成果、接续推进脱贫地区乡村振兴、加强农村低收入人口常态化帮扶。

由此可见，国家高度重视精准扶贫和农民工返乡创业工作。然而，在贫困连片、劳务输出集中的中西部地区，这两项工作在实践中存在体制机制缺失和制度政策障碍，难以有效对接、并联推进。

本书研究以中西部地区农民工返乡创业与精准扶贫如何有效衔接为逻辑起点。

第一，对中西部地区农民工返乡创业驱动精准扶贫进行实证分析：调查分析农民工等人员返乡创业的基本特征，农民工等人员返乡创业面临的突出问题、扶贫渠道及效果，返乡农民工创业和农村精准扶贫的联结路径。

第二，对中西部地区贫困空间演化与农民工返乡创业进行共域性分析：把握域内生产要素的空间配置特征、扶贫机制的演化和空间联动机制的共域性。

第三，研究中西部地区农民工返乡创业与精准扶贫的对接机制：围绕政府与市场关系展开协同机制研究；围绕多元主体进行利益链接机制研究；围绕核心要素进行对接机制研究。

第四，对中西部地区农民工返乡创业与精准扶贫对接的政策进行评估：围绕机制建立评估体系，确定评估方法；围绕政策建立绩效评估体系，进行政策效应测度；围绕两者衔接，进行扶贫效果评价。

第五，对中西部地区农民工返乡创业驱动精准扶贫的案例进行分析：对耦合发展的贵州例证、协同发展的重庆例证、联动发展的洛阳例证进行分析，总结其经验。

第六，从农民工返乡创业内在动力保障体系、资源整合体系、项目推进体系和社会公共服务体系四个方面构建中西部地区农民工返乡创业与精准扶贫有效对接的保障体系。

第七，对从精准扶贫到乡村振兴形成的历史性变化、农民工返乡创业与乡村振兴的内在逻辑、农民工返乡创业在乡村振兴中的地位和作用以及农民工返乡创业驱动乡村振兴的目标任务进行分析。

第八，从中西部地区农民工返乡创业与精准扶贫暨乡村振兴对接的宏观配套政策、微观配套政策、具体推进配套政策三个方面提出中西部地区农民工返乡创业与精准扶贫及乡村振兴有效对接的配套政策。

　　本书以中西部地区农民工返乡创业为主线，通过从精准扶贫到乡村振兴的持续研究，以期创新研究范式，增加创业学科支点；拓展创新研究视域，开展跨学科研究；充实精准扶贫与乡村振兴的理论内涵，为脱贫攻坚和共同富裕添加思想注脚。同时，通过以创业促就业、以就业促脱贫、以脱贫促致富寻求探索出一种扶贫减贫与共同富裕的新方法、新路径；通过探求精准扶贫、乡村振兴与返乡创业之间的协同发展，打通扶贫减贫、乡村振兴在体制上的"堵点"和在政策上的"痛点"；通过创业扶贫与带动致富社会实践和探索，为乡村振兴提供可借鉴的行动方案。

目　　录

第1章　绪　论 ……………………………………………… 1
　　1.1　研究背景与意义 ……………………………………… 1
　　1.2　国内外研究进展 ……………………………………… 6
　　1.3　研究思路与框架 ……………………………………… 12
　　1.4　研究方法与创新 ……………………………………… 15

第2章　核心概念与理论基础 ……………………………… 17
　　2.1　核心概念 ……………………………………………… 17
　　2.2　理论基础 ……………………………………………… 25

第3章　中西部地区贫困的空间演化与农民工返乡创业
　　　　共域性分析 …………………………………………… 31
　　3.1　中西部地区域内生产要素空间配置特点 …………… 31
　　3.2　中西部地区贫困发生的空间及扶贫机制的演化 …… 34
　　3.3　中西部地区农民工返乡创业与精准扶贫对接的空间联动 …… 44
　　3.4　中西部地区农民工返乡创业与精准扶贫联动生成的共域象 …… 48

第4章　中西部地区农民工返乡创业与精准扶贫的联结考量 …… 53
　　4.1　中西部地区农民工返乡创业的基本特征及面临的主要问题 …… 53
　　4.2　中西部地区农民工返乡创业的扶贫渠道及效果 ……… 68
　　4.3　中西部地区农民工返乡创业与精准扶贫的联结态势分析 ……… 79

第5章　中西部地区农民工返乡创业与精准扶贫

　　　　对接机制及配套政策评估 ················· 93

　　5.1　中西部地区农民工返乡创业与精准扶贫的对接机制评估 ········ 93

　　5.2　中西部地区农民工返乡创业与精准扶贫的对接政策评估 ········ 101

　　5.3　中西部地区农民工返乡创业与精准扶贫的对接效果评估 ········ 112

第6章　中西部地区农民工返乡创业与精准扶贫

　　　　有效对接的案例分析 ····················· 125

　　6.1　中西部地区农民工返乡创业与精准扶贫耦合

　　　　发展——贵州例证 ······················ 125

　　6.2　中西部地区农民工返乡创业与精准扶贫协同

　　　　发展——重庆例证 ······················ 132

　　6.3　中西部地区农民工返乡创业与精准扶贫联动

　　　　发展——洛阳例证 ······················ 140

　　6.4　总结与探讨 ························· 149

第7章　中西部地区农民工返乡创业与精准扶贫

　　　　有效对接的机制构建 ····················· 150

　　7.1　中西部地区农民工返乡创业与精准扶贫的

　　　　政府市场协同机制 ······················ 150

　　7.2　中西部地区农民工返乡创业与精准扶贫的

　　　　主体利益链接机制 ······················ 156

　　7.3　中西部地区农民工返乡创业与精准扶贫的

　　　　核心要素对接机制 ······················ 162

第8章　中西部地区农民工返乡创业与精准扶贫

　　　　有效对接的保障体系 ····················· 168

　　8.1　中西部地区农民工返乡创业内在动力保障体系 ········· 168

　　8.2　中西部地区农民工返乡创业资源整合体系 ··········· 170

8.3 中西部地区农民工返乡创业项目推进体系 ·············· 171

8.4 中西部地区农民工返乡创业社会公共服务体系 ·········· 172

第9章 中西部地区农民工返乡创业与精准扶贫
有效对接的配套政策 ····························· 174

9.1 中西部地区农民工返乡创业与精准扶贫对接的
宏观配套政策 ····································· 174

9.2 中西部地区农民工返乡创业与精准扶贫对接的
微观配套政策 ····································· 177

9.3 中西部地区农民工返乡创业与精准扶贫对接的
具体推进配套政策 ································· 180

第10章 农民工返乡创业与乡村振兴 ·················· 185

10.1 新时代从精准扶贫到乡村振兴的发展逻辑 ······ 185

10.2 从精准扶贫到乡村振兴：农民工返乡创业的
"变"与"不变" ································· 189

10.3 农民工返乡创业与乡村振兴的互动机理 ········ 192

10.4 农民工返乡创业驱动乡村振兴的关键作用 ······ 194

10.5 农民工返乡创业驱动乡村振兴的目标任务 ······ 195

第11章 研究结论与展望 ····························· 198

11.1 农民工返乡创业符合时代逻辑 ················ 198

11.2 农民工返乡创业具有内在机理 ················ 199

11.3 基本结论 ····································· 200

11.4 未来展望 ····································· 202

参考文献 ·· 206

后 记 ·· 213

第1章 绪 论

1.1 研究背景与意义

1.1.1 研究背景

为顺应中国经济步入新常态，形成大众创业、万众创新热潮，建立多层次、多样化返乡创业新格局，2015 年国务院办公厅专门印发《关于支持农民工等人员返乡创业的意见》，指出支持农民工、大学生和退役士兵等人员返乡创业，通过大众创业、万众创新使广袤乡镇百业兴旺，可以促就业、增收入，打开新型工业化和农业现代化、城镇化和新农村建设协同发展新局面。总体要求：要加强统筹谋划，健全体制机制，整合创业资源，完善扶持政策，优化创业环境，以人力资本、社会资本的提升、扩散、共享为纽带，加快建立多层次多样化的返乡创业格局，全面激发农民工等人员返乡创业热情，创造更多就地就近就业机会，加快输出地新型工业化、城镇化进程，全面汇入大众创业、万众创新热潮，加快培育经济社会发展新动力，催生民生改善、经济结构调整和社会和谐稳定新动能。主要任务：一是促进产业转移带动返乡创业。鼓励输入地在产业升级过程中对口帮扶输出地建设承接产业园区，引导劳动密集型产业转移，大力发展相关配套产业，带动农民工等人员返乡创业。鼓励已经成功创业的农民工等人员，顺应产业转移的趋势和潮流，充分挖掘和利用输出地资源和要素方面的比较优势，把适合的产业转移到家乡再创业、再发展。二是推动输出地产业升级带动返乡创业。鼓励积累了一定资金、技术和管理经验的农民工等人员，学习借鉴发达地区的产业组织形式、经营管理方式，顺应输出地消费结构、产业结构升级的市场需求，抓住机遇创业兴业，把小门面、小作坊升级为特色店、连锁店、品牌店。三是鼓励输出地资源嫁接输入地市场带动返乡创业。鼓励农民工等人员发挥既熟悉输入地市场又熟悉输出地资源的优势，借力"互联网＋"信息技术发展现代商业，通过对少数民族传统手工艺品、绿色农产品等输出地特色产品的挖掘、升级、品牌化，实现输出地产品与输入地市场的嫁接。四是引导一二三产业融合发展带动返乡创业。统筹发展县域经济，引导返乡农民工等人员融入区域专业市场、示范带和块状经济，打造具有区域特色的优势产业集群。鼓励创业基础好、创业能力强的返乡人员，充分开发乡村、乡土、乡韵潜在价值，发展休闲农业、林下经济和乡村旅游，促进农村一二三产业融合发展，拓展创业空间。以少数民族特色村镇为平台和载体，大力发展民族风情旅游业，带动民族地区创业。五是支持新型农业经营主体发展带动返乡创业。鼓励返乡人员共创农民合作社、家庭农场、农业产业化龙头企业、林场等新型农业经营主体，围绕规模种养、农产品加工、农村服务业以及农技推广、林下经济、贸易营销、农资配送、信息咨询等合作建立营销渠道，合作打造特色品牌，合作分散市场风险。

同年，《中共中央 国务院关于打赢脱贫攻坚战的决定》（以下简称《决定》）特别强调，我国扶贫开发已进入啃硬骨头、攻坚拔寨的冲刺期。中西部一些省（自治区、直辖市）贫困人口规模依然较大，剩下的贫困人口贫困程度较深，减贫成本更高，脱贫难度更大。实现到 2020 年让 7000 多万农村贫困人口摆脱贫困的既定目标，时间十分紧迫、任务相当繁重。必须在现有基础上不断创新扶贫开发思路和办法，坚决打赢这场攻坚战。其指导思想是，到 2020 年，稳定实现农村贫困人口不愁吃、不愁穿，义务教育、基本医疗和住房安全有保障。实现贫困地区农民人均可支配收入增长幅度高于全国平均水平，基本公共服务主要领域指标接近全国平均水平。确保我国现行标准下农村贫困人口实现脱贫，贫困县全部摘帽，解决区域性整体贫困。

《决定》强调，要"加大对贫困地区农民工返乡创业政策扶持力度"，发展特色产业脱贫。制定贫困地区特色产业发展规划，出台专项政策，统筹使用涉农资金，重点支持贫困村、贫困户因地制宜发展种养业和传统手工业等。实施贫困村"一村一品"产业推进行动，扶持建设一批贫困人口参与度高的特色农业基地。加强贫困地区农民合作社和龙头企业培育，发挥其对贫困人口的组织和带动作用，强化其与贫困户的利益联结机制。支持贫困地区发展农产品加工业，加快一二三产业融合发展，让贫困户更多分享农业全产业链和价值链增值收益。加大对贫困地区农产品品牌推介营销支持力度。依托贫困地区特有的自然人文资源，深入实施乡村旅游扶贫工程。

2017 年，《中共中央 国务院关于深入推进农业供给侧结构性改革加快培育农业农村发展新动能的若干意见》指出："支持进城农民工返乡创业，带动现代农业和农村新产业新业态发展。"鼓励高校毕业生、企业主、农业科技人员、留学归国人员等各类人才回乡下乡创业创新，将现代科技、生产方式和经营模式引入农村。整合落实支持农村创业创新的市场准入、财政税收、金融服务、用地用电、创业培训、社会保障等方面优惠政策。鼓励各地建立返乡创业园、创业孵化基地、创客服务平台，开设开放式服务窗口，提供一站式服务。

同年，国务院出台《"十三五"促进就业规划》明确提出，开展支持农民工等人员返乡创业试点工作，并把"促进贫困人口就业，带动 1000 万人脱贫"作为主要目标。具体要求如下：一是分类实施试点，按照分类实施、有序推进的原则，以县为主体因地制宜开展培育产业集群、发展农村电商、促进转型脱困、带动扶贫增收、加快民族地区发展等返乡创业试点工作。二是完善返乡创业政策，落实相关税费优惠政策，支持试点地区加快出台降低门槛、财政支持、金融服务等创新性政策措施，营造良好的创业环境。支持部分试点地区开展"两权"（农村承包土地的经营权、农民住房财产权）抵押贷款试点。组织开展鼓励农民工等人员返乡创业三年行动计划，大力推进返乡农民工等人员创业培训工作。三是优化返乡创业环境。支持部分试点地区建设公共实训基地，提高培训能力；加强交通、物流、电信等基础设施建设，优化发展环境。支持试点地区发展农产品加工、乡村旅游、休闲农业等相关产业。

2018 年，《中共中央 国务院关于实施乡村振兴战略的意见》指出，按照党的十九大提出的决胜全面建成小康社会、分两个阶段实现第二个百年奋斗目标的战略安排，实施乡村振兴战略的目标任务是：到 2020 年，乡村振兴取得重要进展，制度框架和政策体系基本形成。农业综合生产能力稳步提升，农业供给体系质量明显提高，农村一二三产业融合发展水平进一步提升；农民增收渠道进一步拓宽，城乡居民生活水平差距持续缩小；现行标准下农村贫困人口实现脱贫，贫困县全部摘帽，解决区域性整体贫困。

对于打好精准脱贫攻坚战特别强调，一要瞄准贫困人口精准帮扶。对有劳动能力的贫困人口，强化产业和就业扶持，着力做好产销衔接、劳务对接，实现稳定脱贫。二要聚焦深度贫困地区集中发力。全面改善贫困地区生产生活条件，确保实现贫困地区基本公共服务主要指标接近全国平均水平。以解决突出制约问题为重点，以重大扶贫工程和到村到户帮扶为抓手，加大政策倾斜和扶贫资金整合力度，着力改善深度贫困地区发展条件，增强贫困农户发展能力，重点攻克深度贫困地区脱贫任务。新增脱贫攻坚资金项目主要投向深度贫困地区，增加金融投入对深度贫困地区的支持。三要激发贫困人口内生动力。把扶贫同扶志、扶智结合起来，把救急纾困和内生脱贫结合起来，提升贫困群众发展生产和务工经商的基本技能，实现可持续稳固脱贫。引导贫困群众克服等靠要思想，逐步消除精神贫困。要打破贫困均衡，促进形成自强自立、争先脱贫的精神风貌。改进帮扶方式方法，更多采用生产奖补、劳务补助、以工代赈等机制，推动贫困群众通过自己的辛勤劳动脱贫致富。

2019 年，《中共中央 国务院关于坚持农业农村优先发展做好"三农"工作的若干意见》强调，聚力精准施策，决战决胜脱贫攻坚。一是不折不扣完成脱贫攻坚任务。咬定既定脱贫目标，落实已有政策部署，到 2020 年确保现行标准下农村贫困人口实现脱贫、贫困县全部摘帽、解决区域性整体贫困。二是主攻深度贫困地区。瞄准制约深度贫困地区精准脱贫的重点难点问题，列出清单，逐项明确责任，对账销号。重大工程建设项目继续向深度贫困地区倾斜，特色产业扶贫、易地扶贫搬迁、生态扶贫、金融扶贫、社会帮扶、干部人才等政策措施向深度贫困地区倾斜。各级财政优先加大"三区三州"脱贫攻坚资金投入。对"三区三州"外贫困人口多、贫困发生率高、脱贫难度大的深度贫困地区，也要统筹资金项目，加大扶持力度。三是着力解决突出问题。注重发展长效扶贫产业，着力解决产销脱节、风险保障不足等问题，提高贫困人口参与度和直接受益水平。四是巩固和扩大脱贫攻坚成果。攻坚期内贫困县、贫困村、贫困人口退出后，相关扶贫政策保持稳定，减少和防止贫困人口返贫。

2020年，《中共中央 国务院关于抓好"三农"领域重点工作确保如期实现全面小康的意见》强调，一是要巩固脱贫成果防止返贫。总结推广各地经验做法，健全监测预警机制，加强对不稳定脱贫户、边缘户的动态监测，将返贫人口和新发生贫困人口及时纳入帮扶，为巩固脱贫成果提供制度保障。强化产业扶贫、就业扶贫，深入开展消费扶贫，加大易地扶贫搬迁后续扶持力度。扩大贫困地区退耕还林还草规模。深化扶志扶智，激发贫困人口内生动力。二是研究接续推进减贫工作。脱贫攻坚任务完成后，我国贫困状况将发生重大变化，扶贫工作重心转向解决相对贫困，扶贫工作方式由集中作战调整为常态推进。要研究建立解决相对贫困的长效机制，推动减贫战略和工作体系平稳转型。加强解决相对贫困问题顶层设计，纳入实施乡村振兴战略统筹安排。抓紧研究制定脱贫攻坚与实施乡村振兴战略有机衔接的意见。

综上所述，国家对精准扶贫、农民工返乡创业高度重视、并行推进、双向发力，但两者之间的协同、联动和耦合尚存在着体制机制的"堵点"和政策制度的"痛点"。鉴于此，作为剩余劳动力集中、贫困地区连片的中西部省份，怎样更加有效地做好两者之间的衔接工作就显得格外重要。

1.1.2 研究意义

1. 理论意义

一是创新研究范式，增加创业学科支点。构建创业学科不仅需要理论建构，更需要实践创新；不仅需要城市创业，更需要乡村创业。本书提出了创业与扶贫的共域性理论，以一种全新的视角和范式诠释了我国创新创业学科体系，并予以完善和重构。

二是拓展创新研究视域，开展跨学科研究。本书融入多领域理论背景，针对精准扶贫接续乡村振兴、返乡创业驱动精准扶贫的时代主题开展系统化、一体化研究，折射出多学科交叉融合优势。

三是充实精准扶贫的理论内涵，为脱贫攻坚添加思想注脚。本书深刻领会并运用习近平新时代中国特色社会主义经济思想和扶贫论述，抽取凝练了中西部省份农民工返乡创业驱动精准扶贫的成功经验，提炼升华了中西部省份创业扶贫的实践案例，为世界彰显了扶贫减贫的"中国模式"。

2. 实践意义

一是通过以创业促就业，以就业促脱贫，寻求探索出一种扶贫减贫的新方法、新路径。

二是通过探求扶贫与创业两者的协同发展，打通了扶贫减贫在体制上的"堵点"和在政策上的"痛点"。

三是通过创业扶贫社会实践，探索为乡村振兴提供可借鉴的行动方案。

1.2　国内外研究进展

1.2.1　国外相关研究

1. 移民回流具有创业倾向性

金等（King et al.，1986）对意大利贫困地区展开调查，发现亚平宁半岛南部农村有很强的向北回流趋势，输入地集中于北欧工业区。后续研究发现移民比原住民具备更强的创业意愿（Borjas，1986；Lofstrom，2004；Schuetze and Antecol，2007）；欧洲对于移民创业意愿、创业形式、创业效应的研究领域正在细分（docquier and rapoport，2012）；回流地文化特征（fairlie and lofstrom，2015）、移民职业特性及回流周期（Olesen，2002；Marchetta，2012）都在不同程度上影响创业。阿里夫等（Arif et al.，1997）和伊拉希（Ilahi，1998）根据巴基斯坦的截面数据探讨了移民回流后的职业选择和职业选择的关键因素，实证发现返乡移民更倾向于非农自雇。麦考密克等（Mccormick et al.，2001）通过1988年埃及的调查数据发现，回流者对城市创业活动有积极影响。达斯特曼（Dustman，2002）在建立回流决策理论模型的基础上，用生命周期理论探讨了回流者在自雇就业、工资性就业和退休养老的职业选择，实证发现回流者更倾向于自雇就业。布莱克（Black，2009）利用加纳和科特迪瓦近300名回流者的调查、皮拉查等（Piracha et al.，2010）对阿尔巴尼亚回流移民的研究以及瓦赫巴等（Wahba et al.，2012）通过构建理论搜寻模型进行研究，均验证了回流者更倾向于成为企业家。约格、维拉·迭斯、哈维尔·雷维拉·沙茨尔和路德维希（Junge，Vera Diez，Javier Revilla Schaetzl and Ludwig，2015）通过比较移民人口、东道国本土居民和从来没有输出经历的劳动力三者的创业倾向，发现移民人口明显具有远高于其他两者的创业倾向。

格梅尔奇（Gmelch，1980）的研究表明：爱尔兰有31%的回流者建立了自己的企业；古贝阿等（Gubea et al.，2008）对摩洛哥、阿尔及利亚和突尼斯回流者的创业活动研究表明，回流者具有较好的创办中小企业的能力。

2. 移民回流创业影响因素具有多样性

移民回流创业受到内在及外在多方面因素的影响。戴·斯塔克（Ded Stark，1991）指出，家庭是移民回流的决定性因素；当移民拥有较多资金、社会关系时，就会发生回流创业；麦克杜格尔（McDougall，1989）、墨菲（MurPhy，1999）、拉富恩特（Lafuente，2007）提出，创业环境也是创业初期考量的重要因素，创业者要想创业成功，是需要政府通过制定相应的政策来进行支持的，良好政策、创业成功的案例均会对之后的创业行为产生积极影响；斯塔克（Stark，1995）的研究表明，外出务工使农户累积了一定的创业启动资金，了解市场信息，有助于返乡自办企业、从事乡镇企业雇用劳动等非农工作，由此推动当地经济的发展。麦考密克和瓦赫巴（Mccormick and Wahba，2001）发现，当返乡农民的教育水平较高时，其外出务工期间积累的物质资本和人力资本对于返乡创业行为有显著促进作用。墨菲（MurPhy，2002）认为，外出务工经历能显著增加农民的资金储蓄、管理技能和社会资本，从而增加他们返乡创业的概率。理查德·布莱克和拉塞尔·金（Richard Black and Russell King，2003）、瓦赫巴和泽诺（Wahba and Zenou，2009）指出，移民回流创业具有内生机制，主观意愿起决定性作用强；梅斯纳德（Mesnard，2004）认为，大部分有创业意愿的人会选择外出务工或者经商来累积创业资金，丰富社会关系网络，以此促进创业行为。奥拉泽姆、乔利和余（Orazem P F，Jolly R and Yu L，2015）从认知科学的角度研究创业者存储和使用信息的心智结构，从而说明其创造力和机会识别的基础。阿达姆巴和奎蒂（Adamba and Quartey，2016）则基于内生性研究了加纳案例，更深入揭示了移民与创业间的内在机理。

3. 回流创业呈现一定的减贫效应

早期研究中，欧美学者认为移民是导致输出国陷入贫穷循环的诱因之一。恰恰相反，泰勒（Taylor，1999）认为，输出国家庭生产投资约束的缓解在某种程度上得益于移民本身。温斯坦（Weinstein，2001）则进一步指出，移民在输出国发展过程中所起到的渗透作用十分重要。罗伊·麦科纳奇、托尼·宾斯和保罗·滕贝（Roy Maconachie, Tony Binns and Paul Tengbe，2006）肯定移民返乡创业具有减贫效果。理查德·布莱克和拉塞尔·金（Richard Black and Russell King，2003）直接将移民回流创业视为输出国减贫主要途径之一进行了专门研究。余和阿特斯（Yu and Artz，2009）认为，国际移民回流创业已进入精细化研究阶段。达斯曼（Dustmann，2011）通过构建人力资本的动态模型发现，实现人力资本积累的回流者选择回流会获得更大的回报，且会帮助回流地减缓人才流失，增强本地社区的技能水平，从而带动当地社会的发展。纳达（Naude，2011）、贝内特和塔玛达（Bennett and Tamvada，2010）、伯纳尔等（Berner et al.，2012）研究发现，即便移民回流具有减贫效应，但对雇佣及生存类的企业作用并不明显。阿达姆巴和奎蒂（Adamba and Quartey，2016）在关于加纳循环移民与创业发展的相关研究中运用了发展共生性，对返乡创业与贫困发展的关系有了进一步的阐述。

1.2.2 国内相关研究

1. 贫困的空间演化与中西部地区农民工返乡创业的共域性

相关数据统计表明，2020 年河南返乡创业农民工累计达 149.79 万人，创造岗位突破 900 万个（新华网，2021）。同样，中西部地区其他劳动力输出大省（市）也呈现出良好的发展态势（刘苓玲、徐雷，2012）；西部地区返乡创业自 2000 年后才逐步提速，并且其空间推进模式呈现自东向西渐次升高，研究表明，中西部欠发达地区增长态势更明显（胡雯等，2013）；区域性差异显著。具体来看，西高东低（黄振华，2011）；脱贫目标即将实现，但集中性、区域性、整体性贫困尚未从根本上解决。农村脱贫攻坚工作卓有成效，但区域性整体贫困尚未根治，我国中西部地区的贫困发生概率仍表现为较高趋势且呈连绵带状分布（刘彦随等，2016；周侃、王传胜，2016）；贫困深度集中区域呈现贫困户、村、县、区（片）多级并存的分布格局。张大维、郑永君（2014）认为，对返乡农民工的生计方式选择及其创业行为的研究在已建立的四种具有代表性的贫困理论分析框架的基础上，还应构建贫困风险约束分析框架，返乡农民工创业的发生机制是贫困风险约束下的经济理性。李贵成（2018）认为，当前我国贫困的发生状态发生了显著变化，应突破传统扶贫思维范式，反思外生性扶贫范式中内生性的缺失，开展返乡农民工创业扶贫模式的理念、困境和发展思路。

2. 中西部地区农民工返乡创业与精准扶贫的联结考量与耦合机理

范小建（2007）认为，创业扶贫在若干方面破解了传统扶贫理论的实践瓶颈，有效对接了精准扶贫；返乡创业能够整合城乡要素、激活非农产业，是精准扶贫的有效路径。李培林等（2003）认为，回流劳动力视野开阔，思路新锐，加速农业转型升级与农村思想解放。侯善惠（2005）认为，"乡贤"能使资金、技术、人脉从城市回流，刺激经济增长极的形成。杨云善、黄锟（2006）认为，回流的劳动力在新农村建设过程中作用显著，加速经济结构升级和农民增收。李小云（2015）和辜胜阻（2014）认为，返乡创业使贫困区域造血功能得到完善。李贵成（2018）开展返乡农民工创业扶贫模式的理念、困境和发展思路的研究，有助于更好地把握政策走向，激活农村创新创业活力，为政府制定切实可行的精准扶贫措施提供建议。杜威漩（2019）认为，应研究农民工返乡创业减贫效应的生成机理，制定农民工返乡创业扶贫的资金、技术创新、人才培育及引进等方面的激励政策，搭建农民工返乡创业扶贫的政府服务平台，营造农民工返乡创业扶贫的思想文化环境，有助于强化农民工返乡创业的减贫效应。许家伟、张文怡（2021）基于对河南省孟津县的实地调查，考察了返乡创业与乡村振兴的内在逻辑、路径选择和耦合机理。吴克强、赵鑫、谢玉等（2021）认为，农民工返乡创业在促进区域扶贫脱贫和乡村振兴等方面表现出了强有力的支撑作用。

3. 中西部地区农民工返乡创业与精准扶贫有效对接

王德文和蔡昉（2007）通过对中西部地区案例研究，从迁移汇款减贫机制角度论证了非农就业对于减贫的正面作用。李小建和时慧娜（2009）

在通过对河南省固始县返回劳动者就业情况的研究后指出，返回务工人员所带来的人力资源和社会物质资产，在乡村就业活动中产生了明显的扩散作用，而在公司刚成立时的扩散作用，明显大于在公司成立之后的扩散作用。黄承伟和覃志敏（2013）解析了农民创业园区的重庆案例，串联政府、企业与农户，扶贫对象办中学，推动产业扶贫。莫光辉（2014）在总结了广西天等县农业创新减贫经验的基础上，进一步探讨返乡创业驱动精准扶贫的内在逻辑。陈元春（2019）认为，农民工返乡创业是带动农村地区，特别是贫困地区实现就业增收、脱贫致富的"助推器"。需要重点解决农民工返乡创业中面临的政策、融资、人才科技支撑等难题。重庆市按照国家精准扶贫的要求，立足区域实践，通过"强技能、促创业、带就业、助增收"策略，助力农民工返乡创业并取得了积极成效，为人社部门服务农民工返乡创业落实扶贫工作提供了地方经验和启示。蔡小慎、王雪岚和王淑君（2021）认为，在乡村振兴背景下，脱贫群体的生计资本特征发生质的改善，建议从以劳动者自我发展为中心转变就业扶贫目标、基于H-S-P-N-F五维生计资本特征精准选择就业扶贫模式、依据脆弱性环境条件选择主体协作方式三方面施策，从而接续推进脱贫地区乡村振兴。廖文梅、乔金笛和伍锋（2020）认为，政府应加强农村劳动力培训、鼓励外出劳动力返乡创业、促进家庭收入多元化增长，实现乡村振兴与脱贫攻坚的有效对接。刘伟、覃星星（2017）发现，面对近年来返乡创业人数不断增多的现状，广西天等县将返乡创业与脱贫攻坚结合起来，鼓励能人在村里设置产品加工车间，让留守贫困户就近从事劳动密集型工作，带动贫困户在家门口就业增收。

4. 中西部地区农民工返乡创业与精准扶贫的保障体系

2016 年，国家发展改革委提出未来 3 年将加强统筹规划、综合协调，不断改善试点地区创业环境，并组织试点地区对接阿里巴巴提供包括农村淘宝在内的农村电商项目落地支持，对接试点地区实现项目落地生根。对于国家级贫困县，阿里巴巴将结合当地实际情况辅以重点资源倾斜。樊振佳、刘鸿彬和伍巧（2018）通过对贫困地区政府网站信息服务现状的梳理，对政府信息服务的信息内容供给、更新频率、传播途径等方面提出了制度性对策和建议。樊振佳、宋正刚和刘鸿彬等（2019）指出，返乡创业人员在基础设施与配套服务、ICTs 和信息意识、信息资源获取渠道、信息利用和信息意义汲取等方面均存在显著的信息不平等；ICT4D 视角强调有效推进 ICTs 扩散和相关信息服务的举措，是缩小上述不平等的必要性保障；同时，返乡创业人员的主体能动性也是制约性因素，ICT4D 的理论生长点和实践重心应转向 ICTs 对信息主体可行信息能力的赋权。黄颖、卢慧娟（2019）以 1842 个粤东西北贫困地区返乡农村创业青年为样本，研究发现，为了促进农村青年创业，应打造"创业生态系统"，优化创业环境，加强相关政府部门联动，建立农村青年创业信息共享平台等。王玉玲、施琪（2021）以县域青年返乡创业的现状为实践起点，探索这一群体返乡创业的动因，探析他们的行为表征和价值涵摄，基于此，指出应从提高政策实施准度、提升创业协同能力、提高创业青年素质、提高金融支持力度等路径提升青年返乡创业的成功率。

5. 中西部地区农民工返乡创业与精准扶贫对接的配套政策

基于 2019 年 2139 家全国返乡创业企业的调查数据，杨建海、曹艳和王轶（2021）探究了乡村振兴战略背景下返乡创业扶持政策的就业拉动效应及其动力机制，建议地方政府制定有针对性的区域返乡创业扶持政策，力求做到精准施策，进一步发挥返乡创业扶持政策的就业拉动效应。王轶、陆晨云（2021）运用 Ologit 模型研究了财税扶持政策对返乡创业企业经营绩效的影响，研究发现，税收减免、贷款担保、用地优惠和产业扶贫这四类财税扶持政策总体上都能显著提升返乡创业企业经营绩效。王轶、赵峰和刘鹏（2022）研究发现，返乡创业企业获取银行信贷和政府扶持信贷能够显著增加其雇佣员工的数量，政府扶持信贷对当地贫困户的扩就业效应更加明显。他们建议地方政府充分发挥不同信贷政策的扩就业效应，结合本地返乡创业企业的特点，实施差异化、精准化、协同化的信贷政策，提升返乡创业企业的扩就业能力，促进农村地区实现共同富裕。

1.2.3 国内外相关研究述评

国外相关研究视"迁移—发展"为"研究面"，视移民回流创业为"研究点"，两者是后者被前者包含的关系；其关注点在于内生动力、主观意愿以及减贫周期等，其参考价值在于研究样本的选择、指标框架的构建以及实证变量的处理，其研究盲区在于创业与减贫效果两者数量关系的实证分析。反观国内研究，关于扶贫、返乡创业两大主题的成果十分丰富，但两者关系的研究仍显薄弱，尤其是返乡创业与精准扶贫的共域性、契合性及效应联结性的研究急迫性凸显。当下，中西部地区农民工返乡创业与精准扶贫实现合理衔接的基本路径、对策建议相关研究仍是空白，有待补充、完善、突破。鉴于此，本书将立足农民工返乡创业与精准扶贫进行机制与政策的针对性研究。

1.3　研究思路与框架

1.3.1　研究思路

以中西部地区农民工返乡创业与精准扶贫乡村振兴如何有效衔接的共域性为逻辑起点，根据目前该地区农民工返乡创业与精准扶贫乡村振兴所面临的具体困难，深入研究农民工返乡创业与精准扶贫乡村振兴相互融合的内在机理，并利用经济学、社会学、统计学相关理论，通过离散的受限因变量模型对抽样结果进行微观统计测度，以寻找机理脱节、措施不足的具体问题，进一步研究农民工返乡创业与精准扶贫乡村振兴的互动机理、政策保障，为政府决策提供参考。

1.3.2　总体框架

本书主要包括以下 11 章。

第 1 章，绪论。(1) 研究背景与意义；(2) 国内外研究进展；(3) 研究思路与框架；(4) 研究方法与创新之处。

第 2 章，核心概念与理论基础。(1) 核心概念界定：中西部地区、集中连片特困地区、农民工返乡创业、精准扶贫、共域性；(2) 相关理论：城乡二元经济理论、推拉理论、贫困理论、需求层次等理论；经济机制设计理论、嵌入式自主理论、服务型政府建设理论、公共政策价值理论。

第 3 章，中西部地区贫困的空间演化与农民工返乡创业共域性分析。(1) 域内生产要素空间配置特征：空间分布、环境特点、劳动力现状；

（2）贫困发生的空间及扶贫机制的演化：不同扶贫战略阶段扶贫措施与贫困发生空间变化、返乡创业与贫困情况变化；（3）空间联动机制：东西部帮扶协作结对空间联动、对口支援空间帮扶；（4）共域性：共分为时间、空间、效应、人才、机制、保障和政策七个维度。

第 4 章，中西部地区农民工返乡创业与精准扶贫的联结考量。（1）样本调查选择的依据、原则与分析：农民工等人员返乡创业的基本特征、农民工等人员返乡创业面临的突出问题；（2）扶贫渠道及效果分析；（3）联结态势：返乡农民工创业和农村精准扶贫的联结路径、实证与效果。

第 5 章，中西部地区农民工返乡创业与精准扶贫对接机制及配套政策评估。（1）围绕政府与市场关系展开协同机制研究；（2）围绕多元主体进行利益链接机制研究；（3）围绕核心要素进行对接机制研究。

第 6 章，中西部地区农民工返乡创业与精准扶贫有效对接的案例分析。（1）贵州例证——耦合发展；（2）重庆例证——协同发展；（3）洛阳例证——联动发展；（4）总结评价。

第 7 章，中西部地区农民工返乡创业与精准扶贫有效对接的机制构建。（1）围绕机制建立评估体系，确定评估方法；（2）围绕政策建立绩效评估体系，进行政策效应测度；（3）围绕两者衔接，进行扶贫效果评价。

第 8 章，中西部地区农民工返乡创业与精准扶贫有效对接的保障体系。（1）农民工返乡创业内在动力保障体系；（2）农民工返乡创业资源整合体系；（3）农民工返乡创业项目推进体系；（4）农民工返乡创业社会公共服务体系。

第 9 章，中西部地区农民工返乡创业与精准扶贫有效对接的配套政策。（1）中西部地区农民工返乡创业与精准扶贫对接的宏观配套政策；（2）中西部地区农民工返乡创业与精准扶贫对接的微观配套政策；（3）中西部地区农民工返乡创业与精准扶贫对接的具体推进配套政策。

第 10 章，农民工返乡创业与乡村振兴。（1）农民工返乡创业与精准扶贫和乡村振兴联动发展符合时代逻辑；（2）农民工返乡创业与精准扶贫和乡村振兴联动发展具有内在机理；（3）基本结论：共域性是本书研究的逻辑起点；农民工创业扶贫具有联动效应；创业扶贫亟须人才杠杆的撬动；农民工创业扶贫具有持续效应。

第 11 章，研究结论与展望。进一步深入、细致地推进课题研究。一是不断丰富调研资料，建立研究数据库；二是为持续巩固扶贫成果，建立动态返贫风险管理模型和预警机制；三是针对乡村振兴的实施，进一步开展明晰农民工返乡创业的体制机制和优化配套政策研究。

1.3.3　重点难点

1. 重点

一是共域性研究——农民工返乡创业与精准扶贫在空间上的重叠性特征。

二是机制研讨——农民工返乡创业与精准扶贫有效衔接的内部机理与外部作用。

三是对策建议——农民工返乡创业驱动精准扶贫的制度、机制、政策保障。

2. 难点

一是中西部地区农民工返乡创业与精准扶贫联结考量、空间演化与共域性分析。

二是综合运用微观计量分析模型对返乡创业与精准扶贫的对接机制与政策进行量化评估。

1.3.4　主要目标

1. 理论目标

通过对中西部地区农民工返乡创业驱动精准扶贫的实证研究和规范研究，形成以创业与扶贫的共域性为逻辑起点，以农民工返乡创业内生动力为特征，以创业与扶贫对接机制为主要内涵的理论框架。

2. 政策目标

构建中西部地区农民工返乡创业驱动精准扶贫的政策评价体系，建立评价指标，分析联动效应，为政府政策的制定、组合与优化提供建议。

3. 实践目标

通过对中西部地区农民工返乡创业驱动精准扶贫的样本调查、实证分析，为创业扶贫提供一种可复制、可推广、可借鉴的实践模式。

1.4 研究方法与创新

1.4.1 研究方法

1. 规范分析法

以习近平新时代中国特色社会主义思想为价值判断标准，梳理、归纳现有国内外相关文献及政策，为本书研究提供理论支撑。

2. 实证分析法

构建结构方程模型评估返乡创业与精准扶贫的对接机制，分别建立因子分析模型评价返乡创业政策绩效及脱贫户返贫风险，运用有序多分类 Probit 模型探讨政策支持对农民工返乡创业扶贫效果的影响，并利用固定面板和固定效应变系数模型对精准扶贫效益和返乡创业效益进行量化评估。

3. 实地调查法

遵循区域性、典型性、代表性原则，针对返乡创业人员、政府相关部门人员和贫困对象，运用问卷调查、企业座谈、入户访谈等开展实地调研。

1.4.2 创新之处

1. 研究视域创新

本书以经济学、社会学、统计学、管理学、行为科学等多学科融合为研究的学理基础，以农民工返乡创业驱动精准扶贫的共域性特征为研究的逻辑起点，以不同类型的中西部贫困地区为研究的基本区域，以农民工返乡创业为研究的主体对象，以"创业—就业—扶贫"为研究的逻辑主线，是本研究的视域创新。

2. 研究内容创新

本书基于中西部贫困地区现状调查和农民工返乡创业趋势分析，针对我国新时期扶贫机制、政策和效果进行了靶向评估，进而瞄准返乡创业驱动精准扶贫形成的空间重叠、内在契合、效应连接三大特性，探寻空间联动、制度链接和要素对接三大机制，总结中西部典型代表地区的空间耦合、协同、联动三大实践范式，提出政策、机制、制度三大保障等核心内容，是本书研究的内容创新。

3. 研究方法创新

本书依托返乡创业试点地区数据，构建固定效应面板数据模型，探讨省域、市域返乡创业促进经济增长的差异与影响因素；依托问卷调查数据，综合运用结构方程模型、有序多分类 Probit 模型、因子分析模型等，剖析返乡创业政策绩效、返乡创业扶贫效果等，将返乡创业与精准扶贫的对接进行量化评估，是本书研究的方法创新。

第2章 核心概念与理论基础

2.1 核心概念

2.1.1 中西部地区

中国的东部、中部、西部区域的发展规划始于 1986 年，由全国人大常委会六届四次会议批准的"七五"计划开始实施。东部地区包括北京市、天津市、河北省、辽宁省、上海市、江苏省、浙江省、福建省、山东省、广东省和海南省，共十一省（市）；中部部区包括山西省、内蒙古自治区、吉林省、黑龙江省、安徽省、江西省、河南省、湖北省、湖南省和广西壮族自治区，共十个省（区）；西部地区包括四川省、贵州省、云南省、西藏自治区、陕西省、甘肃省、青海省、宁夏回族自治区、新疆维吾尔自治区，共 9 个省（区、市）。1997 年，重庆被设置为直辖市，西部扩大至十个省（区、市）。内蒙古自治区和广西壮族自治区由于其一般国内生产总值与上述中西部地区十省（区、市）的平均水平持平，也被纳入 2000 年我国提出的在西部大开发中享有优惠政策的区域。至此，中国西部包含十二个省（区、市），即四川省、重庆市、贵州省、云南省、西藏自治区、陕西省、甘肃省、青海省、宁夏回族自治区、新疆维吾尔自治区、广西壮族自治区和内蒙古自治区；中部包含八个省，即湖北省、湖南省、河南省、江西省、安徽省、黑龙江省、吉林省和山西省。

2.1.2 集中连片特困地区

改革开放以来，我国经济不断强盛，人民生活条件日益改善。然而，各地区贫富差距不断加大，东部地区经济发展速度不断加快，中部次之，西部地区发展速度相对落后。为了提高中西部地区脱贫的效率，精准扶贫政策应运而生。2011 年制定的《中国农村扶贫开发纲要》（以下简称《纲要》）中强调将农村集中连片特困地区纳入国家脱贫攻坚主战场。《纲要》第十条明确指出：罗霄山区、大别山区、吕梁山区、燕山—太行山区、大兴安岭南麓山区、滇西边境山区、乌蒙山区、武陵山区、秦巴山区、六盘山区等连片的特困地区被国家划分为了脱贫攻坚的主战场。除此之外，加上新疆南疆四地州、四省藏区、西藏此前已明确实施特殊政策，脱贫攻坚主战场总计达到 689 个县。

随着国家精准扶贫战略的不断深入，2020 年底全国脱贫攻坚战夺取胜利，9899 万农业贫困人口完全脱贫，832 个贫困县完全摘帽。其中，集中连片特困区域是区域脱贫攻坚战的主要阵地，为总体脱贫致富、消除绝对贫困作出巨大贡献。

2.1.3　农民工返乡创业

1. 农民工

农民工是在我国城乡二元结构下特定时期的产物。张玉林（1983）指出，农民工是在城市中进行非农业生产劳动的脱离农田的农业劳动者。刘怀莲（2005）强调，应将重点放在农民的户籍身份、从事非农产业的职业身份以及在城市工作却很难获得正常的社会保障地位三个特征。韩俊（2009）认为，识别农民工应重视两点，一是在乡村具有户口和土地，二是以非农业经济收入作为其主要生活来源。在 2021 年的《农民工监测调查报告》中，国家统计局对农民工的概念进行了阐述：即户口仍在乡村，但一年内在外从业六个月或以上的农村劳动者。上述对于农民工概念界定均包含两个方面的特点：一是具有农村户籍；二是从事非农业生产。由此，本书认为，可以将农民工从广义上划分为两个类型：一是那些愿意在户口所在地就业且没有依附原生土地的人；二是指远离家乡到城镇务工的劳动者。狭义上，农民工指的大多是后者，这也是本书研究的重点对象。

2. 农民工返乡创业

本书研究首先需要明确以下四点：一是返乡创业的人主要是指农民工；二是创业地点为原籍及户口所在地；三是创业期为半年以上；四是创

业活动应主要依托当地资源。具体到农民工返乡创业方面的研究，重点放在动机、模式与路径、政策和政府支持体系四个方面。

（1）农民工返乡创业的动机。林斐（2004）认为，工作经历和经验直接影响创业效果：首先，人力资本在工作进程中得到提升；其次，行业选择会受到外出工作经验的影响；最后，创业所需的技能、资源、信息等主要来源于外出打工的积累。蔡玲（2009）认为，部分农民工从城市劳动市场返乡回流的现象，是劳动力市场资源配置和劳动力结构自发调整的结果。美玉（2013）认为，收入不能满足基本需求以及对财富的基本经济需求是新生代劳动者进行创业活动的主要推力，提升社会价值、体现自我人生价值的需求则是创业活动的拉动因素。刘溢海、来晓东（2016）对河南多地农民工返乡创业意愿进行了实证分析，结论表明：健全的农民工返乡创业扶持体系有利于提高农民工创业意愿，从而通过农民工创业推动劳务输出地的经济发展。李周（2019）从三个层次勾勒了 70 年前我国农村剩余劳动力迁移的历史，凝练地剖析了造成我国农村剩余劳动力转移的主要原因。张思阳、赵敏娟、应新安等（2020）认为，社会资本因信息化的推进和网络的日益发达已经发展为两个类型，一是真实社会资本，二是虚拟社会资本，农民工返乡创业意愿会因此受到不同影响。王辉、朱健（2021）对影响农民工返乡创业意愿的相关因子展开了研究。

由此可见，首先，多数中西部区域的农民工都希望得到较良好的利润回报与工作机遇，在区位选择上也往往偏好经济发展较为成熟的中国东部，但"人口红利"正逐渐发生变化，由于我国经济与全球的接轨和制造业重组的需要，东部地区一些制造业、工业部门以及急需大量人力与自然资源的公司也开始走向中西部，也带来了部分农民工的返乡创业；其次，由于历史因素所导致的城乡二元分割，进入城市打工的农民工在身份认同和社保待遇方面都会面临一定困难，这也将导致一些人回到原流出地进行自主创业；再次，随着我国社会对于"三农"问题的普遍关注，中西部地方政府制定的相关支持政策也对农民工返乡创业起到了一定的促进作用；最后，由于普遍累积了一定的社会资本与知识，并具备了一定的创业背景，这都为农民工返乡创业创造了良好的条件。

（2）农民工返乡创业的模式及路径。邓俊森（2014）建议，以农村合作社发展绿色农业带动返乡创业农民工创业，构建完善的城乡一体化绿色发展模式。夏柱智（2017）针对个案乡镇，从多个视角揭示了返乡创业农民工与乡村社会的互动机理，指出"组织化创业"将成为农民工返乡创业的新模式，运用这种模式将促进农村创业向城市市场经济体系的融入。李贵成（2018）突破中国传统的帮扶思想范式，反思传统外生性帮扶范例的不足，通过对返乡农民工创业的基本理念及发展思路的调研，能够更好地利用政策支持，不断激发农民工的返乡创业热情。

目前，中西部各地返乡创业的项目，既有投资数额较大的民营企业以及小酒店、美容院等这样的小项目，也包括现代化的特色农产品的生产和经营。与农村原有企业相比，具备以下特点：一是返乡农民工利用自由资金投入经营，成为项目经营的主体，这与过去乡镇企业一般通过银行贷款和财政统筹经营不同；二是返乡创业者往往根据以往工作经验首选以前从事过的领域，依托自身掌握的生产技能，独立开展创业项目；三是农民工返乡创业一般以个人行为为主，政府部门辅之以指导和帮扶。

（3）农民工返乡创业政策。高健（2007）、谢惠明（2013）侧重于在创业政策体系方面展开研究。张楠、周明星（2010）从微型企业创业的视角，深入研究了促进农民工充分就业问题，并通过创业模型构建，提出微型企业创业的相关政策建议。周劲波和陈丽超（2011）的研究表明，有效的创业政策可以帮助农民工提高创业水平，政策工具选择尤为重要。康海军（2012）认为，必须建立完善的培训机制，从根本上提升农民工的创业能力。林翰雄（2014）强调，社会与经济政策体系对农民工返乡以及正常创业活动影响显著，这些方面的滞后会大大缩小输出地企业的发展空间。彭新万、张凯（2017）认为，随着新型城市化建设的开展和返乡创业人口的不断增加，研究政策支持尤为重要。

研究者们就农民工返乡创业政策开展了深入的探讨，课题组认为，农民工返乡创业政策可界定为由政府部门出台的有关规定和实施的各种政策，并涵盖政府公共部门针对农民工返乡创业所出台的各项法律法规。

（4）农民工回乡创业政策支持。华兴顺（2009）认为，要不断推进体制机制的创新，形成良好的政策环境和社会氛围，激发返乡农民工的创业热情。胡俊波（2009）认为，政府对于返乡创业的支持重点应放在提供创业机会、改善创业收入和增加创业成功概率三个方面。彭安明、朱红根（2013）认为，应从财政支持、金融支持、土地供给、产业指导等方面着手完善我国农民工返乡创业的政策支持体系。董秀莹、陈玉祥、郑小强（2017）从农民工返乡创业政策措施支撑体系的建立、基础服务搭建、实践过程三个角度，提出了农民工返乡创业政策措施支撑系统建立中必须重视的问题。

课题组认为，农民工返乡创业的政策支持体系是由政府部门通过法律法规的制定、政策扶持以及资金保障等手段，保障返乡创业顺利开展所形成的体系，这个体系主要涉及政策、财务、法规以及技术保障等几个领域，可将创新人才、创业项目以及政策扶持三个部分有效融合，充分调动农民工返乡创业的主动性，降低农民工创业过程中的各类风险并提高创业成功概率。

2.1.4 精准扶贫

1. 精准扶贫的生成逻辑

精准扶贫上升为国家战略有着深厚的国际、国内历史背景，我国的精准扶贫建立在各个国家大量的探索和实践的基础上。在扶贫方面，国内外均形成了丰富的理论成果以及反贫困模式。其中，多维贫穷理论对贫困的各项指标进行界定，饮用水、交通、住房以及对收入贫穷的主观感受等均应包含在内；测算多维贫穷指数（MPI）的"Alkire-Foster 方法"由 Alkire 和 Foster 研究得出，这一方法在全面评估扶贫、精确定位，并提出扶贫对策等方面都起到了关键性作用；参与型扶贫理念，突出了在扶贫资金、资源的投入领域、建设项目，以及服务产品选用等方面贫困农户对于政府扶贫决策的参与性；协作式扶贫理论，突出协作平台的功能，提出要利用网络平台进行政府部门、社会、扶贫群众之间的合作高效协作；涓滴理论在扶贫中贫困人口能否获得经济资源的倾斜至关重要，这一问题能够通过市场机制的合理制定加以解决；利贫式扶贫则将扶贫的重点放在成果分配方面，认为可以利用政府政策干预和制度安排得到分配中的倾斜。精准扶贫理念的提出，一方面是对上述理论的进一步完善，另一方面也是对我国扶贫开发实践的提炼与总结。

2. 精准扶贫的理论内涵

2013 年 11 月，习近平总书记在湘西考察时针对贫困问题指出，要

"实事求是、因地制宜、分类指导、精准扶贫"。2014 年 1 月，中共中央办公厅作出了精准扶贫工作模式的顶层设计，这对"精确扶贫"思路的落地实施起到了重要推动作用。同年 3 月，习近平总书记在两会代表团审议中针对精准扶贫指出，要瞄准扶贫对象，进行重点施策。充分诠释了精确扶贫工作理念。2015 年 6 月，习近平总书记在贵州调研时提出，扶贫工作"贵在精准，重在精准，成败之举在于精准"。同年 10 月，习近平总书记在 2015 减贫与发展高层论坛上提出，中国扶贫攻坚工作实施精准扶贫方略。

课题组认为，精准扶贫要在识别、帮扶、管理、考核等环节保持精准。具体而言，第一，要有一条民主、科学、公开、透明的帮扶程序；第二，要严格按照有关法律法规，针对贫困地区和贫困户的特点和差异将贫困地区和贫困户进行甄别；第三，要在甄别的基础上有针对性地制定出具体扶贫政策措施；第四，要利用现代化的信息方式对贫困地区和贫困户的基础信息进行精准收集和管理；第五，要建立动态的市场准入与退出管理机制，实现帮扶对象信息的精准。其内涵应包含以下几个方面。

（1）精准扶贫的要点在于"精""准""扶"。"精"主要指的是精确的顶层设计，精确的基层执行，强调精确部署、精确执行、精确安排；"准"主要指扶贫对象和贫困原因的精准识别，强调"真扶贫，扶真贫"；"扶"主要是指政府在扶贫过程中处于辅助和扶持地位，"扶"的关键在于贫困人口在于提高扶贫对象的自身技能和素质，提高其抵御贫困的能力，变输血式扶贫为造血式扶贫。

（2）精准扶贫的实质是全面、科学和高效。全面扶贫强调扶贫的视角应放在当地经济发展的全局，工作要覆盖至各级贫困地区、贫困村、贫困户；科学扶贫强调科学运用各项技术，科学制订扶贫方案，科学识别贫困，科学应对贫困，最终实现扶贫效果的持续性，防止脱贫人口的返贫；高效扶贫强调在精准扶贫目标时间表的基础上，兼顾经济效益和社会效益，真正实现科学扶贫和全面扶贫。

（3）精准扶贫的保障是程序公正、法律健全。资金投入是否科学，资源配置是否合理，流程优化是否到位，这些问题的解决对精准扶贫的高效实施至关重要，需要从政策、法律法规方面加以保障，扶贫政策的科学制定、法律法规的不断完善均至关重要。只有这样，才能达到扶贫工作的有法可依，工作人员的行为规范，开展工作的合规合法。

（4）精准扶贫的目标是全面脱贫、防止返贫。国务院于 2021 年 4 月发布《人类减贫的中国实践》白皮书，书中显示，从 1978 年至今，根据我国目前的扶贫测算标准，中国农村已有 7 亿多贫困人口脱离贫困；根据世界银行的全球扶贫标准，我国精准减贫人数已超过世界减贫人数的 70%。精准扶贫取得成果后，如何巩固成果、防止返贫至关重要。能否精准掌握贫困人口的分布和贫困原因，能否科学利用大数据平台全面掌握贫困相关信息资源，对于提高扶贫的针对性和有效性，以及防止返贫尤为重要。

3. 精准扶贫的构成

精准扶贫的重点在于将各类扶贫资源与贫困户之间进行精准优化配置，主要包括四层含义：精准识别、精准帮扶、精准管理和精准考核。精准识别是指要准确地将贫困对象识别出来，并准确分析其贫困程度和贫困原因，精准识别的成效直接决定后续工作能够有效开展；精准帮扶是依据扶贫对象的贫困程度和贫困原因，个性化定制帮扶方案；精准管理主要是将精准识别后确定的贫困对象统一建档进行精细化管理；精准考核是对扶贫工作过程进行评估，对精准扶贫效果和主体行为进行评价，从而为新一轮的精准扶贫计划的制定提供有效的依据。精准扶贫的运行机制如图 2 - 1 所示。

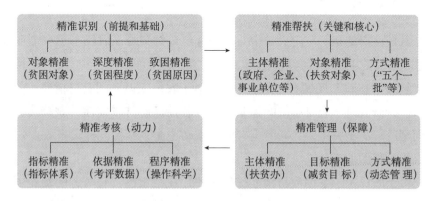

图 2 - 1　精准扶贫运行机制

4. 精准扶贫的特点

精准扶贫与以往的扶贫方式相比具有以下特点。

（1）目标更加明确。传统扶贫方式一般不对扶贫区域内的居民进行细分，因此，在扶贫区域内的居民可以无差别地享受扶持政策。精准扶贫的实施中重视对于扶贫对象的精准识别，精准识别又依赖于信息的精准采集，对于个人基本信息、家庭经济条件、生活工作的基础设施及公共服务等信息的精准采集能够为贫困村、贫困家庭和贫困人口的有效划分提供科学依据。

（2）措施更加具体。我国传统的扶贫政策是以贫困地区的总体贫困情况为依据出台的，具体到贫困户和贫困人口，针对性就可能不够。精准扶贫将贫困地区贫困户和贫困家庭精准分析，掌握其贫困原因，定制其帮扶方案，使得扶贫方案的针对性更强，更有利于达到预期的扶贫效果。

（3）管理更加精细。传统扶贫方式的项目、资金和绩效考核一般细化到各级行政层级，难以落实到特定的贫困人口。精准扶贫项目实施过程突出贫困人口的主体地位，扶贫政策针对性地对接到每个贫困户，每个贫困人口均有专属的扶贫政策。这种精细化的扶贫管理方式有助于每个贫困村、每个贫困家庭和每个贫困人口能够享受扶贫政策带来的红利。整个过程中，扶贫对象的准确识别、扶贫项目的精确运用、扶贫资金的高效对接，都使得扶贫成效大大提高。

2.1.5 共域性

共域性指的是两个定义域中共有的象组成的集合。农民工返乡创业和精准扶贫都是近年来的经济热点，二者存在联动机理，对于盘活农村经济、解决"三农"问题有着共通之处，对于农民工返乡创业与精准扶贫的共域进行研究对于农村经济的体制性、机制性障碍与制度性、政策性缺失等问题的解决至关重要，同时也有助于推动全面小康社会建设及农业农村现代化进程的加速。

由于农民工返乡创业与精准扶贫之间存在共域性，故两者的发展也具有联动性，因此，农民工的返乡创业可以促进就业，就业能够促进精准帮扶，城乡之间人力资源要素得以双向流动，农民增收空间得到扩大。本书所研究的共域性主要包含时间域、空间域、效应域、人才域、机制域、保障域和政策域七个方面，对上述七个方面共域性的研究有助于强化农民工返乡创业与精准扶贫两者的耦合联动发展。

2.2　理论基础

2.2.1　城乡二元经济理论

1954 年，美国经济学家阿瑟·刘易斯（Arthur Lewis）提出了二元经济模型，将发展中国家的经济部门划分为传统和现代两个，就这两个部门的发展情况提出以下结论：第一，在发展中国家经济发展过程中，现代部门增速会逐渐加快，而传统部门发展会不断降速；第二，随着发展中国家工业化进程的加快，传统部门的劳动力将不断流入现代部门，现代部门由此获取更多利润，从而有助于积累资本并扩大生产，这将大大影响传统部门的发展；第三，传统部门发展处于次要地位且发展较为缓慢，而现代部门发展呈迅猛态势，劳动力流动的自由性没有得到充分的重视，传统部门和现代部门的发展如何协调的问题也未得到解决。1961 年，约翰·菲（John C. H. Fei）和古斯塔夫·拉尼斯（Gustav Ranis）用刘易斯模型的改进模型进行研究，得出结论：农业劳动力会随着生产率的提高出现剩余，剩余劳动力流向其他部门便不可避免，据此，自然二元论必然向制度二元论进行转化。1970 年，哈里斯特和托达罗（Harrist and Todaro）进一步对发展中国家不同产业之间的劳动力流动进行研究，从理论上进行了拓展。

作为发展中国家，我国的城乡二元经济结构问题在现阶段仍然很突出，城市和农村贫困地区之间存在巨大差异，无论是经济现代化程度、生产方式、基础设施建设等方面，还是收入水平、人均消费水平等方面，均存在明显差异，使得城乡之间的就业环境也存在天壤之别。这严重阻碍了城乡一体化的发展，也是中西部地区广大贫困地区和贫困人口脱贫的主要障碍。

2.2.2　推拉理论

推拉理论是由巴格内（D. J. Bagne）首先提出的，其主要观点是，人口流动主要源自对生活条件的改善需求。从人口流入地的角度看，拉力是指能够促进人口流入后生活条件改善的各种因素；与之相对，从人口流出地的角度看，推力是指那些不利于生活条件改善的因素，这两种力共同作用促进了人口流动。米达尔（G. Mydal）、索瓦尼（Sovani）、贝斯（Base）等很多学者都对上述观点进行了改进。20 世纪 60 年代，美国学者李（E. S. Lee）系统阐述了人口迁移理论——推拉理论，他将人口流动的影响因素划分为推力和拉力，其中，推力促使人口从原居住地离开，拉力对有改善生活条件意愿的人口形成吸引。后来，他又补充中间障碍因素，这一因素包括迁入迁出地之间的距离、物质方面存在的障碍、两地之间的语言文化差异以及迁移主体对于上述因素的价值判断。

我们可以用推拉理论来解释农民工返乡创业的原因，推力由务工的城市提供，而拉力由户籍或出生地确定的农村，这两种力量加上中间障碍因素，共同导致决定了农民工的返乡创业行为。

2.2.3　贫困理论

1. 能力贫困理论

能力贫困理论是 1984 年印度经济学家阿马蒂亚·森（Amartya sen）提出的。其要点在于：虽然低收入普遍被认为与贫困相关，但是贫困的本质不仅仅是低收入，我们对贫困的关注不可局限于收入水平，个体的能力发展也尤为重要。该理论强调，仅仅依靠财政投入和社会救济来应对贫困问题远远不够，贫困人口自身能力和素质的提高才是问题的关键。首先，要将物质扶持与贫困人口的社会权利保障紧密结合，为贫困人口提供公平发展的社会环境；其次，要建立贫困治理的长效机制，保持治理成效；最后，在贫困地区引入公平的市场机制，实现各种生产要素的合理配置。为提升贫困人口的个人能力，可以运用科学的理论，通过创业促进就业来解决个人能力不足的问题。

2. 贫困文化理论

1959 年，美国人类学家奥斯卡·刘易斯（Oscar Lewis）针对如何解释贫困现象这一问题，在对贫困社区和家庭进行研究的基础上提出了贫困文化理论。该理论表明，由于长期处于贫困状态，穷人会找到特有的与其贫困紧密联系的生活及行为方式，穷人之间有正常的协作与互动，但对于其他非贫困人员，却形成一定的壁垒，长此以往，便形成了特有的贫困亚文化。这种文化会在穷人群体内部不断得到强化，最终走向制度化，不仅如此，贫困亚文化的代际相传特点也较为显著，这为脱贫带来更大的困难。贫困文化论根本上归于贫穷的个人责任论，这种学说受到了不少指责，认为贫困文化理论夸大了穷人和其他人社会文化上的不同。

在我国的扶贫实践中，从贫困的成因上分析社会环境对贫困人口的影响，对扶贫工作有着积极的借鉴作用。

3. 多维贫困理论

多维贫困所包含的贫困除了收入贫困，还包含公共基础设施及服务、社会保障与社会福利等指标，以及对上述指标的贫困的主观感受。坎南（Cannan，1914）、庇古（Pigou，1920）等福利经济学家提出贫困和福利问题仅仅靠以货币表示的经济指标无法准确阐述并最终得到解决。森（Sen，1976）认为，不应该从单一角度看待贫困问题，并明确提出：收入这一指标可以用于贫困的判断，但其他日常基础设施的贫困、社会福利方面的贫困也不应被忽视。这个理论提出之后，成为多维贫困理论的基础，国内外学者在此基础上不断发展完善。阿尔基尔和福斯特（Alkire and Foster）在 2008 年提出了以 MPI 指数为主的多维贫困计量方法，MPI 指数可以体现个人及家庭在不同维度上的贫困程度，其较广的维度面便于清晰地反映贫困人口的实际情况，在对贫困的测度上更加符合当时的需求。

我国精准扶贫过程中的精准识别环节对贫困人口的建档立卡不仅依据人均年纯收入为标准，同时辅之以住房、医疗和卫生等指标，这与国际社会常用的多维贫困认定方法相一致。

2.2.4　需求层次理论

需求层次理论是美国心理学家亚伯拉罕·马斯洛（Abraham H. Maslow）在 1943 年提出来的。该理论认为，生理、安全、社交、尊重和自我实现五个层次构成了人类的需求，人的行为均可以用这五个需求层次来解释：一般来说，当人的较低层次需求未被满足时，以该层次需求作为激励的效果就特别显著，满足高层次需求的欲望就较低，反之亦然，因此，从需求满足角度来讲，要依据从低到高的层次。

这一理论在对农民工返乡创业行为的解释中颇为有效，对多数农民工来讲，外出打工的收入基本能够满足自己及家庭的基本生活所需。但是更高层次的需求，即在打工城市中获得足够的社会认同感却大多无法得到满足，为了满足这一高层次需求，很多人会选择在熟悉的环境与人际交往中，通过自主创业、自己当家作主来实现。

2.2.5　认知偏见理论

认知偏见理论认为，由于每个行为个体在认知方式和认知逻辑均存在一定的局限性，因此在行为选择时，往往倾向于选择思维捷径，并据此作出判断。当条件充分时，作出正确判断的概率较高；当条件不充分时，容易在判断上形成一定的偏差。这种在判断中出现的偏差可称为认知偏见。通常，认知偏见包含两种类型：第一种类型表现为行为人常常依据已有的经验或案例直接对事物作出判断，在决策过程中呈现出过度自信，可以称之为代表性认知偏见；第二种类型是可得性偏见，持可得性偏见的行为人往往依据即时获取的信息进行决策，对于潜在信息的获取不能给予足够重视。

农民工返乡创业过程中的认知偏见主要体现在以下两个方面：一是表现为典型的代表性认知偏见，即面临不确定因素较多时，往往缺乏探究精神，无法全面评估自己的创业条件及创业能力，仅仅根据自己的经验作出判断；二是在进行决策时，仅仅根据容易获得的基本信息作出判断，对于潜在的因素缺乏探索和分析能力，往往陷入可得性偏见。

2.2.6　经济机制设计理论

20世纪初，国际经济学界的左右两派就社会主义经济制度的经济效率问题展开了激烈辩论，虽然两派都据理力争，但多年来仍未有定论。究其原因，原有的经济分析框架已经难以适应日益发展的实际经济情况。机制设计理论提出后，如何建立新的经济解释分析框架分析比较经济组织形式之间的根本差异这一问题便迎刃而解。经济机制设计理论是为达到既定目标，致力于在自由选择、自愿交换、信息不对称及决策分散化的条件下解决机制设计问题的理论。1960～1970年，美国科学院院士赫维茨等提出了机制设计理论,他们认为,在信息不对称的情况下,机制设计理论能够用定量分析手段,设计或识别出一种机制,以最低的成本达成既定目标。这个理论将计划经济机制、市场机制,以及各种混合机制纳入统一模型进行研究。其核心在于,在分散化决策条件下,根据既定的经济或社会目标,研究经济机制设计的可行性,并在具备可行性的情况下将其设计出来。该机制的本质内涵涉及要素的构成及其关系,其核心主体是政府与市场。政府可以在自身和市场之间建立混合经济机制,使微观经济主体在实现自身利益时,客观上推动社会目标的实现。最后通过政府对市场的信息服务,促进双赢或多赢经济机制的建立。

机制设计理论的运用能够帮助我们对市场经济的运行情况作出判断,帮助我们更科学地解决在经济体制改革过程中所遇到的诸如国企改革、税收改制、产权制度等问题,该理论的核心方法及观点能够为分析和解决精准扶贫、乡村振兴与农民工返乡创业面临的机制问题并预测其后果提供科学依据。

2.2.7 服务型政府建设理论

服务型政府是在社会民主秩序的框架下,以公民本位、社会本位理念为指导,依据法定的程序,遵循公民意志构建的服务人民为宗旨的政府。这类政府具有以下特点:第一,把社会发展和公民普遍的共同利益作为出发点,真正把人民需要放在首位,以服务于人民为宗旨;第二,人民将部分权力委托给政府,政府在契约规定的范围内行使职责,如果因超出契约约定而导致人民公共利益遭受损害,社会和公民可以依照约定收回其委托给政府的所有权力,因此,依法行使服务职权是服务型政府的重要行为准则;第三,强调权利归人民,保证公民的选举权,保证其参政议政权利,保证其意志的最大限度体现,具体可通过自由选择服务内容、服务类别、服务机构及人员构成等实现;第四,服务型政府为有限政府,即政府依法向市场、企业及社会分权,中央政府向地方各级政府分权;第五,服务型政府是责任政府,政府必须积极满足社会和人民的基本要求,政府关注点除了市场,还应包括法律法规、价值观、道德规范、职业标准、公共利益以及监管机制。

结合我国扶贫实际，我们的服务型政府构建以人民和社会的根本利益为出发点，坚持政府的"服务者"定位，形成政府服务、人民信任和社会合作三位一体的治理结构。其中，政府主要起导向作用，主要履行维护性和社会性的公共服务职责，除此之外，还应该针对当地人民的实际需要，改进公共服务的供给方式，增加公共服务供给的数量，提高其质量。在公共基础设施建设、科教文卫、社会保障等方面提供的服务日益加强。尤其在"三农"问题中精准扶贫问题的解决方面，不断转变政府职能，提供更高品质的政府服务。

2.2.8　公共政策价值理论

公共政策的实施是政府为解决公共问题而以一定手段对政策对象的行为施加影响的动态过程，这个过程包括公共政策问题提出、政策提案、政策决策、具体政策的实施、实施效果评价、政策的变更及终止等。公共政策动态过程中，政策主体与政策对象全程相互博弈，政策主体为实现特定目标对政策对象进行定性，政策对象可以依据自身利益而通过各种形式反映其需求而非被动接受。公共政策的分析方法有事前分析、事后分析和整合分析三种。其中，事前和事后是以政策出台的时点为基准进行划分的，事前分析主要指在政策出台前对该政策实施后可能产生的结果进行分析，事后分析主要在政策出台后对政策的执行进行分析。事前和事后的政策分析结合起来可称为整合的政策分析。

本书运用整合的政策分析方法，对农民工返乡创业及精准扶贫政策和未来政策的走向进行综合分析。

第3章 中西部地区贫困的空间演化 与农民工返乡创业共域性分析

3.1 中西部地区域内生产要素空间配置特点

3.1.1 我国贫困发生的空间分布

中西部地区是贫困的集中地区。在贫困人口分布方面，根据国家贫困标准，2018 年我国东部、中部、西部地区的农村贫困人口分别为 147 万人、597 万人、916 万人，贫困发生率分别为 0.4%、1.8%、3.2%，贫困人口占全国农村贫困人口的比例分别为 8.8%、36%、55.2%。如图 3 - 1 所示，我国绝大多数贫困人口分布在中西部地区。

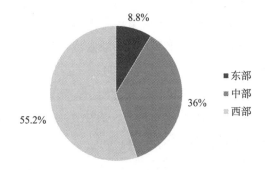

图 3 - 1 2018 年我国贫困人口区域分布

资料来源：2018 年国民经济和社会发展统计公报。

3.1.2 中西部贫困区域环境特征

从地貌特点上来看，我国中西部的贫困地区大致上为以下三类地域类型：一是平原山丘型地区及革命根据地孤岛贫困地区，包括与朝鲜、俄罗斯和蒙古国接壤的我国东北地区区域；大别山、井冈山等丘陵山区。二是山地高原环境中的脆弱贫困区，由我国东北部扩展至西南、四川盆地和陕西省汉中区域，形成了带状分布的山地高原区。三是我国西部荒漠、高寒山区等环境最恶劣的贫困地区，主要包括青、藏及新疆的荒漠地带，以及帕米尔高原、青藏高原和云贵高原地区。

从环境特点上分析，我国中西部的贫困长期受到自然地理环境、生态环境、民族文化教育、特殊社会经济区域等因素制约，集老少边穷与生态脆弱及自然保护区于一身。贫困人群分布区多为深石山区、高寒带、高原区以及地方性的流行病多发区，人地问题明显，土地资源生态承载能力也较差。在自然资源要素方面，农业贫困地带和自然资源匮乏重点地区的划分上存在高度统一。这些地区以农产品种植业为主，非循环模式加剧水资源问题的严重性。

另外，民族区域、边疆区域也一直是我国贫困的重点聚集区域，《中国农村扶贫开发纲要（2011—2020年）》确定我国的十四个重点连片特困区域，全国十四个集中连片特困区域中就有十一个是少数民族区域，基础设施相对落后也是这些区域的共同特点所在。

各连片特困地区具体分析如下。

六盘山区。包括陕西、甘肃、宁夏、青海四省区，核心地区为甘肃中部地带，自然环境严酷、地貌破碎、干旱缺水、自然灾害多发、水土流失突出，且长年受沙漠化危害，土地资源极度匮乏。

秦巴山区。跨越河南、湖北、重庆、四川、陕西、甘肃，境内有高大绵延的秦岭和大巴山，土地零散而稀疏，有生态自然保护区和革命老区，但交通环境较差，为自然灾害多发地带。

武陵山区。横跨重庆、湖北、湖南、贵州四省市，有广阔的高山地带，有少数民族聚集地带，有人口众多的土家族、苗族等几个民族，但长期开发较落后，贫困人口分布广泛，且自然环境脆弱，交通发展滞后，地质灾害频繁。

乌蒙山县。横跨云南、贵州、四川三省，为少数民族区与革命老区的交会地段，多生态自然保护区，为多地震等自然灾害区，特别是大地震的重灾区，但基础设施发展滞后。

滇桂黔石漠化区。横亘广西、贵州、云南三省区，是涉及贫困县最多的特困连片区，广西则是融边疆地带、民族区域、贫困区、革命老区于一身。

滇西边境山区。该区域少数民族集聚，很多传统村落，有上千多年文明史；同时，分布生态保护区，灾害频发区。

大兴安岭南麓山区。主要涉及内蒙古兴安盟地区，该地区禁止采伐，属于生态保护区，且产业转型困难。

燕山—太行山区。河北省保定市阜平县和张家口市张北县均处于燕山—太行区，阜平县位于太行山深处，是革命老区，经济建设却严重滞后；另外，由于生态薄弱、基本建设落后，自然灾害时有发生。

吕梁山区。地处山西中北部地区，区内地质复杂、沟壑纵横、土壤瘠薄，且耕地资源匮乏、旱灾和水土流失严重，生存条件恶劣。

大别山。地跨湖北、河南、安徽三省，河南省开封市兰考县是焦裕禄精神发祥地，安徽省六安市金寨县是中国人民军队的一个主要发祥地，该地区水土流失严重，基本建设发展滞后，产业基础落后、薄弱。

罗霄山区。井冈山地区是著名革命老区，是我国人民革命斗争的重要策源地、中国红军的重要发祥地，该地区洪涝多发，土壤侵蚀严重，自然环境脆弱，基础设施建设滞后。

西藏区。西藏自治区地处青藏高原，属高寒地区，海拔很高，地貌复杂，空气稀薄，气候非常严寒干旱，自然环境条件十分严酷。

四省藏区。涉及川西、甘西南、滇西北及青海南部，人口以藏族居多，该地区属高山峡谷地形，是三江源所在地，基础设施落后，自然灾害频发。

新疆南疆三地州。包括和田、喀什和克孜勒苏柯尔克孜自治州，与巴基斯坦、吉尔吉斯斯坦、印度、塔吉克斯坦、阿富汗五国相邻，居住人口以维吾尔族居多，终年极度干燥少雨，环境脆弱、自然灾难频发，经济社会发展相当滞后。

3.1.3　中西部贫困地区劳动力状况

1. 受教育程度

中国国家统计局的农村扶贫监测调查资料表明，2018 年全国贫困地区的常住人口中，基本为文盲的比例为7.8%，小学、初中、高中、大专及以上文化水平的比例分别为35.3%、44.8%、8.6%、3.5%。其中，56.9%为初中及以上文化水平。

2. 技能培训情况

2018年，贫困地区的劳动力中有22.7%进行过专业技能培训，其中，18.2%的劳动者进行过农业技术培训，11.7%进行过非农业技能的培训。

3. 劳动力外出就业情况

2018年贫困地区农村外出劳动力中，从事第一、第二、第三产业的分别为8.9%、53.1%和38.9%。其中，外出时间当年超过半年的有57.9%。

3.2　中西部地区贫困发生的空间及扶贫机制的演化

3.2.1　不同扶贫战略阶段扶贫措施与贫困发生空间变化

新中国成立以前，我国长期积贫积弱。20世纪50～70年代，人民生活条件有了一定改善，而农村农民的脱贫问题却依然突出。1978年末，按2010年标准统计，农村贫困人数及贫困发生率分别为7.7亿人和97.5%。改革开放以后，随着改革不断深化，扶贫工作不断推进，农村经济社会发展水平不断提高，我国农村贫困人数已明显下降。2012年末，农村贫困人数及贫困发生率分别降低至9899万人和10.2%。党的十八大以来，中国扶贫力量逐步增强，精准脱贫政策措施相继实施，特别是农村脱贫攻坚战的强力推动，农村贫困人口脱贫成效显著。我国农村地区由之前的普遍贫困转向整体上消除绝对贫困，并在发展中国家中第一个完成联合国的减贫目标，对世界减少贫穷贡献超过70%。改革开放以来，在我国不同阶段的扶贫战略下，扶贫机制路径以及贫困发生的空间上也发生着变化（童星，2018）。

1. 农村经济体制改革推动下的减贫战略阶段（1978～1985年）

改革开放背景下，农村率先进行改革，最重要的政策措施是形成以家庭承包经营为基础、统分结合的双层经营体制，其目的是解放农村生产力，同时以增加农产品价值、促进农村商品经济发展等为配套措施。这一时期的扶贫规划政策措施可表现为制度减贫，通过确立和健全一系列有减贫效用的制度来减轻贫困，制度变革所产生的效果，不但带动了中国农村经济的快速发展，也同样促进了我国绝对贫困人数的大幅降低。

在这一时期，我国随着历史、自然环境因素等诸多致贫原因的出现，开始实行了各种助困活动。"三西农业建设计划"于 1982 年实施，被视为专项扶贫计划的开端，从此我国开始规模化扶贫工作。"以工代赈"行动于 1984 年开展，主要是为了完善贫困的生产基础设施，为其基本生产条件提供支持。贫困人群要通过自己的劳动获得社会赈济。1984 年发布的《关于帮助贫困地区尽快改变面貌的通知》明确了我国十八个重点集中连片的贫困地区，也为我国实行系统性扶贫政策奠定了基础。

这一阶段，从减贫机制与路径上看，主要是借助制度改革效应间接实现减贫；从空间上看，是普遍性的没有特定的区域差异，专门的、区域化的扶贫减贫工作还未大规模展开，但"三西农业建设计划""以工代赈"工作已经开展，并划定了 18 个贫困区域，为有计划的大规模扶贫拉开了序幕。

2. 区域开发式扶贫战略阶段（1986～1993 年）

在体制改革效应带动下，我国贫困状况获得了很大解决。但是到了 20 世纪 80 年代中期，由于制度变革不断深化所造成的地方集体生产组织的解体，制度变革所释放出来的效用也逐渐减弱，而与此相对应，农村贫困发生率的降低速率也显著下降。与此同时，由于以市场经济为引导制度变革的进行，这一时期，区域之间以及农户之间的经济差异也在呈现逐步扩大态势，使得部分地方贫困人口的经济脆弱性问题也越来越突出，从而形成"需要特殊对待的政策问题"。在此前提下，过去完全依赖政府整体性的改革和依靠整体经济发展带来的广义扶贫策略都已不合时宜。

在这种背景下，国务院贫困地区经济开发领导小组于 1986 年成立，扶贫的方式从以前的救济型转化为开发型。扶贫开发成为我国发展总体规划中的重要内容，扶贫工作的长期目标明确为解决大多数贫困地区贫困人口的温饱问题。同时，首次划定国家贫困县标准：一般县的标准为 1985 年纯收入人均不足 150 元，民族自治县为不足 200 元，有过重要贡献的革命老区县放宽至 300 元。以此标准，确定 331 个国家贫困县（1994 年增至 592个），设置专项基金重点扶贫。各省随后划定了 368 个省级贫困县。由此，以县为单元管理扶贫资金、实施具体扶贫工作便成了我国扶贫管理方式的一大特色。

（1）扶贫机制与路径。这一时期，扶贫政策措施的主要特征体现在以下两个方面：首先是"区域开发带动"。通过区域经济总体的发展促进扶贫工作的开展，但在实施过程中，部分地区这一策略转变为在贫困地区投资工业化项目来带动脱贫。但事实证明这种方式虽然推动了贫困地区经济发展，但割裂了与贫困人口的直接联系。其次是"开发式扶贫"。这种扶贫方式重点关注的是贫困人口的劳动力资源，将土地资源的有效利用与帮扶群众利用资金、技术的能力集合起来。总的来说，虽然该时期的政策措施起到了一定作用，但随着同期农村经济发展速度下降，再加上剩余贫困人口的脱贫工作难度加大，同前一时期比较，扶贫政策成效减弱，返贫情况有所增加。

（2）贫困发生空间特征及演变。这一时期，我国的贫穷问题主要表现为以下三个特点：一是贫困人口区域的集中。中国贫困人口区域主要分布在"老、少、边、穷"区域。《中华人民共和国国民经济和社会发展第七个五年计划》将该类区域的发展单独列为一章。二是地域性贫穷和群体扶贫问题并重。农村地区发展的不均衡问题开始突出，尤其是在老少偏远地区的经济、社会和文明发展水平开始较大滞后于沿海区域，逐渐形成"需要特殊对待的政策问题"。三是扶贫问题的综合性凸显。致贫因素呈多元化，贫困的地域性问题凸显，贫困区域集中且所承载贫困人口规模庞大，扶贫需求趋向组织化、规模化。

在阶段减贫的推进下，贫困出现的空间产生巨大变化，我国农村由普遍生活困难到实际贫困人口仅占 8.87%，地域之间的贫困状况差距也逐步拉开，在东部区域特别是沿海经济比较发达的省份如广东、福建、浙江、江苏、山东、辽宁，贫困情况已经得到很大程度的解决。

随着扶贫开发的推进，扶贫工作的重点集中在 592 个贫困县（见表 3-1），其共同特征是：由于区位偏僻，交通不便，自然资源失调，国民经济蓬勃发展迟缓，文教滞后，人畜饮水供应困难，人民生产生活环境十分艰苦。作为扶贫攻坚的主战场，解决上述区域民众的温饱问题困难比较大。

表 3 - 1　　　　　　　　　　国家级贫困县分布情况

地区	省份	贫困县数量（个）	合计（个）
中部	河北	39	217
	山西	35	
	河南	31	
	湖北	25	
	江西	21	
	湖南	20	
	安徽	19	
	黑龙江	14	
	吉林	8	
	海南	5	
西部	云南	73	375
	贵州	50	
	陕西	50	
	甘肃	43	
	四川	36	
	内蒙古	31	
	广西	28	
	新疆	27	
	青海	15	
	重庆	14	
	宁夏	8	
合计	21 个省（区、市）	592	592

3. 综合性扶贫攻坚战略阶段（1994～2000 年）

这一时期国家扶贫规划改革委员会的重点工作是，开始提出了具体对象、目标、一揽子帮扶政策与措施的国家扶贫规划——《国家八七扶贫攻坚计划（1994—2000 年）》。其基本的战略目标是到 20 世纪末，实现 8000 万贫困人口温饱问题的解决，即完成绝大多数贫困人口年平均纯收入超过

500 元（按 1990 年的不变价格）。

这一阶段提出以村为扶贫工作的基本单位，并明确提出加强对中西部的重点经济开发计划，形成了东部地区与中西部欠发达地区的帮扶合作关系，并实施了入户工程保障、农村最低生活救助、农村劳务转移、科技扶贫、生态移民等多样化的帮扶政策。

（1）扶贫机制与路径。这一时期的扶贫策略的重点是以市场需求为导向，重视利用科学技术，合理利用本地资源，发展生产，并主要采取在贫困地区开发引导兴办企业形成的支柱产业来解决人民温饱问题进而致富。

对有资源优势的地方，依靠资源优势，根据市场需求，重点发展具有地方特色的优质商品。实施整体规划，连片发展，专门产品销售，逐步形成相当规模的基地或区域性的支撑；对有条件的农村，坚持金融服务商贸与工业农业一体、生产加工与营销服务链条式经济实体，积极承接重点发展项目，为农户进行产前、产中、产后的系列服务，以促进农民群众致富；尚不具有开办乡镇企业条件的农村地区，引导其自愿联合互利发展，携资待劳，并在投资环境较好的乡镇和产业区中实行异地经济建设发展试点，以兴办农村第二、第三产业；另外，扩大贫困地区同发区域的干部和经贸科技等合作交流，重视地方骨干民营企业发展，支持多种所有制经济发展。

在产业方面，重点选择开发投入较小、见效快、覆盖面较广、经济效益好、可以直接解决普通老百姓温饱问题的种植业、养殖业以及相应的生产、运销业；积极培育可以充分发挥贫困地区的资源优势，并可以大量安置就业的资源密集型和劳动密集型的地方特色产业；采取对耕地有偿租用、流转经营权的方法，主动促进对荒地、荒山、荒坡、荒滩、荒水的有效使用；有规划进行劳务输出，主动促进贫困地区人口正确、有序地迁移；对极少数生活条件和经济状况艰苦的村、户，主动地实施开发式移民。

（2）区域贫困变化情况。从区域上看，东部地区贫困情况得到很大改善，尤其是沿海较发达省份。在资金投入上，我国调整对扶持资金的区域构成，自 1994 年开始，用 1 ~ 2 年时间，调整广东、福建、浙江、江苏、山东、辽宁六个沿海经济比较发达地区的帮扶贷款金，重点用于中西部严重贫困的区域。并且此后在尽快完成扶贫任务的前提下，以上六省自行解决扶贫资金。同时，中央财政资金、贷款和以工代赈等扶贫资金投入，集中到国家重点贫困县。

中西部地区仍是贫困发生集中地区，但《国家八七扶贫攻坚计划》（以下简称《八七计划》）的实施极大地推动了扶贫开发的进程，使得中西部地区在贫困程度上有了明显降低。在该时期，我国农村贫困人口迅速下降，到 2000 年减少至 3000 万人（如图 3-2 所示）。

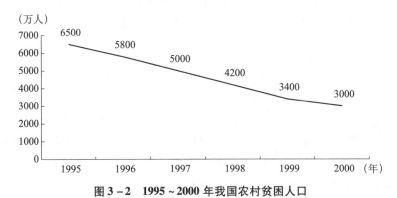

图 3-2　1995～2000 年我国农村贫困人口

资料来源：国家乡村振兴局网站。

贫困地区的生产生活条件改善。《八七计划》期间，在我国贫困区域累计建设了基本农田 6012 万亩，5351 万人和 4836 万头大牲畜饮水问题得到了解决。截至 2000 年底，贫困行政村通电率达到 95.5%，通路率达到 89%，通邮率达到 69%，通电话率达到 67.7%。

贫困地区的经济发展水平大幅提高。国家贫困县农业、工业增加值大幅提升，地方财政收入基本翻番，贫困人口人均纯收入增长超 1 倍。

在一定程度上解决了连片贫困地区温饱问题。尤其是多省份的革命老区温饱问题得到解决。偏远地区和民族地区贫困情况也发生了较大的变化。

截至 2000 年底，除去极少数特困人口以及部分残疾人，我国农村已基本解决温饱问题，基本完成《八七计划》战略目标。

同时，经过这一时期的国家扶贫规划，从全国扶贫分布角度看，由于大规模脱贫问题的缓解，全国贫困发生率已进一步呈"大扩散，小聚集"的趋势向中西部倾斜，贫困在空间上更明显地集中在了连片贫困地区。

4. 整村推进与"两轮驱动"扶贫战略阶段（2001～2012 年）

在新的阶段，之前的开发式扶贫由于贫困发生的区域性特征，难以惠及广大贫穷家庭，导致贫困的因素中，经济发展落后这一共同性因素逐渐弱化，开始呈现多样性和复杂性特点，贫困户个性问题越来越突出。这导致原先以县为中心的扶贫方式日益出现无法精准对接、贫困户被遗漏的现象；另外，由于城乡差异、工农区别和乡村结构差异造成的不均衡问题突出，单一的收入贫困开始向多元化贫困转变。在这样的背景下，扶贫工作的思路和理念需要有所转变。

这一时期，《中国农村扶贫开发纲要（2001—2010 年）》和《中国农村扶贫开发纲要（2011—2020 年）》政策出台与具体安排形成了扶贫战略的重点。592 个国家重点扶贫县确立，扶贫中心由县转移到村，14.8 万个贫困村于 2001 年确立。战略政策主要以整村推进、主导产业发展、农村剩余劳动力转移为重心加以构建和落实，农业贫困人口不断下降。至 2007年，国家实施了农民最低生活保障制度，以此为标志，中国进入扶贫的"两轮驱动"阶段。

（1）扶贫机制与路径。以整村推进为切入点，把扶贫重心转移到贫困村上，以农村经济建设为中心，指导贫困地区农民群众在国家必要的资金援助与支持下，以市场经济导向，调节农村经济内部结构，开发地方资源，提高农村生产条件，走一条符合实际的、富有自己特色的经济社会建设道路。

加快推进农村产业化进程，调整贫困农村产业结构。坚持把发展种养业当作国家扶贫工程的重心，在贫困地区重点发展种养业，更加注重依靠农业科学发展，同时加强生态环境建设，做到可持续发展；积极推动农业产业化经营，借助区域自然资源优势，充分了解市场需求，形成产业化、规模化生产，形成特色区域产业。在调整产业结构的过程中，注重经济效益和生态效益协调发展。

以扶贫地区劳动力转化工作为着力点，稳定加强劳务输出，努力提高了贫困人口的素质，成为新时期帮扶工作中一个很明显的特色。"雨露计划"的实施，帮助贫困中青年劳动力获得技能增加收入，政府、学校、市场多方协作，多渠道推进贫困劳动者职业培训工作。

另外，对极少数生存条件差、资源枯竭区域的农村特困人口，结合退耕还林还草工程实施搬迁帮扶，以稳妥推动自愿移民搬迁。

（2）区域贫困变化情况。通过这一阶段努力，我国贫困人口继续下降，截至 2010 年底，农村贫困人口降至 2688 万人，贫困发生率降至 2.8%，与 2000 年相比，下降 7.4%。

从区域上来看，贫困区域的分布更加集中在有鲜明区域特点的地区，与地理及环境因素有紧密关联，主要集中于山西及陕甘宁等黄土高原干旱及半干旱地区、云贵高原及广西的喀斯特地貌区域。这些地方的农村生产力相对低下，生存环境恶劣。地理环境和自然资源条件仍是造成贫困的重要原因，截至 2005 年，我国超过 50% 绝对贫困人口都分布在西部地区，而其中在山区的又占 52%。

同时，贫困农村地区的劳动力外迁导致农村空心化、耕地荒废或粗放管理、农业产业边缘化问题突出。

5. 精准扶贫战略阶段（2013～2020 年）

《中国农村扶贫开发纲要（2011—2020）》着重确定了我国 14 个集中连片特困地区，592 个国家级贫困县，坚持贯彻开发型扶贫政策、坚持帮扶到村到户。

在扶贫路径上，主要采取专项扶贫手段。对生存条件较艰苦的扶持对象，在自愿原则基础上，突出易地扶贫搬迁；继续实施整村推进工作；开展以工代赈；在发挥贫困村的自然环境等各种资源基础上，大力开展产业扶贫，推动农村产业结构调整，利用扶植的龙头公司、农户专业合作社等社会互助发展资金投入机构，促进贫困农民增加收入；进一步完善"雨露计划"，以促进贫困地区劳动力稳定就业；同时推进特困区域扶贫试点，加大对革命老区扶持力度。

2011 年，人均纯收入 2300 元成为新的扶贫标准，这一标准较以往标准几乎提升了 1 倍。这使农村贫困人口的个体发展能力弱、发展方式单一等特点暴露明显。返贫压力增大，贫困人口脱贫致富所面对的挑战也越来越严峻。基于此，"精准扶贫"这一创造性战略被提出，由此我国扶贫工作上升到一个崭新的发展层次。

（1）精准扶贫机制与路径。"精准扶贫"方略是一套全新的扶贫治理体系，其核心由扶贫对象、项目安排、资金使用、措施到户、因村派人、脱贫成效六个方面的"六个精准"集中体现，并通过实现好"五个一批"处理好"四个问题"。

精准扶贫主要是通过构建省市县乡村五级扶贫工作机制，层层实施责任制；鼓励和引导全社会通过灵活多样的方式来参与到扶贫工作中；继续革新扶贫开发工作方式，对贫困人口建档立卡，制定了一批精确的扶贫政策措施。

（2）区域贫困情况变化。从东中西不同区域的贫困情况来看，东部地区已基本完成脱贫工作，中西部区脱贫人数已大幅增加。截至 2018 年末，农村贫困人口数东部、中部和西部地区分别为 147 万人、597 万人和 916 万人，与 2012 年人数相比，下降幅度分别为 89.2%、82.7% 和 82.0%；贫困发生率分别为 0.4%、1.8% 和 3.2%（见表 3 - 2）。

表 3 - 2　　　　　　　　　2018 年区域性贫困变化情况

区域	贫困人口(万人)			贫困发生率(%)		
	2018 年	2012 年	六年下降	2018 年	2012 年	累计下降
东部地区	147	1367	1220（89.2%）	0.4	3.9	3.5
中部地区	597	3446	2849（82.7%）	1.8	10.5	8.7
西部地区	916	5086	4170（82.0%）	3.2	17.6	14.4
合计	1660	9899	8239（83.2%）	1.7	10.2	8.5

资料来源：根据国家统计局《扶贫开发持续强力推进脱贫攻坚取得历史性重大成就——新中国成立 70 周年经济社会发展成就系列报告之十五》整理而得。

从贫困区域看，贫困地区、集中连片特困地区、国家扶贫重点县、民族八省区脱贫减贫的效果突出。截至 2018 年末，贫困人口数贫困地区 1115 万人，集中连片特困区 935 万人，扶贫重点县 915 万人，民族八省区 602 万人，而贫困发生率均降至接近 4%。与 2012 年相比在贫困人口数量与贫困发生率上都有大幅降低（见表 3 - 3）。

表 3 - 3　　　　　　　　　2018 年贫困区域减贫变化情况

区域	贫困人口(万人)			贫困发生率(%)		
	2018 年	2012 年	六年下降	2018 年	2012 年	累计下降
贫困地区	1115	6039	4924（81.5%）	4.2	23.2	19.0
集中连片特困地区	935	5067	4132（81.5%）	4.5	24.4	19.9

续表

区域	贫困人口（万人）			贫困发生率（%）		
	2018 年	2012 年	六年下降	2018 年	2012 年	累计下降
扶贫开发重点县	915	5105	4190（82.1%）	4.3	24.4	20.1
民族八省区	602	3121	2519（80.7%）	4.0	21.1	17.1

资料来源：根据国家统计局《扶贫开发持续强力推进脱贫攻坚取得历史性重大成就——新中国成立 70 周年经济社会发展成就系列报告之十五》整理而得。

改革开放以来，中国的扶贫工作策略发生了重大变化，从"救济式"到"开发式"再到"开发与保障协同互动"。扶贫模式，也从"政府单向主导"向"政府单向主导与多元互动参与"并举的大扶贫格局转换（邹璠、周力，2022）。帮扶对象的瞄准从"大水漫灌"到"精确滴灌"。扶贫目标发生了从实现基本温饱、消灭绝对贫困，"解决温饱与巩固温饱并重，提高贫困人口的生活质量和综合素质"，再到"全面建成小康社会"的变化。

经过不同阶段的扶贫，我国贫困发生空间也不断演变，从大面积贫困，逐步缩小集中，从全国向中西部集中，进而从集中连片贫困区向自然条件恶劣的集中连片特困地区集中，扶贫的着力点也从贫困县到贫困村最终落实到贫困户及个体。

3.2.2　返乡创业与贫困情况变化

2015 年 6 月，《国务院办公厅关于支持农民工等人员返乡创业的意见》发布，通过多种方式促进农民工等人员返乡创业工作。

（1）促进产业转移带动返乡创业。引导劳动密集型产业转移到农村劳动力输出地，促进农民工及农村地区人才返乡创业；同时，积极开发劳务输出地区的资源优势，形成适宜的产业转移与再发展。

（2）通过促进输出地产业提升带动回乡创业者。引导已累积了一些资本、技能和管理工作经验的农民工及相关技术人才，顺应输出地居民消费结构、产业结构提升的新需求，抓住发展机遇创新兴业。

（3）引导输出地资源与输入地市场的对接，推动返乡创业。引导农民工及技术人才等，充分发挥其对两方面市场及资源熟悉的特性，进行输出地产品和输入地市场之间的对接。

（4）通过促进一二三产融合发展促进回乡就业返乡创业。通过统筹发展县域经济，形成富有地方特点的优势产业聚集区。引导有创业意识和创业基础的返乡人员，发展生态农业、农村旅游业等。以特色小镇为基础和平台，大力发展民族色彩旅游业，促进在民族地区创业。

（5）扶持新型农业经营主体吸引和带动人员返乡创业。引导返乡人士，共创农业合作社、家庭农场、农业产品深化龙头企业等，形成生产规模化，经营链条化，联合形成优势产品，打造特色品牌。

在国家政策大力支持下，我国农村市场新型经营主体迅速成长，新型职业农民规模不断扩大。截至 2018 年底，我国注册的农村专业合作社 217 万个，家庭农场 60 万个；全国各类返乡创业人数达 780 万人，为农业现代化发展提供了新动力和发展动能。

支持农民工返乡创业政策与扶贫纲领相互配合支撑，在产业扶贫、带动贫困地区劳动力就业等方面有重要作用。对具有一定资源要素条件的贫困村，积极利用当地资源，引导有实力有条件的农村剩余劳动力回乡投资创业，并建立地方特色产业，促进贫困村发展。但从贫困空间演化的规律来看，对于一些自然环境恶劣、生态脆弱的特困区域，更多的适合搬迁扶贫方式。

3.3　中西部地区农民工返乡创业与精准扶贫对接的空间联动

3.3.1　东西部协作结对帮扶空间联动

在不同扶贫战略时期，扶贫政策都体现出通过区域之间的帮扶机制形成东西部的帮扶协作结对关系，形成空间上的联动。《国家八七扶贫攻坚计划（1994—2000 年）》中提出在东西部进行协调对口扶贫，北京、天津、上海、广东、江苏、浙江、山东、辽宁、福建等较为发达的省份，都要对口扶持中西部的 1~2 个贫困省或地区发展地方经济。同时，鼓励大中型企业同贫困区域形成合作实现双赢。

1996 年，中央确立了东西扶贫合作结对机制，9 个东部省市和 4 个计划单列市与西部 10 个省区开展扶贫协作，具体见表 3 - 4。

表 3 - 4　　　　　　　　　1996 年东西部扶贫协作结对关系

帮扶地区	被帮扶省（区、市）	帮扶地区	被帮扶省（区、市）
北京	内蒙古	天津	甘肃
上海	云南	广东	广西
江苏	陕西	浙江	四川
山东	新疆	辽宁	青海
福建	宁夏	深圳、青岛、大连、宁波	贵州

资料来源：国务院扶贫开发领导小组《关于组织经济较为发达地区与经济欠发达地区开展扶贫协作的报告》。

进一步，2002 年确定厦门、珠海帮扶重庆；2012 年确定上海、苏州、杭州、广州帮扶贵州。

《中国农村扶贫开发纲要（2011—2020 年）》深入推动东西部区域帮扶合作。并进一步提出行业对口扶贫政策，并应与东西部区域帮扶合作的结对合作关系相衔接。同时，加强对西藏、新疆地区经济社会发展的对口支援，从国家层面，各省市（自治州、地级市）层面，多层次组织实施区域结对扶贫工作。

2015 年，《中共中央 国务院关于打赢脱贫攻坚战的决定》再次强调健全东西部扶贫协作机制，实现精准对接，将扶贫资金重点放在贫困村、贫困户。并且开始推进地方经济强县（市）与国家扶贫重点县"携手奔小康"行动。进一步，形成东西部地区扶贫开发合作绩效评估制度，并于2017 年颁布《东西部扶贫协作考核办法（试行）》。

2016 年，《关于进一步加强东西部扶贫协作工作的指导意见》对原来结对扶贫关系进行调整，在进一步完善省级层面结对关系的同时，实现民族自治州和中西部深度贫困的市州帮结的涵盖，完成北京、天津及河北扶贫协作任务（调整后东西部协作帮扶关系见表 3 - 5）。截至 2016 年底，东部地区的 267 个经济比较发达县（市、区）和中西部地区 390 个贫困县确立携手奔小康结对系（各省区市具体数量见表 3 - 6）。

表 3 - 5　　　　　　　　　2016 年东西部扶贫协作结对关系

帮扶地区	调整后被帮扶省（区、市）	调整前被帮扶省（区、市）
北京	内蒙古、河北张家口市和保定市	内蒙古
天津	甘肃、河北承德市	甘肃
上海	云南、贵州遵义市	云南、贵州

续表

帮扶地区	调整后被帮扶省（区、市）	调整前被帮扶省（区、市）
广东	广西、四川甘孜州	广西
广州	贵州黔南州、毕节市	贵州
佛山	四川凉山州	
中山、东莞	云南昭通市	
珠海	云南怒江州	
深圳		贵州
江苏	陕西、青海西宁市和海东市	陕西
苏州	贵州铜仁市	贵州
浙江	四川	四川
杭州	湖北恩施州、贵州黔东南州	贵州
宁波	吉林延边州、贵州黔西南州	贵州
山东	重庆	新疆
济南	湖南湘西州	
青岛	贵州安顺市、甘肃陇南市	
辽宁		青海
大连	贵州六盘水	贵州
福建	宁夏	宁夏
福州	甘肃定西市	
厦门	甘肃临夏州	重庆

注：楷体字为帮扶调整区域。

资料来源：中共中央办公厅、国务院办公厅《关于进一步加强东西部扶贫协作工作的指导意见》。

表 3-6　　　　　　　　　　携手奔小康结对关系

帮扶地区	被帮扶省（区、市）	帮扶地区	被帮扶省（区、市）
北京（16）	内蒙古（16）	浙江（58）	四川（16）
	河北（15）		贵州（22）
	西藏（4）		湖北（8）
	新疆（4）		吉林（4）
	青海（6）		西藏（3）
天津（16）	甘肃（9）		新疆（2）
	河北（4）		青海（8）
	西藏（4）	福建（20）	宁夏（8）
	新疆（3）		甘肃（14）
	青海（4）		西藏（4）

续表

帮扶地区	被帮扶省（区、市）	帮扶地区	被帮扶省（区、市）
辽宁（7）	贵州（3）	山东（42）	重庆（14）
	西藏（3）		贵州（6）
	新疆（1）		湖南（7）
上海（16）	贵州（8）		甘肃（9）
	西藏（5）		西藏（5）
	新疆（4）		新疆（4）
	青海（6）		青海（4）
江苏（46）	贵州（10）	广东（36）	广西（17）
	青海（14）		四川（29）
	西藏（4）		云南（14）
	新疆（5）		贵州（17）
			西藏（7）
			新疆（4）

资料来源：国家乡村振兴局网站。

从东西部地区协作的帮扶与结对情况不难看出，由较为粗线条的省间结对扶贫，到精准扶贫下的具体到县、镇，建立精准扶贫机制，并使扶贫资金主要用于贫困村、贫困户。

3.3.2　对口支援帮扶空间联动

除了东西部结对扶贫，中央对于西藏、新疆以及川滇甘青藏区实施了对口支援。

1994 年，中央第三次西藏工作座谈会上，作出对口支援西藏的重大决策，确定北京、上海、天津、重庆、浙江、江苏、湖北、湖南、河北、山东、陕西、安徽、广东、福建、辽宁、黑龙江、吉林 17 个省市对口支援西藏。

2010 年，全国对口支援新疆工作会议上确定了北京、上海、天津、广东、深圳、浙江、江苏、山东、山西、河南、河北、福建、湖南、湖北、安徽、江西、黑龙江、辽宁、吉林 19 个省市对口支援新疆。

2010 年，第五次西藏工作座谈会上全面部署四川、云南、甘肃、青海四省藏区发展；2010 年对口援青工作启动，北京、上海、天津等 6 个省市分别对口支援青海藏区；2014 年《发达省（市）对口支援四川云南甘肃省藏区经济社会发展工作方案》发布，天津、上海、浙江、广东四省市支援四川、云南、甘肃三省藏区（见表 3 – 7）。

表 3 – 7　　　　　　　　　对口支援青海藏区地区

支援省市	青海藏区（2010 年确定）	川、滇、甘三省藏区（2014 年确定）
浙江	海西州	四川阿坝州、木里县
江苏	海南州	
山东	海北州	
北京	玉树州	
天津	黄南州	甘肃甘南州、天祝县
上海	果洛州	云南迪庆州
广东（含深圳）		四川甘孜州

资料来源：中华人民共和国中央人民政府网站。

3.3.3　定点帮扶空间联动

2002 年，《关于进一步做好中央、国家机关各部门和各有关单位定点扶贫工作的意见》决定在国家扶贫重点县中组织定点扶贫工作。

2012 年，《关于做好新一轮中央、国家机关和有关单位定点扶贫工作的通知》确定了 310 个机关、企业、高校等单位对 598 个国家扶贫重点县实行定点帮扶。

2016 年，《"十三五"脱贫攻坚规划的通知》确定了 43 家中直机关单位，81 家中央国家机关单位、民主党派中央和全国工商联，44 所高校，24 家金融机构和银监会、证监会、保监会，103 家中央企业，解放军和武警部队有关单位选派挂职扶贫干部和第一书记工作。

3.4　中西部地区农民工返乡创业与精准扶贫联动生成的共域象

3.4.1　时间域

20 世纪 90 年代，农民工迈出了返乡创业的第一步，2014 年"双创"

的提出促进了农民工返乡创业的发展。2013 年 11 月，习近平总书记到湘西地区视察时提出"精准扶贫"的基本思路，而农民工回乡创业与精准扶贫工作在近年来的中央一号文件中经常被提及，两者也在推动落实的进程中并入了交集。一方面，农民工的流动已经由农村到城市的单向输入，转为城乡之间双向的流动，劳动力返乡求职及创业大大促进了中西部地区县域经济的发展，也为全面建设小康社会及扶贫攻坚战增添了新的动力。东部沿海向内陆的产业转移带动了农民工回乡创业，同时，东部技术、资本的资源要素也随劳动力的转移而向内地流动，促进了中西部地区经济发展、产业结构调整，也很大程度上解决了中西部农村剩余劳动力的就业问题。另一方面，农民工返乡创业在时间上与精准扶贫战略的提出相吻合，使二者互促共进。从区域上看，农民工返乡创业的区域多集中在中西部地区，这就很大程度上直接或间接为当地贫困劳动力提供了就业机会。

3.4.2　空间域

相对于东部地区，中西部地区农民工返乡创业起步虽然较晚，但是进入 21 世纪后，随着我国经济快速发展，中西部地区农民工返乡创业快速发展，并形成了从东部向中西部转移的趋势。同时，在农民工返乡创业率上，呈现出明显的中东西部地域性差异，西部创业率领先于中东部地区。在精准扶贫和乡村振兴战略的推进中，农村减贫效果显著，但中西部农村地区的整体性贫困面貌仍未彻底改变，而这种区域性整体贫困源于农村产业薄弱，缺乏产业支撑。农民工返乡创业能够形成与精准扶贫的空间联动格局，推动产业的发展，并形具有特色及竞争力的支撑产业。

3.4.3　效应域

一是中西部贫困地区的农民工返乡创业能够提供更多的就业岗位，能够形成减贫效益。二是由于城市生活的影响及和社会广泛接触，返乡农民工的思想观念和生活方式都有所转变，能够在一定程度上引领农村传统观念和落后思想的转变，也顺应了乡村振兴中"乡风文明"的发展需要。三是返乡创业所带来的大量资金、人力等资本要素流入，能够促进劳动密集型产业发展，不仅产业结构性调整，也使农村剩余劳动力就近就地就业，增强扶贫效果。四是农民工返乡创业所形成的扩散效应外溢，吸引其他农民工返乡就业及创业，这就在农村形成了良好的就业氛围。

3.4.4　人才域

人才是现代化经济体系的核心要素之一，乡村振兴和精准扶贫的实施都必须有各类人才的支撑。作为扶贫工作中的重要方式，创业扶贫培养了大量的人才，而农民工返乡本身就形成了人力资源的优化配置，这为农村发展乡村振兴奠定了良好的人力资源基础。2018 年中央一号文件单列一篇强调"强化乡村振兴人才支撑"，强调了人才的重要性应放在"首要位置"，同时在五大方面提出具体要求：一是加大力度进行新型职业农民的培育；二是强化农村专业化人才队伍建设；三是发挥科技人才支撑作用；四是积极引导社会各界参与农村建设；五是创新农村人才培育和引入机制。另外，我国已经出台的相关政策都在积极引导农民工进行返乡创业，这对于促进农民就业和创业、推进精准帮扶都有非常积极的意义。

3.4.5　机制域

1. 返乡创业与精准扶贫对接的空间联动机制

东中西部之间形成梯度联动扶贫，以农民工为媒介，通过农民工回乡创业对区域经济梯度互动的载体效应，以及对区域要素动态分配机制效应，吸引更多农民工回乡创业，进而推动精准扶贫。同时，农民工返乡创业将拉动城乡基础设施的联通，并缩小城乡公共服务化的差距，必然会改善农村的社会环境以满足企业发展需要，从而实现扶贫工作的城乡一体化协同发展。

2. 返乡创业与精准扶贫对接的制度链接机制

农民工返乡创业与精准扶贫对接需要在政府和市场共同协作努力下完成，农民工返乡创业能够成为政府和市场间的信息载体，进行二者的有效沟通，并形成市场和政府扶贫工作的黏合剂，有效提升扶贫工作的效率。同时，二者实现有效对接的关键在于利益链接制度的建立，形成返乡创业农民工与贫困群体之间的利益链，如贫困农民通过农地入股创业企业等，以实现返乡创业与精准扶贫的共建、共享、共赢。

3. 返乡创业与精准扶贫的核心要素对接机制

第一，项目对接，通过返乡农民工对脱贫项目的承接与精准扶贫对接，展开扶贫工作。

第二，资金对接，政府牵头建立相关基金，引导鼓励农民返乡创业与精准扶贫进行对接，实现资金的"取之于民，用之于民"。

第三，技术对接，返乡创业需要大量的技术服务及支持，同时对于雇佣者也有一定的技术要求，政府部门在创业企业的技术服务指导上以及贫困农民劳动力的技术培训和就业指导上扮演着重要的角色，一方面是保障返乡创业企业技能要求和被雇佣的贫困农民自身技能相匹配的关键，同时也是保障农民工返乡创业与精准扶贫之间有效对接的关键之一。

3.4.6　保障域

第一，要建立农民工返乡创业内在动力保障体系，以提高农民工返乡创业的积极性，持续驱动返乡创业的开展。

第二，建立农民工返乡创业资源整合体系，摸清贫困地区资源要素禀赋并进行规划，为返乡农民工创业提供可行性。

第三，建立农民工返乡创业与精准扶贫对接的工程推进体系，重点在县乡政府建立对农民工返乡创业的服务工作制度。

第四，建立农民工返乡创业与精准扶贫对接的投资决策体系，形成包括创业企业资本金、扶贫基金、贫困户土地入股等在内的股权投资体系，确保运作高效；同时建立包括村干部、返乡创业企业法人、贫困农民代表在内的决策体系，确保决策合理。

第五，建立以项目带动农民工返乡创业与精准扶贫对接的创新机制，充分考虑返乡农民工的创业意愿，匹配合适的项目区域及场所等。

第六，构建农民工返乡创业与精准扶贫对接的社会服务体系，对返乡创业过程中的问题和困难给予解决和服务。

3.4.7　政策域

第一，在宏观层面，执行相关配套政策，形成区域协作政策，完善东中西部产业转移、结对支援及要素流动的协作机制；形成城乡协调政策，综合协调财税、金融、产业、用地及培训等政策，促进返乡创业与精准扶贫的对接。

第二，在微观主体层面，对于返乡创业者，根据其特点和需求给予不同的政策支持，因材施策；对于基层服务主体，针对农民工返乡创业设立专门的部门，为返乡创业农民工提供全方位服务；对已创办的企业，突出优势形成联盟，进一步提高吸纳贫困就业的能力。

第三，开展实施具体推进的配套政策，如资源资本化奖励政策、重大贡献荣誉政策、绩效考核及监督政策等。

第4章 中西部地区农民工返乡创业与精准扶贫的联结考量

4.1 中西部地区农民工返乡创业的基本特征及面临的主要问题

4.1.1 问卷调查

为了更好地对农民工返乡创业情况进行了解，本书有针对性地选取了一些县市区进行调研。选取样本地区的标准结合以下几方面因素。

第一，该地区劳务输出人数具有一定规模。样本地区所属省份需跨省流动就业及劳务输出数量较大。这样选择的目的是返乡创业数量具有一定的规模效应，有利于量化分析。

第二，我国自2015年开始，陆续批准了341个县市区作为返乡创业的试点地区，其中首批90个、第二批116个、第三批135个。这些地区作为我国发展新型城镇化以及扶贫工作的重要试点备受关注。课题组在大量调研的基础上，确定了在试点地区中进行抽样，这样更加符合本书研究的目的，对后期的实证分析也起到重要的支撑作用。

第三，2021年，我国在返乡创业试点中推选出一批具有代表性的示范地区。这些地区在创业模式、创业规模、创业渠道等方面的成功经验作为案例在全国范围进行推广。本书在前期开展的调研地区有一部分属于示范地区（表4-1中标记*的地区），为课题后期的实证分析起到了更加有利于对比分析的作用。

表 4 - 1　　　　　　　　　　　调研地区

区域	省份	地市	市县区	所属试点批次
中部地区	河南	洛阳市	宜阳县	首批
			孟津区	第三批
		平顶山市	汝州市*	第一批
		许昌市	禹州市	第二批
		周口市	项城市	第三批
		驻马店市	新蔡县*	第三批
	安徽	阜阳市	界首市	首批
		安庆市	太湖县*	第二批
			望江县*	第三批
	湖北	黄冈市	罗田县	首批
		宜昌市	枝江市	第二批
		荆州市	松滋市	第三批
	江西	上饶市	德兴市*	首批
		赣州市	南康区*	第二批
		吉安市	井冈山市	第三批
西部地区	陕西	渭南市	韩城市	首批
		咸阳市	杨陵区*	第二批
		铜川市	耀州区	第三批
	四川	宜宾市	宜宾县*	首批
		成都市	邛崃市*	第二批
		泸州市	纳溪区	第三批
	云南	曲靖市	沾益区	首批
		楚雄彝族自治州	南华县*	第二批
		保山市	隆阳区	第三批
	贵州	遵义市	汇川区	首批
			正安县*	第二批
		铜仁市	玉屏县	第三批
	广西	钦州市	灵山县	首批
		贺州市	平桂区	第二批
		百色市	靖西市	第三批

续表

区域	省份	地市	市县区	所属试点批次
西部地区	宁夏	吴忠市	同心县	首批
			青铜峡市	第二批
		银川市	西夏区	第三批

注：表中＊表示 2021 年《关于推广支持农民工等人员返乡创业试点经验的通知》中的示范推广试点地区。

第四，该地区的数据可得性较好。本书所涉及的部分数据较难获取，微观数据通过实地走访、调研进行问卷调查获得，宏观方面则依赖于各类官方数据，如国家和地方的统计年鉴、地方政府的工作报告、当地经济与社会发展统计公报等。后期的实证研究需要大量的数据才能进行有效的分析，为做好充分的前期准备，课题组进行了为期两年的数据收集工作，数据的完整性、及时性和可靠性都有所保障。

结合以上设计和调研的情况，本书邀请了大量学者、专家、政府部门负责人，经过严谨的筛选之后，遴选出了包括河南、陕西、湖北、安徽、贵州、江西、四川等在内的共计 10 个中西部省份的 30 余个市（州）、县、区，具体名单见表 4-1。

为获取以上地区的一手数据，课题组成员先后于 2018 年和 2019 年暑期开展了实地现场调研。调查方式采用的主要是面对面的问卷调查，同时根据不同地区的具体情况，结合使用了网络平台进行问卷调查。课题组发放问卷经过两个时期，初期调研后，对问卷又进行过补充和更正，总共发放 1500 份，最终统计有效问卷 1038 份，具体分布见表 4-2。

表 4-2　　　　　调研问卷回收情况

省份	数量（份）	样本占比（%）
河南	136	13.10
安徽	122	11.75
湖北	115	11.08
江西	103	9.92
陕西	101	9.73
四川	118	11.37
云南	85	8.19

续表

省份	数量（份）	样本占比（%）
贵州	98	9.44
广西	96	9.25
宁夏	64	6.17
合计	1038	100

以上地区的其他数据，如各地方 2019 年的年鉴等，优先使用网络查找和购买的方式获得。个别地区无法通过以上方式获取，课题组会和该地区有关官方部门（如工商局等）取得联系，通过实地探访等方式获取。整体来看，数据的获得结果较为乐观。

4.1.2 全国返乡创业趋势及现状

近年来，虽然由于各方面因素，我国农民工增长率一路下降（除 2010 年、2016 年和 2017 年外），但总量却逐年上升（2020 年除外）（如图 4-1 所示）。最新统计表明，2020～2021 两年全国农民工总量下降至 28560 万人，比 2019 年下降了 517 万人，减少 1.8%，规模是上一年的 98.2%。

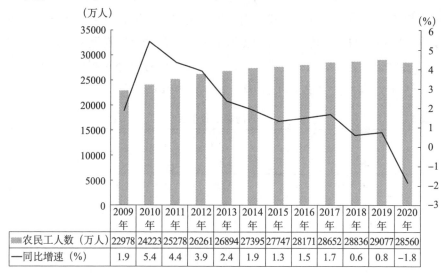

图 4-1　2009～2020 年我国农民工人数及增速情况

资料来源：国家统计局网站。

外出农民工总量上升的同时，增速相比本地农民工有所下降（如图 4-2 所示），净流入特征越发凸显，印证了农民工就业意愿在地区上的重要变化。

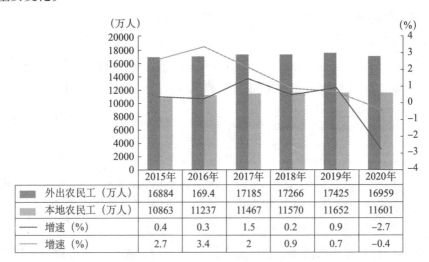

	2015年	2016年	2017年	2018年	2019年	2020年
外出农民工（万人）	16884	169.4	17185	17266	17425	16959
本地农民工（万人）	10863	11237	11467	11570	11652	11601
增速（%）	0.4	0.3	1.5	0.2	0.9	-2.7
增速（%）	2.7	3.4	2	0.9	0.7	-0.4

图 4-2　2015～2020 年外出农民工和本地农民工人数及增速情况

资料来源：国家统计局网站。

在全省从业的在外农民工数量约为 9907 万人，较前一年下降了 10 万人，与上年基本相等；在外出农民工中，跨省流动农民工数量有所下降，在省内就业农民工数量有所上升（见表 4-3）。所有区域的省内就业农民工人数占比也都提高了 1～2 个百分点。

表 4-3　　　　　　　　　　　农民工地区分布

按输出地分	外出农民工总量			构成		
	农民工（万人）	跨省流动（万人）	省内流动（万人）	农民工（%）	跨省流动（%）	省内流动（%）
东部地区	4624	719	3905	100.0	15.5	84.5
中部地区	6210	3593	2617	100.0	57.9	42.1
西部地区	5490	2557	2933	100.0	46.6	53.4
东北地区	635	183	452	100.0	28.8	71.2
合计	16959	7052	9907	100.0	41.6	58.4

资料来源：国家统计局网站。

作为最主要的劳动力输出地，中西部各省份 2020 年共输出农民工 17481 万人，占全国劳动力输出总量的 61.2%。虽然中部和西部地区的输出占比较 2019 年分别减少了 1.8% 和 0.2%，但仍属于劳动力主要来源地。作为劳动力输入地，中西部地区 2020 年共吸收 12506 万人，占全国劳动力输入总量的 43.8%，与 2019 年基本持平且略有增长。可以看到，劳动力净流量开始出现不一样的变化，中西部地区面临的就业安置压力逐渐增大。解决好返乡务工、就业岗位等问题的工作重点，就在于抓住返乡创业的机遇，从根本上提高就业水平，刺激我国农业、农村的持续发展动力。

2018 年我国返乡创业人员数量突破千万，再创新高，且 80% 以上人员由农民工组成，国家返乡创业进入了快速增长期，2.9 亿农民工成为返乡创业的"人才库"，人员总量呈持续增长态势。

2021 年 3 月 15 日，农业农村部副部长刘焕鑫在农业农村部等部门联合召开的全国推动返乡人员创业就业工作视频会上强调，一个返乡创业创新项目一般可吸纳 6.3 人次稳定就业、17.3 人次灵活就业。据 2011 年 12 月 30 日中央广播电视总台中国之声《新闻和报纸摘要》报道，国家农业农村部副部长邓小刚表示，产业业态目前 80% 以上是三大产业融合发展项目，这种趋势带动了很多新兴农业行业的蓬勃兴起，特色农产品种养殖、休闲旅游农业、电子商务农业产业链等行业让大城市和农村更深入地连接起来。返乡创业引入了先进的现代化农业理念，拓展了农业产业的领域范围，全面优化社会生产要素配置，提高农民收入，对解决扶贫、就业都有巨大效应。

4.1.3　调查地区的农民工返乡创业的基本特征

1. 创业人员以中青年男性为主

创业者中的男性比例高达 2/3，主要原因在于男性的创业动机较强，在开展创业的规模、筹资能力等多个方面优势较大。根据课题组开展的调查，调查对象中，男性返乡创业者的比例大约为 60.89%，而女性仅为 39.11%（见表 4-4），调查结果与其他相关研究结果大致相近。此外，在返乡创业的意愿上，在男性与女性之间也有着很大区别，在包括个人动机、家庭情况等方面，男性参与创业的意愿更加强烈；而女性创业者自身、家庭、社交资源等方面羁绊明显，影响到她们的创业决策。

年龄层面的因素会带给创业者不同选择结果，对其创业意愿、能力、模式、风险偏好等都会带来不同程度的影响。尤其是对创业者的学习知识的能力和实际应用的能力产生直接作用；同时，年龄因素和创业者多个方面的个人因素都有较大相关性，如经验阅历、社会关系、资本积累等，所以年龄因素对创业的成功非常重要。25 岁以下的年轻人学习能力以及接受新知识的意愿最为强烈，因此创业人数较其他年龄阶段也更多，其比重达55.97%；25～35 岁的占 21.48%；36～45 岁的占 13.87%；46～55 岁的占6.46%；55 岁以上的中老年人所占比重较少，只有 2.22% 左右（见表 4－4）。可以看出，年龄和人数比例呈现负相关，创业者以新一代农民工为主，他们年纪较轻，大部分在 35 岁以下，年轻人在创新、创业、风险承担、身体因素等多个方面具有较为明显的优势。

表 4－4　　　　　　　返乡创业农民工人员性别及年龄分布

项目	类别	样本数量（人）	样本占比（%）
性别	男	632	60.89
	女	406	39.11
年龄	25 岁以下	581	55.97
	25～35 岁	223	21.48
	36～45 岁	144	13.87
	46～55 岁	67	6.46
	55 岁以上	23	2.22

具体来看，按创业者学历情况分布如下：小学或低于小学学历占比8.88%；初中学历占比 29.83%；高中学历占比 40.32%；大专及以上学历的人数相对较少，约占 20.97%，初中及高中学历的人占比最多。

2. 创业产业以农业相关的服务业为主

创业人员返乡之前所从事的职业对创业有较大影响，且创业项目多为传统行业如种植、养殖、餐饮等，其中商业类、服务类约为 27.74%，养殖、种植、农家乐等与农业及服务业有关的行业约为 23.51%，随着时间变迁，新兴行业如电子商务等开始成为创业新宠，比例约为 13.78%（见表 4－5）。服务业、商业等之所以比重最高，是因为这些行业具有资源禀赋优、行业门槛低、资金需求少的特点，所以被创业者青睐。电子商务等新兴行业达到了13.77%，且增长较快，这主要是与返乡创业人群的知识水平较高，掌握了一些与创业密切相关的专业技术和文化，还有他们的自身偏好等有密切联系。

表 4 – 5   返乡创业行业分布

类别	样本数量（人）	样本占比（%）
工业类（农产品生产加工等）	105	10.11
商业类（批发、零售、餐饮等）	288	27.74
建筑类（建材、装修、装饰等）	124	11.95
农业及农村服务类（种植养殖、电器维修、农家乐等）	244	23.51
运输类（客运、货运等）	53	5.11
新业态类（电商等）	143	13.78
其他行业	81	7.80

通过问卷得知，创业动机和创业原因有以下几个方面，首先是曾经从事过该行业、有过前期经历，这一部分人数最多，约占 50.29%，而由于和先前的工作单位有业务往来，从而获得创业资源和便利的有 35.93%（见表 4 – 6）。实地调研发现，几乎所有返乡创业者的创业项目与返乡前所从事的工作相同或类似，返乡创业者对该行业有足够的了解，经验更加丰富，因此这类创业项目的成功率更高，业绩也更佳。

表 4 – 6   选择该返乡创业行业的原因分布（多选项）

类别	样本数量（人）	样本占比（%）
以前从事的就是该行业	522	50.29
以前的工作单位有资源	373	35.93
我比较看好这个行业	556	53.56
有相关专业技术	395	38.54
家乡资源丰富，便于利用	336	32.37
社交能力强，社交网络有助于创业	277	26.69
政府相关部门的引导	95	9.15
其他原因	72	6.94

3. 创业项目区域选择多在当地

大多返乡创业项目选择在农村、乡镇（街道）和县城（含县级市）等区域，此类项目受到当地经济水平和就业状况影响较大，同时，创业项目也会反哺该地区的经济发展。调查结果表明，在乡镇（街道）创业的有 30.45%；在县城（含县级市）创业的约 26.69%；在本村进行创业的约

22.07%；而在地级市进行创业的有 14.46%；在省会城市创业最少，只有 6.33%（如图 4-3 所示）。总的来说，由于乡土情结突出，使得近 80% 的人在返乡创业时首选在当地创业。

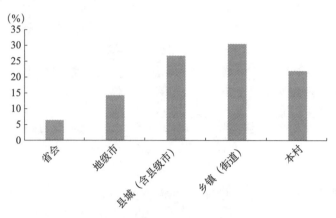

图 4-3　返乡创业项目地域选择

按照创业带来的市场活跃情况、对经济的刺激情况等，返乡创业者进行创业的类型一般有两个方向，一个是以生存为前提的模仿生存类型创业，一个是以技术、管理为核心的机会创新类型创业。其中，生存型创业是指创业区域与县市、农村距离较近，且比较容易在现有市场中抓住机遇，技术壁垒较低、技能要求不高。调查显示，返乡创业的生存型创业占绝大比重，创业者往往受生活所迫，就近选择创业。本次研究表明，选择返乡创业排名前三的因素依次是自主创业收入高、脱离城市压抑环境、返乡创业相对自由以及家庭原因，它们分别占比 34.73%、32.51% 和 32%。

4. 创业初始资金来源较为单一

初始资金是直接导致创业成功的重要因素，返乡创业人员除了自身有所积蓄可以进行投资以外，大多初始资金还是来自借贷。由于个人观念以及对金融相关知识了解受限，和熟人借钱是常态，这就导致借贷资金总体规模较小，从而创业类型也大都只是以个体形式为主。创业人员的资金来源排名前四的主要是自有资金、向亲朋借钱、申请政策性贷款、银行贷款，分别占比 45%、40%、37% 和 30% 左右（如图 4-4 所示），也有 10% 左右的创业者使用高利贷及其他形式的贷款。考虑到创业资金的来源是多渠道的，在设置本问项时，课题组设计成多选的形式。调查结果表明返乡创业者在资金来源上排名靠前的几个渠道主要包括已有资金或向亲朋好友借钱，除此以外，利用政策性或银行贷款也是筹措资金的重要途径。

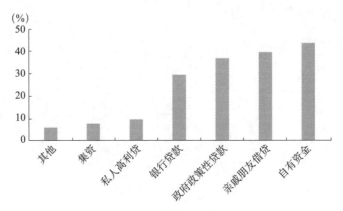

图 4 - 4　初始资金来源

从某种意义上来说，创业项目的规模越大，未来的可持续发展趋势也就越好。因此，本书重点考查创业规模的大小，衡量这一问题的指标选择了投资额和员工数量。通过研究结果可知，在初始投资方面，投资规模在 10 万元以内的创业比重约为 45.47%，细分发现，投资额度在 1 万元以下的占 17.79%，投资额度在 1 万~10 万元的占 27.68%；投资额度在 10 万~50 万元的创业者占 29.38%，以上合计大约 75.00%；投资额度大于 500 万元的仅占 3.37%（见表 4 - 7）。

表 4 - 7　　　　　　　　　初始投资额及员工数量

项目	范围（不含上限）	样本数量（人）	样本占比（%）
项目初始投资额	0 万 ~ 10 万元	472	45.47
	10 万 ~ 50 万元	305	29.38
	50 万 ~ 100 万元	140	13.49
	100 万 ~ 200 万元	61	5.88
	200 万 ~ 500 万元	25	2.41
	≥500 万元	35	3.37
当前员工数量	0 ~ 10 人	588	56.63
	10 ~ 100 人	310	29.85
	100 ~ 300 人	80	7.70
	≥300 人	60	5.82

常见的企业的经营模式有个体企业、私营企业、股份制企业等。调查发现，开办最多的是个体企业，一半以上的创业者选择开办这种企业形式，这一类企业规模较小，大多以家庭为单位进行经营为主；排名第二和第三的分别是私营企业和股份制企业，两者合计占比 35.55%（见表 4-8）。除此以外，承包、租赁也是较为常见的两种形式，不过占比较小，此处不再赘述。近十年返乡创业的经营模式发展缓慢，无论是企业规模还是管理水平都和现代企业制度有较大差距，原因还是创业者没有能够完全打破小农经济体系下的束缚。

表 4-8　　　　　　　　　　返乡创业项目的经营模式

类别	样本数量（人）	样本占比（%）
个体经营	572	55.11
私营企业	239	23.03
股份制	130	12.52
承包经营	71	6.84
租赁经营	26	2.50

5. 创业项目盈利情况整体较好

返乡创业者的项目盈利情况整体来讲还是比较乐观的，所调查的企业大多能实现净盈利，在优惠政策等支持下较少出现亏损，创业成功率较高。在一系列绩效指标中，我们考查了年产值、盈利额、净利润等财务指标，表 4-9 列出了两个主要指标，这两方面无论是数据可得性还是完整性，都更加适合进行评价。调查结果表明，小型企业占绝大比重，特别是 1~5 名员工的企业。这些企业投入较少，规模较小，年产值较低。

表 4-9　　　　　　　　　　年产值及盈利额

项目	范围（不含上限）	样本数量（人）	样本占比（%）
年产值	<10 万元	408	39.26
	10 万~50 万元	325	31.31
	50 万~100 万元	155	14.97
	100 万~200 万元	70	6.76
	200 万~500 万元	43	4.19
	≥500 万元	36	3.51

续表

项目	范围（不含上限）	样本数量（人）	样本占比（%）
盈利额	<10 万元	404	38. 89
	10 万～50 万元	291	28. 01
	50 万～100 万元	102	9. 82
	100 万～200 万元	60	5. 77
	200 万～500 万元	31	2. 98
	≥500 万元	45	4. 33
	大致持平	80	7. 70
	亏损	26	2. 50

营利性至关重要，它决定着创业企业未来成长的潜力以及进一步创业的示范效应，盈利多则利润多，就会有更多资金以及人才的再投入。根据我们的统计数据，整体来说高盈利额的企业较少，盈利额能达到 50 万元以上的返乡创业项目相对少一些，约占 23.0%；大体持平的占 7.70%，无法盈利致使亏损的占 2.50%（见表 4 - 9）。

6. 创业者大多有意进一步拓展项目规模

一般来说，一个企业、项目或者产品的生命周期有四个阶段，分别是创业初期、成长期、成熟期和衰退期。我们不仅要了解创业项目的规模和盈利，也要从长远的角度来考查其未来的发展情况，因此先考查其目前处在哪一个生命周期阶段就非常有必要了。本书的调研结果显示，接近 60% 的创业项目处于创业初期（如图 4 - 5 所示），这与 2015 年以来出现返乡创业高潮是相符的。

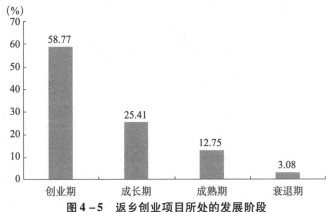

图 4 - 5　返乡创业项目所处的发展阶段

创业项目是否有意向继续扩张规模？在这一问题上，有扩张项目规模计划的创业者占有74.42%，这里面有1/3多的创业者已经有了明确的执行方案，另外还有不足1/3的创业者暂时仍未有扩张打算（如图4-6所示）。由于2015年以来开始出现返乡创业高潮，目前大部分创业项目处在发展初期或刚刚进入成长期，整体发展处于上升通道，未来潜力还不错，所以创业者们大都有进一步扩张规模的打算。

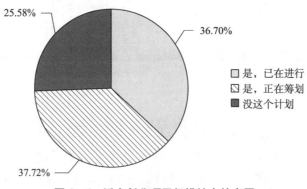

图4-6　返乡创业项目规模扩大的意愿

7. 创业者政策认知及需求倾向较强

大部分返乡创业农民工都是在对政府的政策有相当的认知的基础上才有了回乡创业的打算，当然，也存在着一些创业者并没有充分认识，甚至完全不知道政府的相关政策。在这里面，完全认识并掌握了创业政策的创业者还是比较少的，占比仅仅为10.48%；绝大多数创业者，约为59.68%，尽管他们返乡前后熟悉了一些相应政策，但仍然无法全面掌握政策意图；可惜的是，仍有29.84%的创业者根本不熟悉当前的相关政策。创业者在创业的很多方面都具有较强的政策需求倾向，我们总结为以下几方面：创业技能培训、税费减免、信贷措施、企业用地、信息咨询、手续办理以及创业平台等。其中对税费减免的需求占比44.35%，是所有需求中最为强烈的。

4.1.4　农民工等人员返乡创业面临的突出问题

作为乡村振兴的重要生力军，返乡创业人员的创业活动得到了中央政府和全国各地方有关政府部门的高度重视。各项优惠政策的支持掀起了轰轰烈烈的返乡创业活动高潮。2012~2015年，我国农民工返乡创业增加的数量平均每年在10%以上，在此之后更是高速上升，2015年450万人，2017年700万人，2019年850万人，2020年累计超过1010万人，每年以200万人左右的数量递增，且2021年的返乡创业数量还在持续增长。总的来看，目前返乡创业者的特点还是非常明显的，创业项目出现的问题也比较突出。比如，创业形式还是以个体创业为主，返乡创业者大多是"草根"出身，没有什么特殊背景，创业企业的规模较小、地区分布较为分散，等等。为了对返乡创业情况进行全面认识，课题组设计了科学的调查问卷，开展了多个省份的实地调研，对返乡创业目前存在共性问题总结如下。

1. 资源少，规模小

返乡创业人员主要是农民工、大专毕业生、退伍人员，本身没有什么创业资源，他们的创业项目普遍出现了企业规模小、周边带动弱的问题。除此以外，因为要素禀赋欠缺，他们普遍无法凭借自身对抗市场经济中的不确定性，预防及处理风险能力薄弱，这些都容易导致创业失败。

2. 融资难，融资贵

融资难一直是困扰我国中小企业发展的一个主要问题，返乡创业项目也存在这一瓶颈。综上所述，返乡创业项目60%以上都是年产值50万元以下的，这类企业规模小、盈利能力不明确，在申请贷款时不具有优势。银行往往因为企业信用、风险管理等因素的考量而拒绝给这些企业提供贷款，除了银行以外的其他方面的投资者在参与这种项目时往往也更加谨慎。经过调查显示，44%的返乡创业人员存在创业资金缺乏的问题，56%的返乡创业者期盼获得各方的尤其是地方政府的政策优惠或资金支持。然而这一问题在很多地方并没有得到较好的解决，融资成本高、借款门槛高、贷款审批烦琐等问题仍然存在。

3. 招工难，用工难

离家打工当前是中国农村劳动力就业的普遍现象。大批农村劳动力远离家乡，输出到其他省、市、地方，导致农村当地的劳动力人口出现短缺，很多行业、企业也面临着招不到人、无工可用的麻烦。即便是当地人才市场上可以招到的劳动力，在对员工的规范化管理上还是面临着家务、农务、隔代照看等麻烦和问题。此外，返乡创业项目本身或者是项目所处区域都使得高级人才不愿意到乡村就业，特别是大学生在考虑经济发展、生活条件、薪酬待遇、就业环境时，一般优先会考虑到县城工作，而不是回到乡村或者小城镇就业。

4. 重"面子"，轻"里子"

"面子"和"里子"对于返乡创业工程来说都非常重要，"面子"工程做起来，有了良好的示范效应，才会有更多的返乡创业者看到希望，回归乡村一起创造更多的"里子"，把返乡创业推向更好的发展态势。目前很多地方政府的返乡创业工作正处于"面子"工程的初期，无论是项目的成功案例，还是创业人才的宣传，都给人们树立起返乡创业的榜样作用，逐步形成返乡创业的蔓延之势。但在实际操作中，还是存在工作疏漏或者政策实施不到位的情况，尤其是对于许多规模小、员工少的微型企业来说，在贷款申请、优惠支持等方面没有实实在在得利，这样非常不利于"面子"的形成，也挫败了其他处于观望的返乡创业人员的积极性。

5. 农民工对返乡创业风险认知能力不足

农民工创业风险评价指标体系还没建立，农民工自身对风险识别、风险评估和风险应对能力不足。企业有不同的生命周期，每一个发展阶段都会面临不同的风险，农民工在创业过程中对风险的承受能力普遍较低，创业初期表现得尤为明显。由于这一阶段的风险较大，农民工的主观承受能力无法匹配风险量度，往往导致一些有潜力或有前景的项目在这一阶段夭折。

6. 创业项目同质化严重，激发恶性竞争矛盾

如前所述，农民工由于自身资源禀赋的原因，在入乡返乡创业时选择个体企业较多，占比55%以上，这些企业获得政府扶持得较少，虽然当地政府大量引进各类投资项目，以引导农民工及创业者返乡或入乡创业，但从数据看来，他们真正获得到政府的政策支持仍然相对较少。在他们所经营的领域里，以餐饮、零售及相关第三产业居多，而且创业项目出现了严重的同质化现象。课题组调查表明，返乡创业项目中的餐饮、零售等行业，初始投入在50万元以下的居多，甚至多达40%都是10万元以下的，这类项目本身经营难度低，往往不需要经过专门的技能培训或者管理经验，这就使多数项目很难做大做强，仅仅徘徊在小规模的"养家糊口"阶段。

7. 农民工自身禀赋差，且培训力度欠缺

返乡农民工本身文化教育水平不高，在外打工时往往没有进行过专门的企业管理培训，一般来说只是从事过相关行业，有一些从业经验。他们的眼界受自身及周边所限，在创业的选择上、项目未来的发展上、自身职业的规划上通常较为保守。并且这些创业者因为他们的创新意识比较落后，会更偏向于选择传统产业。另外就是农民工的社会关系较为简单，在获取和了解有效的市场信息方面出现瓶颈，尤其是项目无法吸引和留住优秀人才。在课题组的调研中看到，只是少部分返乡创业人员的职业培训需求得到了解决，大部分职业培训内容与创业者实际需要并未实现充分结合，出现了资源浪费的问题。而且，现在的政府政策层面的培训也大多集中在技能方面，而有关管理知识和业务能力方面的训练虽然急需却少之又少。

4.2　中西部地区农民工返乡创业的
扶贫渠道及效果

4.2.1　中西部地区农民工返乡创业的扶贫渠道

面对国家乡村振兴发展战略的重大历史机遇，我国中西部各省、地区把返乡创业工作与脱贫攻坚紧密联结起来，在创业平台的建立、社会服务体系的完善、国家及地方政府支持力度的强化等多方面，多管齐下，有针对性地进行了多方位返乡创业工作，并逐步取得了比较突出的进展。农民工在各地方政府的大力宣传和扶持下，开始纷纷回到家乡，开展返乡创业项目。农村劳动力转移不再是单一输出的模式，而是逐渐被劳动力输入所代替，农民工双向流动创业与就业的局面正在形成。在此背景下，农民工返乡创业逐步取得效益，不仅反哺了扶贫工程，更加有效助力了脱贫攻坚工作。从就业、经济增长、产业结构调整等各个方面，有效地对当地扶贫工作产生了直接或间接的影响，成为精准扶贫和防止返贫的新渠道。

产业扶贫作为国家扶贫开发工作的战略重点和主要任务，是我国重要的扶贫模式。产业扶贫模式可以有效激活贫困地区的生产力，发掘贫困地区的要素禀赋，在过去的十年里，明显推动了贫困地区的经济发展，有效提高了贫困户的实际收入。产业扶贫之所以成为全国开展扶贫以来最广泛、最常见的扶贫模式，具有其内生发展机理，那便是产业结构的调整和发展与推动贫困户和贫困地区的协同发展之间存在着相互促进的重大作用。产业扶贫根植于发展基因，激活了发展动能，因此从根本上遏制了贫困地区发生贫困的动因。

产业扶贫和返乡创业之间存在着协同共益的关系，具体如下：一是产业扶贫的目标和返乡创业是一致的，无论是返乡创业还是产业扶贫，它们的目的都是发展经济、解决贫困，返乡创业和产业扶贫给精准扶贫带来了全方位的对接与支持；二是返乡创业反过来推动产业扶贫的有效进行，产业的发展只有在具备一定知识、技术、意识的人才到位的前提下，才能得到积极的推动；三是返乡创业以产业为载体，返乡创业需要项目支撑，扶贫产业能够为返乡创业提供良好的平台和纽带，两者彼此促进、相互影响，在产业中寻找合理的项目进行开发，有效的项目发展起来为产业提供推动力量，这种相互渗透、相互依赖的关系，是一种交互关系，可以为双方互赋动能，两者协同得到 $1+1>2$ 的共益作用。

在各级政府各种帮扶政策的落实下，形成了明显的示范作用，不但能够促进创业主体的盈利性增长，而且能够提高贫困人员的回报预期，从而调动起产业扶贫当事人的积极性。不断增加的企业、人才、社会力量和资金，有效地在经济效益性与益贫性之间形成良好循环。国家中央政府以及各地方政府部门出台了各项政策措施，内容包括规划特色产业、培养龙头企业、培育农民合作社、推介农产品的品牌营销、农产品认证、加大政府采购、特聘农技员及成立专家组、选聘指导员等，这些都是有效实施产业扶贫政策的有力保证。产业扶贫也是中国 2020 年底实现全民脱贫的最主要渠道。

扶贫产业的良性可持续发展需要得到更广泛的支持，只有创业者可获得稳定收益，同时确保贫困人员能够获得精准收益，才能保障产业扶贫的可持续发展。同时也要不断培养创业者和贫困人员增收、稳收的自身能力，方能强化扶贫、减贫的内在驱力。

第一，产业扶贫的对象需要精准到人。致贫的因素错综复杂，唯有准确认识才能进行分类帮扶。因此，产业扶贫的第一步便是精确到户、因户施策，这正是最为关键的一步。什么是"精准"？如何"精准"？要回答这些问题，就需要我们首先确定每一户贫困户和每一位贫困人口的详细信息，了解他们的贫困原因、生活状况、家庭问题等，具体来看包括其生产基础、工作能力、个人情况等，分门别类因地制宜地精准对接，不能粗放处理，而要细节对待。因此在施策时要遵循以下"精准"无误的原则，即：特色产业选取精准、经营方式精准、扶持手段精准、帮扶工作受益对象精准。这四个方面的内在逻辑就是，只有在主导产业选择精准的条件下，做到了经营方式精准，才能保障经营的进一步发展，提供最有力的支持方式，精准有效地支撑扶贫工作，其中，人口受益精准是最核心的内容。

第二，找准定位、选择突出优势特色的产业。因地制宜，正视问题，针对当地产业发展、行业覆盖面、市场需求和农民意愿等，寻找最有利于企业成长的独特优势产业是十分关键的。在选择扶贫产业时，不仅要结合市场规律，也要迎合区域特点，在绿色产业的导向下，做好科技文化支承，并最终落实到贫困人员受益上来。

首先，选择产业不可以盲目，不可以被主观偏见影响。市场导向是选择产业时的基本原则，只有顺应市场经济和产业的规律，才能找到合适的产业进行发展。政府要从宏观上营造促进产业发展的良好市场环境；从微观上为农户提供咨询信息服务、科技指导、教育培训、融资支持等。其次，产业选择要迎合该地区特点。扶贫产业规划一定要准确合理，有风险意识，抓好风险防范，推动产业的良性循环和发展。再次，坚持绿色健康导向。资源的合理开发，环境的积极保护，都是经济健康发展的重要保障，友好的环保意识是绿色经济发展的前提。然后，搞好科学发展支撑。做好贫困人员的技术培训，逐步普及农业科学技术，培养专业的农技人员。最后，要落实到贫困人口上，使他们能真正受益获利。唯有让贫困人员共享产业发展成果，才能真正实现产业扶贫成功，而这样建立企业收益与贫困人口共同获利的收益共享制度，就显得尤为重要。

近年来，各地政府充分利用本地要素禀赋，发展具有特色优势产业的成功案例很多。比如，安徽省望江县的服装业、潜山县的制刷业、无为县的电线电缆业等，都是与自身地区的资源、区位环境、工业现状等相结合，都是特色产业扶贫创新帮扶的典型例子。再如，重庆市永川区的现代农业、开州区的电子轻纺业、綦江区的机械制造业、垫江的电商物流业等，也是充分发挥资源禀赋，开发出了一批各具特色的返乡创业产业集群。

第三，在产业扶贫机制上，坚持培育主体、强化引领带动。我们知道产业扶贫的益贫性是指产业对穷人的有利程度，因而产业扶贫成败的关键在于益贫性。因此，益贫性、脱贫成绩应成为龙头企业产业扶贫成效最主要的衡量指标。只有树好这样的龙头，才能培育良好的机制。一要培养发展新型农业经营主体，并建立各种农村社会化组织和农业公共服务机构，使被扶贫人员可以根据自身需求获得并享受到相关的农业服务，这样能更好地发展产业，提高产值，吸引更多当地及农村劳动力，促进农村扶贫产业创新，通过示范活动引导扶贫产业发展。二要重视被扶贫人员和新型经营主体双方的联结情况。比如，通过股份合作、订单帮扶、生产托管等办法组成农业产业化联合体，同时还要建立合理的利润分配机制，以确保被扶贫人员的合理收益。三要通过制订对贫困村集体的经济发展提升方案，使贫困户和村集体稳定地共享经济增长效益。

第四，激发农民主体的内生动力，提升增收稳收能力。扶贫的最终目的是培养贫困人员的可持续脱贫能力，进而达到防止返贫的目的，这是脱贫致富的根本基础。也因此必须激活贫困地区的内生发展力量，这就必须更加深入地从扶贫项目的策划、执行及监管、分配等各关键环节保障经营主体和农民群众主体的参与，从而激活被扶贫人员的内生动力，产业扶贫项目就将为当地开发出真正可以持续发展的平台与机遇。通过产业扶贫，可以提高农业贫困户的经济收入、生产能力、市场竞争意识等，对农业贫困户而言，最终增强其内生力量也就是我们的根本目的。产业扶贫的优秀成果和当地的工业、产业的相互促进，更有利于推动我国农村地区的经济发展和社会稳定。

产业扶贫以产业发展为杠杆，以市场需求和经济信息为导向，以本土经济和项目利益为核心，逐步衍生出特色种养扶贫、电商产业扶贫、乡村旅游产业扶贫、资产收益扶贫等多种重要的产业扶贫模式。

1. 渠道一：特色种养扶贫

这种模式是指发现并挖掘贫困地区的资源优势，精准针对禀赋优势发展该地区的特色产品种植或养殖业。从而增强贫困地区、贫困人员的"造血"功能，并最终带动他们脱贫致富。具体做法如下。

（1）进行摸底排查，精准掌握每一个贫困人员的致贫原因，有效界定适合他们的产业领域，精准选择产业项目，确保所选项目能够持续有效的帮助贫困人员获得收益。

（2）对选定的特色种养业开展全面监督，公示公开每一步工作实施进展，提高透明度，强化监督意识，确保资金安全使用、项目高效运行。

（3）有关政府部门合力推动搭建各种特色种养服务平台，方便为农户提供各项咨询、培训等服务。

（4）地方政府要拓宽思路，联动农村金融，引导工商资本进入农业生产领域，并把特色种养业扶贫工作融入乡村振兴中来，打造当地特色产业体系，最终实现脱贫致富。

2. 渠道二：电商产业扶贫

2014 年，电商扶贫被纳入扶贫政策体系中来，正式走进乡村成为一项国家战略。此后的几年中，电商产业不断深入乡村，成为重要的扶贫方式。2017 年中央一号文件《中共中央、国务院关于深入推进农业供给侧结构性改革加快培育农业农村发展新动能的若干意见》正式发布。首次将农村电商单独陈列，从多个方面强调"推进农村电商发展"。2018 年 5 月，财政部、商务部、扶贫办联合发布了《关于开展 2018 电子商务进农村综合示范工作的通知》，再次强调了农村电商对精准扶贫的作用。不断推进电子商务在农村的发展已经成为我国产业发展、扶贫脱贫、乡村振兴的重要任务。可以看到，自 2014 年以来，网络信息技术的开发带动了电子商务行业的快速发展，与之相适应的扶贫政策也相继出台，为扶贫事业的未来开发释放了明显的政策引导信号。

2020 年疫情也导致了各地经济受到影响，疫情严重的地方经济发展甚至一度停顿。贫困地区在此情况下更是雪上加霜，企业出现了产品堆积、生产停滞、运输不畅的严重产供销问题。电商产业适逢其会，起到了重要的平台作用，产业由线下转向线上，各个地方的政府部门、领导负责人、企业家纷纷走向一线，将滞销商品利用网络直播带货拓展销路，为贫困地区的产品销售发挥了巨大力量。

对返乡创业进程中遇到的来自团队打造、组织建设、资金获取、机遇掌握等困境，也可借助职业教育等培训机构、实战职教导师帮扶的渠道助力范式优化和批判并且重构自身的创业思维来以创新思路推动自身的创新发展。"互联网 + 电商"是当前高效帮助农民返乡创业的途径之一，其与农业扶贫方式和电商职业培训扶智方式相结合，将形成农民工返乡创业的效率提升的重要途径。

创新创业与电商产业相结合，将能够改变农村传统的营销模式，不但能够拉长产业上下游的链条，而且还能够促进农村各方面相关配套行业的聚集与发展，从而扩大了农村人口返乡创业的空间，并带动农民工等人员返乡发展更多的创新模式。我国国家发展改革委与全国多个电子商务龙头企业签订了战略合作协议，搭建平台，通畅渠道，拓宽网络，解决了农产品"上行难"的问题。湖北省"枝江模式"有目共睹，枝江市政府大力帮助返乡人员开展电子商务创业，采取了各种帮扶举措，并加大优惠政策扶持，形成了返乡电子商务创业的新高潮。江苏省沭阳县积极发展"花木电商"，利用沭阳软件产业园、苏奥电子商务产业园及其各种众创空间设计和孵化基地，加大电子商务创新创业载体建设，推进"远程网店"项目，创建"淘宝·沭阳直播基地"，在电子商务主流平台开办花木专场，定期评出"十大诚信花木电商""沭阳十大淘宝精英""沭阳十大诚信花木网店"，依靠返乡创业做大做强花木行业，带动该县乡村经济的蓬勃发展。

3. 渠道三：旅游产业扶贫

近年来，全国各地方政府积极选择具有发展乡村旅游条件的贫困村作为乡村旅游扶贫对象，因地制宜开发乡村旅游，有效支持了当地的扶贫及返乡创业工程。风景名胜区、特色乡镇、民俗文化村等旅游产业获得成功，不仅帮助了农村贫困家庭增收，还衍生出更多的旅游产品，如手工艺品、特色农产品等，逐步打造出各种地方特点突出的精品旅游线路，继而进行农村贫困人口旅游服务能力培养。又如，积极开发休闲农业和乡村观光，吸引与鼓励社会资本发展农民积极性强、收益面宽的休闲农业项目，很好地推动了农业与旅游、保健疗养等行业的深度融合。

（1）乡村旅游产品建设工程。鼓励开发建设农庄度假村、农家乐、农村主题民宿等旅游产品，建成一批金牌乡村旅游景区、乡村特色小镇、中式度假村、中国精品民宿。

（2）休闲农业和乡村旅游提升工程。在贫困地区支持打造一批农场、种植园、采摘园、旅游合作社等。认定推荐一批农业旅游示范试点，推介一批全国美丽休闲村庄，加强品牌培育力度等，逐步形成产品体系，产生品牌效应。

（3）乡村旅游扶贫培训宣传工程。培训工作的开展需要与开展旅游相匹配的培训师队伍。培训以旅游产业的知识技能为核心，以村领导及负责人、乡村旅游带头人、从业者等为重点培训对象，有针对性地开展旅游运营管理和服务知识培训。配合培训一般需要建立在当地的教育平台和实习基地。比如，实施"乡村旅游＋互联网"的扶贫宣传专项活动，加强对贫困地区的旅游产品、路线、文化、特色、品牌等的宣传普及工作。

4. 渠道四：资产收益扶贫

资产收益扶贫是从资产的角度对贫困地区人员进行救助与扶贫。具体来讲，就是整合贫困地区较为分散的地方资源，通过有效的途径将这些闲置分散的资源资产化，从而利用这些资产，增加贫困人群的各项收入，实现摆脱贫困，走向致富的目的。按照不同类型的资源要素，资产收益扶贫的模式有所不同，具体来看，可以从自然资源、金融资产、非金融资产等方面加以讨论。

（1）自然资源扶贫。对于自然资源，可以采用土地入股的方式进行扶贫，即土地资源收益扶贫。常见的模式有三种，分别是增减挂钩扶贫、土地整治扶贫、矿产开发扶贫。企业的参与增加了投入资金的规模，有利于项目的顺利进行，提高整理的收益和效率。对于农户而言，无论对项目的了解程度如何，都可以通过这种方式获得回报。往往农户随着项目的进行，也会逐渐了解并学习有关知识，提高自身的认知。这种扶贫模式不仅更有利于闲置的土地资源的使用，为企业发展拓宽道路，也可以帮助农户获得收益，为减贫脱贫作出贡献。

（2）金融资产扶贫。金融资产扶贫通常采取股金的方式，也就是说，将财政资金转化为股金，当然，前提是不改变其使用方向，只是改变了具体形式。村集体牵头创办企业，如乡村旅游业企业等，尊重农户自身意愿，保障他们是自愿参与到企业中来。农户领取自己的股份后，企业根据股份比例定期把股金分发到农户手中。在领取股份的同时，农户就承担了相应的职责，这样有利于调动他们的积极性，从而更有利于其努力脱离贫困。采取这种方式要重视农户在企业创办和企业经营管理等方面的知识培训，帮助他们提高认知，从而更积极地参与进来。

（3）非金融资产扶贫。除了土地资源和金融资产，农户和村集体还拥有生产性固定资产和住房等非金融资产，各地政府集思广益，拓展思路，将农户的这些自有资源积极地利用起来，通过农户和企业、合作社、银行、政府等主体对接协作，有效地开展了各式各样的非金融资产扶贫模式。比如，将村集体、合作社与企业联合起来，利用生产性固定资产进行合作；再比如，加入金融要素，利用抵押的方式进行融资，帮助投资项目的顺利开展；再比如，政府通过扶贫资金、涉农资金的方式加入进来，增加基础设施建设的投资，并把这些基础设施以资产的形式租借出去，使村集体获得租金、分红等收益。

在开展资产收益扶贫时，应注意以下几个方面。首先，尽量选择可信度较高、经营较好的企业作为经营主体；其次，要时刻谨记资产收益扶贫的最终目的是帮扶减贫脱贫，利益分配必须以贫困户的利益为主，去切实保障农户收益；最后，任何项目的开展都是有风险的，因此地方政府要做好资产收益扶贫项目的风险评估、风险规避等工作。

4.2.2　中西部地区农民工返乡创业的扶贫效果

返乡创业的农民工和农村扶贫巩固人员有着紧密的联系，他们的创业会带动、雇佣同乡同宗族一起进行创业。而返乡创业六个主要环节，它们环环相扣，又彼此联系，依次为在外打工、知识获得、资金积累、政府帮扶、回乡考察、创业实践，整个创业模式基本和扶贫项目逻辑循环相吻合。扶贫工作早期实施的对象多为家庭收入低、没有出去打工条件、乡村情结较重的农村留守人员。各地区政府早期也开展了在外打工和劳务输出项目，引导一些经济或家庭困难人员出去打工。这能确保实现贫困地区人口脱贫致富的真正目标。

近年来，返乡进乡创业呈现蓬勃势头，对促进产业集聚、脱贫攻坚、稳定和增加就业、县域经济发展产生了积极影响。

1. 带动就近劳务转移就业

农民工的返乡创业能够促进农村劳动力资源在本地人才市场的合理化

分配，也能够实现本地农户的就近劳务转移就业，从而确保贫困群众持续稳定增收。我国精准扶贫事业的深入开展为众多的贫困户提供了农村地区致富的希望，促使其回归故里创业发展的愿望越来越迫切。全面落实创业扶贫政策，拓展多元就业体系，保证有就业意愿的贫困劳动力能够就业。农民工长期外出的丰富就业经验，积聚了大量的外来资金、先进技术和现代经营管理理念，给农村地区的经济社会发展带来了活力，进而达到了服务于当地经济社会发展的良性循环。返乡创业创新能够创造就业机会，拓宽本地企业、社区工厂（扶贫车间）的就业渠道，确保贫困家庭等稳定就业。以河南省为例，河南广电新闻中心在 2020 年 6 月 20 日的报道中指出，2019 年至今，河南省总共规范建成扶贫车间 3811 个，实际受益帮扶人数达 5.1 万人；文化及旅游产业异军突起，直接带动了贫困人口脱贫约 6 万人；电子商务行业不断发展，带动农业产品上行 415.7 亿元，促进农村贫困人口就业创业 5.93 万人。2020 年，河南省持续增加帮扶投入，把 50%以上的国家财政扶贫资金作为重点产业扶贫项目，努力做大做强扶贫产业，不断巩固农村脱贫成效。

2. 推动城乡一体化进程

为了逐步消除城乡各方面差别，尽快减少双方收入差距，有效推动城乡一体化是非常重要的。农民工返乡创业的各个环节达到了与城镇相同产业发展的一致。他们所进行的创业企业还促进了周边地区的经济发展，有力地促进了地方的农村城镇化发展。特别是由于城乡接合部本就深受城市的辐射作用，农民工的创业项目有效地促进了地方的经济发展，也促使城乡接合部的格局发生了新的变化。

3. 提升农村地区劳动力素质

农民工的返乡创业为地方提供了先进的观念与经营思想，当农民工离开家乡外出打工生活的时候，不断接触和学习到所在城市的社会习惯和文化教育等各方面的信息，经济发展的观念让他们看到城乡之间的差距，逐步产生思想意识上的变化，无论是社会生活方面的，还是个人规划方面的，他们不再拘泥于小农思想，不再故步自封，而是慢慢融入新城市的共同建设中去，逐渐改变着他们本身，创业的思想会一点点渗透到他们的想法，带来新的思路和眼界、观念，对创业投资、技术管理、人才招揽等都会根据自身情况来设计规划，这样不仅会对农民工产生极为深远的影响，更会提高农村的劳动力及人才资源的整体素质，使之越来越契合农村地区经济发展对农民自身素质和技能的需要。

4. 激活本地经济的发展潜力

农民工的返乡创业和地方经济建设相得益彰，有力促进了当地经济建设的步伐和发展。返乡农民工长期接触外界新鲜事物，对城镇的先进社会知识更加深有体会，他们在长期的城镇生活中，不断学习新的文化，不断提高自身水平，形成了不同于普通农民的创新意识，从而逐步有了一定层次的创业思路。而且他们来自农村，对家乡的了解更加深入，对家乡的优势和不足也更有自己的判断，这是他们独特的优势，毫不夸张地说，他们是当地发展的地地道道的本土专家。这不仅为返乡创业提供了更多的劳动力，更是给当地提供了更多的创业者，构成了当地发展经济的必要条件。伴随着农民工返乡创业，他们自身的这些条件势必给本地的居民和企业带来新的理念、新的市场、新的需求，给本地的产业链带来新的契机，不断影响和冲击着本土产业结构未来变化发展的可能性。还有，这些返乡创业的农民工群体乡土意识强烈，一方水土养一方人，他们对本土的感情浓烈，对家乡的期望热烈，带着这种和家乡同发展共命运的使命感，他们更加地根植于家乡，为家乡服务、为家乡未来的发展添加自己的一砖一瓦。另外，农民工返乡创业可以盘活本土市场，更是引进了本土所欠缺的资金、技术、经济管理等要素，很多贫困地区长期处于资金不足、人才不足的困境中，返乡创业适逢其会地帮助当地点燃了经济发展的星星之火，帮助当地发展迈出最为关键的一步。这些因素是我国改革开放以及扶贫工程几十年中，从农村到城市，再从城市回到农村的综合叠加，劳动力在不断地输出输入中逐步形成了这一特殊的群体——农民工，不仅为农民的个人、家庭、集体的发展提供养分，也逐步为这些农民工返乡创业者树立起了强大的创业热情，带领他们投入地方经济的发展中去，为促进农村经济发展的进一步加速起到重要的推动作用。

5. 促进当地产业结构合理化

我国农村地区的经济发展是一项长期工作，其必要条件是对当地的产业结构进行调整，适应农村经济发展产业化的需求，逐渐实现城乡一体化的目标，完成农村和城市产业递进改革的对接。产业结构调整是实现中国农村地区经济发展目标的关键，在现代化的农业科技、管理理念和市场发展信息的指导下，广大农民工的返乡创业并非仅注重于传统的种植业，他们更多的是利用自身的资源优势，并利用现代化的经营管理手段，在把握了市场经济信息的前提下，积极发展当地的第二、第三产业，农村的经济结构伴随着农民工返乡创业的深入，结合本土特色整理出新的规划新的方向，寻找到新兴产业发展的契机。

6. 加强了乡村精神文明建设

农民工返乡创业不仅带来了资金、人才和发展契机，也从各个方面对当地的政治文明和精神文明产生冲击。现代城市文明通过农民工返回家乡，不断渗入农村的方方面面。本土的农户在就业、生活、社交等方面接触到城市的政治文明和精神文明成果，和自身固有的思想产生碰撞，打破传统，焕发新生，逐步产生新时代民主法治意识，使他们遵纪守法，对农村地区的政治文明和精神文明建设起到一定程度的积极作用。同时，返乡农民工在城市的长期生活中学习到了新的文化，他们是第一代受到现代精神文明洗礼的群体，随着他们的回流，返乡农民工也带回了城市中的生活社交和生产创造，不再习惯农村传统的陈规陋习，不再毫无反抗地接纳陈旧观念，而是向往新农村新生活，期待社会主义新中国大城市中的一切能够在家乡移植过来，让自己的家乡变成魅力乡村、魅力家园，而这一切正好促进了农村精神文明的建设。

7. 激发全民创业氛围

农民工返乡创业开辟了农村发展的新模式，打开了农村经济建设的新格局。全国各地的成功案例在国家不断的推广和倡导下，产生了巨大的示范效应，不仅原本农村的居民受到影响，城镇居民也连带着加入全民创业的社会行动中来。尤其是返乡农民工创业成功的案例，成为身边很多亲朋好友的榜样。这些成功的创业事迹就发生在每个农村居民的身边，真实生动，可靠可行，这种积极正面的发生在自己眼里的人和事，会给其他人的效仿提供动力，给其他人的尝试提供勇气，给其他人的规划提供最好的教材。当越来越多的人重视农村、返回农村、加入农村，就会更大范围地调动所有人的热情，培养他们建设家园、发展经济的意识，带动他们学习知识技术的劲头，从无到有、从有到专，一步一步去了解创业、熟悉创业、掌握创业，在新的起跑线上提高收入、改善生活，一起为农村经济的发展发挥自身的力量。

4.3　中西部地区农民工返乡创业
与精准扶贫的联结态势分析

在国家和地方政府的有力支持下，在一系列政策措施的大力推动下，在各地方部门的积极协作下，我国掀起了返乡创业的浪潮。各地返乡创业硕果累累，创业经验不断累积，成功案例比比皆是。和硕果累累的返乡创业相呼应的是精准扶贫工作也得以快速深入发展，两者相互促进，良性互动。二者之间的联动成果，不仅增强了贫困地区人民自身的成长能力，而且促进了更多农民工返乡创业动力的形成，示范效应逐步显现。越来越多的在外务工人员看到家乡实实在在的变化，感受到身边各种优惠措施的实惠，接触到更多的创业、技术、管理等方面的信息，增强了返乡创业、脱贫致富的信心，为精准扶贫、乡村振兴注入更多的活力。返乡创业的效应是长久深远的，不仅为精准扶贫的工作提供了重要的渠道，更是激活了未来进一步持续稳定精准扶贫、逐步实现乡村振兴的可能性。当脱贫扶贫成为过去，乡村振兴成为新的目标，农民工返乡创业、就业就成为达成这一目标的重要途径。因此，无论是不同阶段的扶贫工作，还是未来农村的发展，返乡创业和精准扶贫之间存在重要的联动关系。

4.3.1　返乡农民工创业和农村精准扶贫的联结路径分析

返乡创业与精准扶贫之间存在互补关系，本书从资本路径、技术路径、资源路径、信息路径、劳动力路径等方面梳理互补关系的内在机理，如图 4-7 所示。

1. 资本路径

资本是农村贫困地区最缺乏的资源，对于农村贫困地区来说，资本的投入是发展的前提，巧妇难为无米之炊，农村地区一切潜力的开发都离不

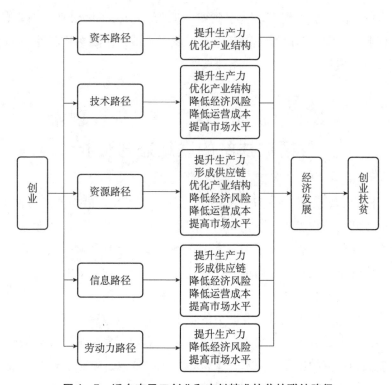

图4-7   返乡农民工创业和农村精准扶贫的联结路径

开资本。当返乡创业带回了大规模的创业资本之后，就可以产生更加明显的规模效应，从劳动生产率、采购成本、物流成本等各方面全方位地提高效率、降低成本。伴随着资本的积聚，企业可以投资或更新生产线所需的软硬件，改造农产品特别是初级产品的生产和加工工艺，逐渐向着深加工的方向发展，有效提高农村地区的产业化水平。在产生良好的示范效应以后，带动更多的资本进入农村地区的其他产业领域，逐步实现农业增效，农民增收。课题组的统计调查表明，农村地区引入的创业资本越雄厚，创业企业自身的抗风险能力也就越强，出现突发状况时的应对方式方法也更加全面有效。

2. 技术路径

创业活动的进行必然伴随着更多新科技的出现以及对原有技术的更新与改造，从而促使技术水平进一步提升。农村贫困地区由于经济水平比较落后，其技术水平一般也处于相对滞后的阶段，无论是在生产技术方面、产品质量方面、市场竞争方面、风险管理方面等，其创新意识也比较薄弱。随着返乡创业项目的引进，这些农村贫困地区中原本具有一定程度创新水平的区域，其自身具有和创新项目相匹配的生产要素，一旦两者相互结合，生产效率和生产水平的提高就会产生厚积薄发的发展态势。返乡创业项目带给当地农村新技术和新工艺，当地传统产业与之融合后，可以快速帮助原有产业进行改造升级，最终实现产业结构的整体优化。随着先进技术工具和手段在农村地区各产业的大规模普及，必然会带来生产效率、生产成本等得到优化，改变市场格局，激发经济发育。

3. 资源路径

我们的研究重点是各种资源中的物质资源。农村贫困地区的物质资源配置需要提升，而创业是解决这一问题的有效途径。首先，创业项目可以优化资源配置效率的作用，农村地区的资源相对匮乏，优化资源配置可以将资源聚集到优先发展的项目上来，实现资源的充分使用。其次，供应链可以优化产业结构。农村贫困地区的经济体系相对脆弱，防范风险的能力较为单薄，经济运行的各方面成本相对较高，容易出现因为各种不利因素导致经济停滞的状况，而创业活动中的配套支撑、物流管理等一系列渠道就可以有效地解决这些问题。

4. 信息路径

和大城市现代化经济的高度信息化不同，农村地区尤其是贫困地区的信息化程度相对较低，很多地区的信息化基础非常薄弱，造成当地的经济发展和市场开发的桎梏难以打破。而创业活动具有提高信息化水平的作用，创业项目自身就具有信息化特征，在生产、贸易等领域表现尤其显著。信息化工具在创业企业中的大规模应用，使这些企业的生产效率、决策水平和管理方法要明显优于其他企业，这势必会给当地带来颠覆式的冲击，给当地产业带来巨大的影响。另外，通过创业带动农村贫困地区的信息化发展，还可以同向带动当地供应链的经营管理水平。信息化水平越高，市场竞争才能越公平，当地的经济发展伴随着信息化的发展也越具有可持续性。

5. 劳动力路径

我国农村贫困地区长期以来人均收入较低，劳动力流失严重，地区的经济发展长期处于停滞不前的状态。随着近些年扶贫脱贫措施的成功，农村逐渐走向致富之路，越来越多的农民工返乡创业。伴随着乡村振兴的浪潮高涨，越来越多的人把目光投向农村地区，创业企业数量逐年上升，创业规模也越来越大。带动了农村地区的就业市场和就业水平，企业生产效率不断提高。地区供应链的建立从整体上降低了经济风险，增强了农村地区抗风险能力，可以说创业实实在在地在一定程度上解决了农村地区的劳动力问题。

4.3.2　计量模型与实证分析

1. 模型构建

返乡创业企业的创新创业对当地的经济增长、减贫脱贫是否有明显的推动作用？不同地区的返乡创业企业的创业活动的经济增长效应是否存在明显的差异？这是本节的主要研究内容。研究表明，经济发展程度不同的地区，其返乡创业活动的经济增长、减贫脱贫也存在显著不同，通常来说，经济较发达、经济规模较大的地区，其创业规模也较大，资本、技术、资源、劳动力的传导也更加有效。

本节以调研地区的样本数据为基础，实证检验不同省（市）返乡创业活动的经济增长效应，同时对区域之间的差异进行对比分析。

本书采纳柯布—道格拉斯生产函数模型 $Y = Af(L, K)$ 作为基础框架，从考宏观经济增长的视角，依据规模报酬不变理论建立基础模型。模型中应包括重点变量劳动力 L 和资本存量 K，它们对总产出的产出弹性直观地表现出二者的影响力。除此以外，创新水平（E）和创新能力（I）也是返乡创业研究中要选择的两个重要解释变量。基于以上考虑，构建以下方程：

$$Y/L = A(I, E)f(K/L) \qquad (4-1)$$

式（4-1）中，Y 表示总产出，I 表示创新能力，E 表示创新水平，L 表示劳动力要素投入量，K 表示资本要素投入量。

在此基础上，以人均 GDP 作为被解释变量，以创业能力（I）、创业水平（E）为解释变量，得到如下基本计量模型：

$$PGDP_{it} = \alpha_0 + \alpha_1 I_{it} + \alpha_2 E_{it} + \alpha_2 K_{it} + \varepsilon_{it'} \qquad (4-2)$$

课题组在研究时发现，私营企业和个人企业的创新创业效果及其经济增长效应是不同的。一般而言，机会型创业的经济增长效应要高于生存型创业，对当地的减贫脱贫效果也更加明显。可以发现，经济越发达地区的创业以私营企业创业为主，经济欠发达地区的创业以个人企业创业为主。根据本章第一节的调研结果，返乡创业的创业类型中有一半以上都是以个体企业为主（55.11%），而私营企业占比是 23.03%，为了凸显这两类创业的经济增长效应的差异，课题组把个体企业和私营企业分别归类为模仿型创业（生存型）和创新型创业（机会型）。因此，等号右边的解释变量 E_it 拆分为两个部分：创新型企业用私营企业创业指数（E）来表征，而模仿型企业用个体户指数（PE）来表征。

　　同时，按照传统经济增长理论，我们增加了系列控制变量，选取了人力资本（HR）、开放度（OPEN）、政府作用力度（GOV）、金融发展程度（FINA）等，构建计量模型如下：

$$PGDP_{it} = \alpha_0 + \alpha_1 I_{it} + \alpha_2 E_{it} + \alpha_3 PE_{it} + \alpha_4 K_{it} + \alpha_5 HR_{it} + \alpha_6 OPEN_{it} +$$
$$\alpha_7 GOV_{it} + \alpha_8 FINA_{it} + \mu_{it} + \varepsilon_{it} \qquad (4-3)$$

　　其中，i 表示各个地区，t 表示不同年份，μ_{it} 表示个体效应，ε_{it} 表示随机误差项，各变量的定义及计算方法见表 4 - 10。

表 4 - 10　　　　　　　　　　指标体系

指标性质	名称	符号	指标定义	数据来源
被解释变量	区域经济增长	PGDP	人均实际 GDP	统计年鉴等
解释变量	创新能力	I	个体和私营企业从业人员比重	统计年鉴等
	私营企业创新指数	E	CPEA	统计年鉴、工商局统计数据等
	个体户指数	PE	人均新增个体户数	工商局统计数据等
	人均资本存量	K	全社会固定资产投资额/年末就业人口	统计年鉴等
控制变量	人力资本	HR	高中及以上人口比重	统计年鉴等
	开放度	OPEN	进出口总额/GDP	上级市（州）统计年鉴等
	政府作用力度	GOV	政府财政支出/GDP	统计年鉴等
	金融发展程度	FINA	金融机构存贷总额/GDP	统计年鉴等

　　资料来源：各省、市（州）、县（区）2012～2018 年的统计年鉴、政府工作报告以及国民经济和社会发展统计公报等。

（1）PGDP——人均 GDP。$PGDP_{it}$ 表示第 i 地区在第 t 年份人均 GDP 值。在衡量经济增长的多个角度中，GDP 是评价一个国家或地区经济实力的最稳定指标。加上考虑到课题组进行调研的省份人口基数较大，为消除人口数量对经济水平的影响，故以人均国内生产总值（PGDP）指标来衡量区域经济增长。本书以 2012 年作为基期，利用各省份 GDP 平减指数对地区 GDP 进行加权计算，查得年末就业人数后求其算数平均数。

（2）I_{it}——创新能力。I_{it} 表示第 i 地区在第 t 年份的创业能力指标，通常创业能力可以通过企业（就业人员）的数量、占比进行表达。这部分数据一般可参考各地方统计年鉴的就业人数，为了更精准地进行分析，课题组除了统计年鉴以外，还和调查地区的相关部门取得联系，获得了更为具体的个体和私营企业从业人员数值。

（3）E_{it}——私营企业创新指数。本书借鉴《全球创业观察 2003 中国及全球报告》中的中国私营企业创业指数（CPEA）测量方法，即首先查阅对应地区连续三年累计新增的私营企业数，然后用该地区年末劳动人口数（只包含 15~64 岁人口）相除计算得出（见表 4-11）。

$$CPEA = \frac{连续三年新增私营企业户数}{劳动人口数（万人）} \qquad (4-4)$$

表 4-11 　　　　　2012~2018 年河南、陕西、云南、贵州、广西
的私营企业创业指数（CPEA） 　　　　单位：户/万人

省份	2012 年	2013 年	2014 年	2015 年	2016 年	2017 年	2018 年
河南	20.0	14.9	29.7	47.2	76.7	87.8	103.5
陕西	23.5	29.8	45.7	76.5	82.6	92.0	103.6
云南	19.5	21.7	33.3	55.6	75.2	73.1	54.1
贵州	30.4	48.6	69.0	80.3	85.0	94.3	95.0
广西	36.9	44.5	51.3	64.1	69.2	74.7	71.0

瞿庆华等（2012）认为，私营企业属于机会型创业，其创业水平高于个人企业，带给市场的活跃程度也更高。

可以看出，各省份私营企业创业指数的整体趋势是上升的，从近几年的排名来看，河南、陕西和贵州保持了较快的上升速度，高于其他地区，云南排名最后。其中河南近几年的发展势头更加迅猛。可以发现，河南和陕西两省的经济基础较为雄厚，基础设施条件在近几年的发展上更加迅

速。这带来了更加活跃的经济金融环境，给返乡创业人才的大量聚集提供了更好的条件与动力，从而能够促使返乡创业活动更加蓬勃地发展。而对于云南、广西来说，排名靠后，刘波（2015）调查发现，科技、人才、融资等因素是导致创业活动水平较低的主要原因。

（4）PE_{it}——个体户指数。《全球创业观察》认为，个体户属于生存型创业，其创业规模小、进入和退出市场壁垒较低，带给市场的活跃程度以及创新程度低于私营企业。本书参照 CPEA 的计算方法，即首先查阅对应地区连续三年累计新增的个体户数，然后用该地区年末人口数（只包含 15 ~ 64 岁人口）相除计算，从而得到该地区的个体户指数（见表 4 - 12）。此数据通过和地方工商局对接获得相关统计数据。

表 4 - 12　　　　2012 ~ 2018 年河南、陕西、云南、贵州、广西的个体户创业指数（PE）

单位：户/万人

省份	2012 年	2013 年	2014 年	2015 年	2016 年	2017 年	2018 年
河南	95.3	36.0	74.6	60.9	163.6	166.9	241.7
陕西	59.4	106.2	160.1	174.2	157.0	125.8	260.7
云南	120.4	108.3	132.3	131.7	139.7	108.8	113.7
贵州	125.1	171.4	217.0	247.1	246.9	230.3	195.1
广西	-1.7	25.7	71.5	98.2	89.8	93.9	126.2

可以看出，除了贵州以外，其他四省的个体户创业指数基本呈现出上升态势，从近几年的平均值来看，贵州、陕西、河南排名较前，云南和广西两省较为落后，明显低于其他三省，主要是由创业环境不佳和创业人才短缺等因素造成的。崔传义（2017）在其《中国农民工返乡创业创新调研》中对西部各省进行了调查研究，发现造成这些地区个体户发展水平较低的主要原因有个体户创业者文化水平低、政府帮扶不够、经营环境较差、创业者认可度较低等。

（5）K_{it}——人均资本存量。资本是推动经济增长的重要投入要素。之前我们分析了资本路径和资源路径对创业的影响，邓芳（2014）也针对资本推动经济增长的作用机制进行了剖析，她认为只有当资本、资源和人力资本的投入配比相适应时，才能更加有利于促进经济增长；同时，资本具有一定的有限替代性，在生产过程中，可以通过劳动替代、技术替代等提高生产率。本书采用张军（2003）的估算方法，资本存量以第 i 地区第 t

年的全社会固定资产投资额作为代表，并根据第 t 年末就业人数进行平均计算。

（6）HR_{it}——人力资本。人力资本反映了劳动者自身的质量高低，返乡创业对人力资本是有较大需求的。之前我们通过分析劳动力路径对返乡创业的影响。劳动者的知识水平、技术能力、身体素质、健康程度等都是人力资本的考查要素。人力资本通过两条途径对经济增长产生推动作用：一是创新创业机会的挖掘受到人力资本存量的影响；二是人力资本是进行生产的直接要素。要反映人力资本水平的高低，可以从教育方面进行考察，教育是劳动者学习知识和技能、提高劳动质量的主要手段。因此本书采用彭国华（2007）的计算方法，将各省份相应地区的人均受教育年限来衡量人力资本水平，计算方法是：高中及以上人口数/六岁以上样本人口数。

（7）$OPEN_{it}$——开放度。对外开放程度是衡量区域发展水平的重要指标，越开放的发展环境，越能刺激经济进一步发展。当地国际贸易水平的提高成为地区经济增长的重要推动力。开放度越高越有助于开拓市场、扩大需求，刺激生产规模；另外，开放度越高的地区市场更加活跃，价格机制更加高效，分工专业化也更加明显，这对于经济的长远发展是非常有利的（朱国艳，2007）。本书采用进出口总额占 GDP 的比重来衡量经济对外开放程度。由于县、区级别的进出口数据较难获得，而且上级市的经济开放程度对下级县、区的影响和辐射作用明显，因此，这个数据使用的是上级市的对应年份的统计年鉴数据。

（8）GOV_{it}——政府作用力度。返乡创业的发展离不开地方政府的参与及调控，政府出台的相关政策措施也会对返乡创业的发展产生重要影响，地方政府的合理支出有利于返乡创业积极性的提高，从长远来看更有助于地方产业结构升级。经济的高质量发展离不开政府的驱动（陈冲等，2019）。本书采用政府财政支出占 GDP 比重来表示政府对经济增长的作用力度。

（9）$FINA_{it}$——金融发展程度。金融资本是返乡创业的重要资金来源之一，创业者金融资本的拥有量决定了创业质量和应对风险的能力。相关研究成果显示，可以把获得贷款的渠道、现金及储蓄等作为金融资本的测量指标（Muhammad，2015），或者把获得补贴机会、得到信贷机会等作为相关分析指标（伍艳，2015）。综合本书前期的调研结果，我们采用了金融机构存贷总额占 GDP 比重来表示金融发展水平。

以上解释变量全面、完整地包含了资本、技术、资源、信息以及劳动力等路径对经济增长产生的影响。

2. 模型估计和结果分析

（1）描述性统计。按照模型中变量的设置，对河南、陕西、云南、贵州、广西各省区选取的地区的相关数据作综合描述性统计（见表 4 - 13）。

表 4 - 13　　　　　　　　变量的描述性统计

变量	均值	标准差	最小值	最大值
PGDP 人均 GDP	2.672	0.572	1.540	7.157
I 创新能力	0.012	0.005	0.004	0.018
E 私营企业创业指数	3.553	0.903	1.191	5.773
PE 个体户指数	5.493	0.815	0.000	6.256
K 人均资本存量	2.011	1.566	0.381	6.856
HR 人力资本	7.557	0.811	5.343	9.225
OPEN 开放度	0.237	0.343	0.015	1.982
GOV 政府作用力度	0.915	0.570	0.213	2.472
FINA 金融发展程度	1.939	1.611	0.281	7.440

由于市县级的有关数据较少，难以获得完整数据，以上数据以调研地区所在省份的数据加权计算获得。省份数据主要来源于国家及各省份地方的统计年鉴、政府工作报告、社会与经济发展公报等（2012 ~ 2018 年）。可以看出，人均 GDP 平均值为 2.672，标准差为 0.572，最大值为 7.157，解释变量为创业水平，其中机会型创业（E）的平均值为 3.553，标准差为 0.903，最大值为 5.773，说明几省整体机会型创业是比较活跃的，但是各省间存在明显差距；生存型创业（I）的平均值为 5.493，标准差为 0.415，最大值为 6.256，说明几省个体户创业水平较高，且存在较为明显的差距。无论是机会型还是生存型，在各省之间都表现出差异大、不均衡的情况。另外几个变量如开放度（OPEN）、政府作用力度（GOV）、金融发展程度（FINA）的最大值约为最小值的几十倍，说明不同省域之间发展不协调，地域差距较大。

（2）估计结果。利用数据，通过面板模型进行全样本及分省份的参数估计。其中全样本采用了固定面板回归方法，而五个不同省份则采用了固定效应变系数模型进行回归分析。回归结果见表4-14。

表4-14 模型估计结果

解释变量	全样本	陕西	河南	贵州	云南	广西
I 创新能力	8.490*** (1.722)	11.122*** (1.432)	14.762*** (0.266)	-7.992*** (0.712)	-36.515*** (1.176)	6.334*** (0.835)
E 私营企业创业指数	-0.108 (0.101)	0.052*** (0.011)	0.439*** (0.006)	-2.59*** (0.032)	1.046*** (0.020)	-2.258*** (0.023)
PE 个体户指数	0.065** (0.031)	0.008 (0.007)	0.178*** (0.002)	0.835*** (0.020)	0.069*** (0.007)	0.033*** (0.004)
K 人均资本存量	0.218*** (0.022)	0.151*** (0.011)	-0.549*** (0.006)	1.018*** (0.022)	-0.399*** (0.009)	0.098*** (0.004)
HR 人力资本	0.029* (0.018)	0.021*** (0.003)	-0.051*** (0.017)	0.005*** (0.003)	0.034*** (0.003)	-0.022*** (0.003)
OPEN 开放度	0.247*** (0.048)	0.152*** (0.003)	0.662*** (0.004)	2.209*** (0.080)	0.807*** (0.020)	2.716*** (0.018)
GOV 政府作用力度	0.813*** (0.100)	0.506*** (0.015)	2.382*** (0.017)	0.100*** (0.014)	1.421*** (0.022)	1.626*** (0.006)
FINA 金融发展程度	0.127*** (0.039)	0.291*** (0.007)	0.080*** (0.004)	-0.342*** (0.020)	0.088*** (0.008)	0.118*** (0.006)
截距项	-0.292*** (0.100)	0.149*** (0.006)	0.106*** (0.006)	-0.572*** (0.006)	0.094*** (0.006)	0.223*** (0.006)

注：括号内为标准误差值，***、**、*分别代表显著性水平为1%、5%、10%。

总的来说，大多数解释变量的显著性都达到了1%，说明所选变量对于经济增长的影响都是比较显著的，即返乡创业活动为各地方带来了较为明显的经济推动效应。其中，对各地经济增长都起到正向作用的指标分别是个体企业创业指标（PE）、开放度指标（OPEN）和政府规模指标（GOV）；而代表了创新程度的私营企业创业指标（E）则表现得参差不齐。另外，人力资本指标（HR）的数值普遍较低甚至为负数，说明中西部地区人才的流失仍然是一个严重问题，从另一个角度来看，人才代表了创业能力和创业水平，这也会导致返乡创业在缺乏人才的情况下，经济推动效果打了折扣。

下面分别从整个中西部地区和各省份地区对回归结果进行更加详细的解读。

3. 中西部全样本估计结果分析

根据表 4-14 中"全样本"一列中数据所显示的结果，中西部地区的私营企业创新和个体企业创新存在明显差异：私营企业创新（E）数值为负，且显著性水平未能达到 10%；个体企业创新（PE）数值为正，且显著性水平达到了 5%，可以认为从整体上来说，中西部地区的创新型创业水平不够高，生存型创新明显较多，这也和本章第一节调研结果相吻合。较低的创业创新有可能导致中西部地区整体上的创业质量的下降，返乡创业对经济增长的推动效应也会受到一定的影响。但创新能力（I）数值为正，且显著性水平达到 1%，说明整个中部地区的创业活动是比较活跃的，只不过存在创业质量和创新程度不高的问题。要想改善这一现状，需要加大地方的返乡创业培训强度，加大人才引进力度，培育更多创新型企业的创业。

4. 分省份估计结果分析

从各省份的回归结果中，可以看到创新方面存在明显的差异，其中陕西、河南、广西几个地区的创新能力（I）较强，而贵州和云南较弱。结合私营企业创业指数（E）和个体企业创业指数可以看出，创新型的私营企业在陕西、河南、云南表现显著，而模仿型（生存型）的个体企业在贵州和广西表现显著。结合以上数据，创新创业的经济增长效应由高到低排序分别为河南、陕西、广西、云南、贵州。河南和陕西的创新水平（I）、创新指数（E）均为正，说明这两个地区属于高创新高创业，返乡创业对经济的推动效应最为明显。广西的创新水平（I）为正而私营创业指数（E）为负，说明广西属于高创新低创业，可能是由于创业环境不完善、创业政策执行不到位等原因造成。云南的创新水平（I）为负，但私营企业创业指数（E）为正，说明云南返乡创业的招商引资以及技术研发等方面做得很好，但受到云南人口规模、产业结构等因素的影响，创新水平的积极作用还没体现出来。

5. 结论

农民工返乡创业和区域经济增长是相互促进的，返乡创业的规模、水平、结构，当地政府的政策支持，当地创业环境等，都会对经济增长产生影响，不同地区之间由于这些因素的差异而使返乡创业产生的经济影响也有所不同。返乡创业规模较大，创业企业结构较好的地区，创业水平也较高，配合政策激励的效果也较好，对经济的增长就会产生更大的正相关作用。相反，返乡共创规模小，创业企业多为个人企业，就会拉低创业质量，这样是不利于当地产业发展和经济转型的。

4.3.3 中西部地区农民工返乡创业与精准扶贫的联结成果

1. 活跃了当地就业市场

农民工返乡创业在就业和"再就业"方面起到了重要作用，不仅扩大了本土农村居民的就业渠道，还提高了整体市场的就业水平。首先，返乡创业本身就是一种人与资源的再生，这种再生指的是随着创业项目的启动和开发，全面地盘活了当地的闲散资金，将贫穷农村有限的资本更优化地进行配置，同时将空置资源积极地调动起来，把农村僵硬的经济模式打破，利用不同于传统闭门造车的理念，积极向外探索，开发新产品，调整新结构，开拓市场，创新品牌，为当地的经济发展赋予新的活力。农村社会在这种创新浪潮的席卷下，就业市场也会更加广阔，就业渠道也会更加丰富，当地居民就业形势越来越好。其次，返乡创业企业所吸收的劳动力大多需要一定技能，通过有效的培训和学习，劳动力自身的能力相比之前有了大幅度提升，在生产、销售、技术、管理等各个方面明显有别于以往传统的工作所需，有效推进了本地农村劳动力的能力水平。

2. 改善了贫困群众收入水平

课题组实地调查的返乡创业企业的扶贫措施方面，大多通过一对一精准对接的方式进行。通过创业企业与农村合作社，每一个岗位精准对应当地贫困户，给予他们直接或间接参与企业生产经营的好处。比如，贫困户自身缺少资金，就可以将自身的土地、劳动力等通过入股的方式加入企业，以达到增收的目的。除此以外，从根本上解决脱贫的方式还有很多，尤其是创业企业对贫困户进行技术培训，授人以鱼不如授人以渔，从最本质上鼓励贫困人口树立起脱贫的信心，帮助他们获得脱贫致富的能力，让他们完成自身的提升甚至蜕变，这一方式较好地促进了贫困户的脱贫工作。

3. 调整了产业结构

返乡创业项目为当地的产业结构调整注入了新的活力，不仅仅是因为创业企业在科技、信息、管理等方面的革新，也是由于这些不同于当地传统行业产业的内容，彻底更新了当地人们对于行业产业的认知，这种变化从微观到宏观无处不在。生产上摆脱了传统简单的农产品，管理模式上实现了农民入股的新形式，产业结构上也发生了从粗放到集约的巨大转变。农村地区的产业链发生了翻天覆地的变化，突破基础性的种植养殖，扩展到加工行业，再利用电子商务实现扩大销售规模，把原本只是本土的产品变成品牌推广到全国各地，把单一的产业结构变得越来越丰富，使更多产业和当地条件实现更优化配置，为当地农村的经济结构奠定了坚实的基础。

4. 激发了贫困地区的发展动力

返乡创业农民工不仅把城市社会的新观念带回到农村，也把对未来生活的希望带回到贫困地区。他们见识过大城市的繁华，感受过新时代的先进，他们回到家乡创业会把所见所闻传播给身边没有出过远门的亲朋好友，潜移默化地帮助他们完成思想的转变、观念的革新，颠覆故步自封的小农观念，打开通往新世界的大门，增强贫困人员脱贫的信心，激发贫困地区的发展动力。各个地方的政府部门配套出台了有关政策措施，全面指导群众脱贫的方式方法，全国上下出现各种扶贫模式案例不胜枚举。

5. 拓宽了农业经营模式

随着农民工返乡创业者的回归创业，传统的单一农户为基础的小规模种植养殖模式被打破，创业项目联合各方资源，实现了"创业企业—合作社—农户"三者的有效合作，通过合作社，发展出来以家庭农场和农户为基础的规模种植养殖，大幅度提高了生产效率的同时，还把农户的积极性调动起来，掀起了农业经营模式变革的高潮。农村的特色产品随着产业链的发展源源不断地输送到大都市，也让全国各地的人民看到了农村经济发展的实力，也让更多处于观望的创业者加入返乡创业中来。

综上所述，返乡创业给农村发展带来了新动力，通过创业动员农村闲置资源，不但有效提高了自己的生活水平，也有助于当地农民就近就业，帮助农户增收脱贫致富，实现贫困地区的开发与转型。首先，返乡农民工创造了大量的中小企业，为当地经济注入新鲜血液，为当地发展带来了新的变革。随着中小企业的良性发展，越来越多的新型农民诞生了，他们因地制宜，整合了当地资源优势，促进了农村业态的改变，并带动了贫困地区经济发展模式的转变与经济的快速增长。其次，返乡农民工创业企业依靠先进的生产技术和管理制度，树立起良好的示范效应，越来越多的企业及居民学习和效仿他们的模式，给当地相对落后的经济发展弥补了技术和管理上的不足，驱动着贫困地区逐渐走向革新和发展之路，城镇扶持农民，促进农业发展的有效载体，为乡镇企业的发展提供了崭新的发展契机，促进了产业结构调整的良性循环。这种发展催动了当地的产业结构演变，促进了就业规模及就业水平的提升，快速地完成了贫困户及当地居民的增收目标，从根本上完成我国脱贫致富的阶段性任务，这一系列连锁反应很大一部分都来自每一位返乡创业者的积极投入。

为佐证返乡创业与精准扶贫对接的有效性，本书结合前期调研成果，重点考查了贵州、重庆、洛阳等地的实际情况，对农民工返乡创业和精准扶贫的直接及间接效应展开调查，通过案例分析法进一步论证了两者之间的内在关联，详情在之后的第七章进行更具体的分析。

第5章　中西部地区农民工返乡创业与精准扶贫对接机制及配套政策评估

近年来，农民工返乡创业驱动精准扶贫的效果如何取决于机制对接是否顺畅，配套政策是否得到有效落实，基于此，本章通过对接机制与配套政策评估体系的建构进行绩效分析。

5.1　中西部地区农民工返乡创业与精准扶贫的对接机制评估

5.1.1　中西部地区农民工返乡创业与精准扶贫对接机制评估体系

中西部区域，是少数民族区域、革命老区、边疆地带、农村连片特困区域集中的地区，一直以来都是我国脱贫攻坚战的难点和短板，受自然条件、地理位置、经济发展等因素制约，这部分地区往往帮扶成本费用高昂、帮扶任务艰巨，脱贫致富困难重重。从2016年开始，伴随中国经济社会发展进入新常态，中西部地区逐渐成为"稳增长"的新引擎，在国家创新创业政策的带动引导下，许多新生代农民工重新回到自己的故乡，并运用打工期间所学技术和积累的资源在家乡所在地积极开拓自己的新事业。国家精准扶贫政策的有序推进，促使农民工回乡创业进入最佳的"红利"时代，并逐步推动欠发达地区县域经济的蓬勃发展。目前，农民工回乡创业已成为以城带乡、以工促农的有效载体，并逐渐成为推动中西部地区城镇化工业化快速发展的不可或缺的渠道。农民工返乡创业与精准扶贫的有效对接，建立在政府市场有效协同，参与主体利益深度链接，人才、资金、土地等核心要素耦合联动的基础上。因此，遵循"精准识别—精准帮扶—精准管理"逻辑主线，探讨农民工返乡创业与精准扶贫对接机制效果。

1. 中西部地区农民工返乡创业主体与扶贫对象的精准识别评估

（1）返乡创业动因识别。农民工返乡创业助力精准扶贫，其主体既可能是农村贫困人口，通过返乡创业实现自身脱贫，并起到示范带动作用；也可能是农村非贫困的农民群体，他们借助返乡创业致富，在实现自身价值的同时带动农村部分贫困人口致力于减贫脱贫，达到带贫益贫效益。因此，返乡创业动因可分为被动和主动两大类，即家庭生计动因和自我实现动因（如图5-1所示）。家庭生计动因是指农民工创业的根源在于赚钱养家或生存所迫；自我实现动因是指农民工为了自我发展或实现自身价值而选择创业。

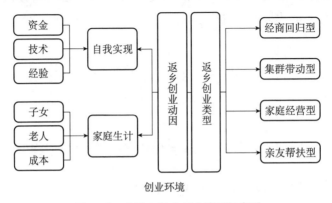

图5-1　农民工返乡创业动因与类型

（2）贫困原因识别。贫困是一个复杂的概念，涉及多维度内涵，新时代下赋予贫困的含义更加丰富。通常而言，学术界对于贫困的理解界定为四个类型，除了最基础的收入贫困外，还包括心理贫困、能力贫困和权力贫困（见表5-1）。收入贫困是指收入无法满足日常开支或生存。心理贫困强调对长期贫困的一种心理适应，从而降低了脱贫期待和争取脱贫权利的可能，由于长时间被排除于正常群体生活以外，逐渐产生诸如孤独无助、恐惧暴躁、自卑怯弱、安于现状、懒于工作、对利益依赖性等"适应于贫穷"的生活方式、思想习性乃至"贫穷社会文化"的价值观。心理贫困，在中国农村社会最主要的体现就是农民普遍存在着过度的保守心态、自卑心理和依附心理等，往往内嵌在农村社会文化结构中，受到政治、经济、民族文化和环境等诸多原因的共同作用和影响。能力贫困，是指农村基本生活条件和发展能力的缺失与欠缺，如人力资本、知识技能缺失，资源禀赋匮乏、财产基础薄弱等。权力贫困，是指应拥有的如公民权、政治权、宗教文化教育权等重要的社会权利，因剥削、限制或歧视而处在了劣势地位，被排除在主流经济、政治以及宗教、文化教育等经济活动以外，农民的权利贫困主要表现在六个方面，分别是参与权利的贫困、迁徙权利的贫困、教育权利的贫困、财产权利的贫困、社会保障权利的贫困和抗争权利的贫困等。

表 5 – 1　　　　　　　　　　　　　　多维贫困指标体系

体系	维度	指标	单位
多维贫困	收入贫困	人均纯收入	元/年
		人均生活消费支出	元/年
	心理贫困	等、靠、要思想的程度	—
		安于贫困的程度	—
	能力贫困	劳动力数量占家庭人口数量比重	%
		人均受教育年限	年
		人均耕地面积	亩
		人均住房面积	平方米
	权力贫困	学龄儿童在校率	%
		参加合作医疗人口比重	%

精准扶贫战略的提出，强调不能单纯关注收入贫困，还应重视其他类型贫困的解决。精准帮扶不但要瞄准帮扶对象，要针对致贫因素，从源头上对准贫困，还要以消除贫困的脆弱性、提升帮扶的可持续性为目的，重视对贫困户的"能力"开发。

（3）农民工返乡创业主体与精准扶贫对象的有效对接。通过返乡创业动因识别和评估，对有返乡创业意向的农村务工人员和已创业的返乡务工人员实施分类与动态监管，以准确把握不同群体的创业意愿、创业资金及其他创业环境等方面的特点。课题组在实地调研中了解到，河南省通过主动整合扶贫项目，积极融入政府精准扶贫工作中，对返乡创业人群进行政策支持，积极寻求新的脱贫致富方式。如面向年纪偏大、没有技能专长的回乡务工人员，重点帮助开发建立了部分农村专业合作社、农村龙头企业、家庭养殖场，并通过"公司＋农户"的模式，鼓励带领他们自主经营种养殖业，实现脱贫致富。通过鼓励他们成为农村脱贫致富的带头人、新型职业农民的生力军、乡村振兴的骨干，在促进自我成长的同时更有效的实现精准扶贫。

　　精准扶贫识别，其内涵包括了目标区域、服务项目及目标人群的识别与对接。扶贫目标对象的确定建立在对贫困特征、贫困致因的剖析之上，进而确定应实施的具体政策与举措，这是精准帮扶的核心，同时也是精准帮扶管理的基本导向。

　　2. 中西部地区农民工返乡创业主体与扶贫对象的精准帮扶评估

　　精准扶贫工作过程中，"扶"是手段和过程，精确扶贫工作的宗旨强调"造血"，最终实现贫困地区和贫困人口的内生转化，而农民工回乡创业有利于带动村民增强自身创新能力，是实现致富目标和促进乡村经济发展的有效途径，恰恰和精确扶贫工作宗旨高度吻合。从实质上来看，创业扶贫工作是以贫困地区和贫困人口的自身致富能力提高为中心，以高效脱贫、可持续增收、有效遏制农民返贫和根本解决农村脱贫问题为目标导向。创业扶贫作为能够促进农村资金流动、创造更多岗位机会和缓解农村脱贫问题的关键手段，若将精准扶贫基本理念与创业扶贫工作路径相结合，有助于精准突破农村脱贫问题的核心症结。在掌握致贫因素、对象特点、资源禀赋等具体信息的基础上，就可以真正做到"一人一策"，也就是说，根据贫困户的不同类型和特点，进行差别化和针对性的扶持（如图 5-2 所示）。因此，如何让贫困人口能够积极主动参与，并且有参与能力，是精确扶贫工作的关键。

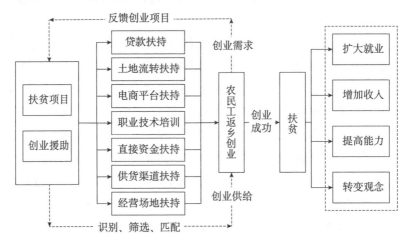

图 5-2　创业援助扶贫

（1）农民工返乡创业精准援助。只有保证创业成功，才能更好实现返乡创业农民工的扶贫益贫效益。在这一过程中，能否顺利获得政府部门的支持和帮扶，是提高创业成功率的关键，主要体现在资金、人才、项目、政策等方面的倾斜。因此，在实践中，应充分挖掘贫困地区的特色优势产业资源，并与创业资源实现精准结合，从而实现自我脱贫努力、贫困户聚力互助和社会他助资源互补融合，形成合力，充分发挥创业效应。

（2）农民工返乡创业示范作用与扶贫开发社会责任有效对接。农民工创业者在创业过程中，应积极自觉地担当起对乡村地区扶贫开发的社会责任与经济建设任务上，这也是政策上给予支持和帮扶的前提。一方面，积极向有创业意向的乡村贫困人员进行创业经验传授、创业技能辅导、甚至创业资金扶持等；另一方面，主动吸引农村贫困人口就业等，以引导更多的乡村贫困人口通过创业就业等方式实现脱贫、致富。

课题组到甘肃省平凉市华亭县的扶贫龙头企业康源种植养殖公司进行了实地走访，通过调研了解到，康源种植养殖公司充分发挥了企业在人员、科技、信息等方面的资源优势，通过采取组织专题讲座、开展现场辅导、建设生产示范基地等形式对项目基地的贫困群众开展培训和引导，不断增强其自我发展生产经营的综合实力，以企业先进的营销理念和管理方法，引导贫困群体改变传统观念、开阔眼界，采用更加适应现代农业的生产方式进行产业发展。通过对乡村经济困难劳动者，开展岗位培训，逐步提高他们的生产合作能力和适应工业化、社会化劳动条件的技能。面向有一定经济能力的普通农民，康源种植养殖公司按照自愿有偿的方式对这些农民的耕地实行集中流转发包，并主动吸纳有一定劳动能力的贫困户和企业签订劳动合同，让这部分贫困户可以通过打工赚薪水实现可持续脱贫；而面向无一定劳动能力的老弱病残等特殊群众，根据当地的客观实际，康源种植养殖公司担负了扶贫龙头企业的扶贫社会责任，通过主动申报农业股份合作项目，积极争取国家财政资助；此外，贫困户也可以通过以土地入股的形式，成为企业股东，从而分享红利。康源种植养殖公司通过积极探索不同的帮扶与合作模式，对不同类型贫困户实现了全面覆盖。

3. 中西部地区农民工返乡创业主体与扶贫对象的精准管理评估

（1）形成合作共治扶贫治理体系。精准帮扶在激发帮扶对象内生力量的基础上，建立了全新的帮扶管理格局，即融合"政府—社会—市场—集体组织—贫困户"为一体的新的多元化扶贫管理模式，而农民工返乡创业推动了这一模式的实践与发展。一方面，农民工创业实际是通过激活帮扶对象的自身内生力量，使贫困人口变成脱贫致富主力军；在这一过程中，政府角色进行了转变，从指导者变成了协助者、引导者和服务者，这更有利于推动政府部门管理走向现代化，将重点放在社会综合治理和供给高质量服务上，从而完善精准扶贫模式及管理机制。另一方面，农民工返乡创业，能够有效整合各方力量参与精准扶贫，如民间、企业、政府、个人等多元主体，避免地方政府在精准扶贫过程中单打独斗的局面，从而建立多元复合、协调互助、合力共治的帮扶管理体制。

（2）加强返乡创业成果向精准扶贫成效转化。一方面，农民工通过返乡创业，将各类资源投入精准帮扶地区，如资本、人力、技能、价值观等，构建乡村城镇外生转移模式；另一方面，政府通过建设创业扶贫资源整合中心和创业扶贫统筹服务平台，健全优化农业资源配置、政府服务和社会效能监管服务平台，把传统扶贫资源整合与创业发展相结合，进一步提升贫困地区发展的综合能力。

（3）缔结利益共同体。共同利益关系机制指各经济主体之间在共同利益领域彼此间存在相互影响的制约关系和控制作用。返乡创业农民工、村集体、贫困户等主体间应看作一个整体，借助合作社等平台实现利益连接，形成"利益共同体"，即共同开发、利益共享、经营风险共担的合作机制。课题组通过实地走访调研了解到，各贫困地区在扶贫实践中，已探索出多样化的利益联结方式和帮扶模式，具体有合作社吸纳模式、产业引领模式、企业股份合作或带动模式、政府直接帮扶或委托服务模式、订单帮扶模式等，以提高利益联结方式的持续性和有效性。在利益联结机制下，有利于明确贫困户在生产价值链、利润链中的既得利益，从而确保贫困户实现平稳脱贫和持续增收。返乡创业的农民工通常都是本地人，他们在利益共同体中起到了纽带的作用，因为在农村熟人社会里犯错成本更高，所以在以返乡创业农民工为主导的利益分配机制下，贫困户的利益更容易获得保证和公平，从而又进一步促进贫困户积极主动投入到生产经营中去（如图5-3所示）。

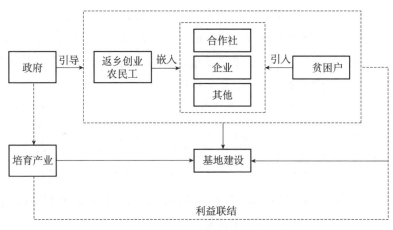

图 5 – 3　利益联结

5.1.2　中西部地区农民工返乡创业与精准扶贫对接机制评估方法

1. 研究假设的提出

农民工返乡创业和精准扶贫的融合发展，首先，强调的是返乡创业农民工和贫困户的精准识别，在此基础上，精准帮扶是实现农民脱贫致富的主要举措和关键，其次，动态管理与扶贫益贫效果的精准考核则能有效反映返乡创业与精准扶贫融合发展的成效。借鉴前述评估体系，返乡创业农民工作为帮扶主体，提出如图 5 – 4 所示的研究假设①。

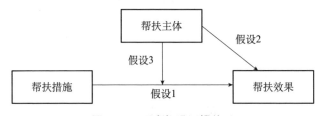

图 5 – 4　研究假设逻辑关系

假设 1：对于贫困户而言，实施可持续性的帮扶措施效果更显著。

可持续性的帮扶措施不同于直接提供资金资助，而是指给予贫困户接受教育培训的机会、发展生产的机会或提供就业的机会等，可持续性的帮

---

① 陈志. 帮扶主体、帮扶措施与帮扶效果研究——基于华中 L 县精准扶贫实绩核查数据的实证分析 [J]. 财经研究，2017（10）.

扶措施更有助于贫困户获得相对稳定且持续的收入，突破心理贫困、能力贫困、机会贫困等，从而实现脱贫。因此，从理性人的角度而言，实施可持续性的帮扶措施应该帮扶效果更显著。在返乡创业农民工与贫困户组建的不同利益联结模式下，帮扶效果会存在差异。

假设2：对于贫困户而言，帮扶主体的创业绩效越高，帮扶效果越显著。

返乡创业农民工不同的创业类型会产生不同的创业绩效，而创业类型受到创业动因、拥有的资源等因素影响。一般而言，创业绩效越高，能给予贫困户的帮扶力度越大，越能产生更好的扶贫效果。

假设3：对于贫困户而言，帮扶主体的创业绩效越高，越有利于强化帮扶措施，从而进一步提升帮扶效果。

返乡创业农民工的创业绩效越高，越可以强化帮扶措施，提升贫困户的发展能力和发展机会，从而显著增强帮扶效果。

2. 评估模型设计

结构方程模型作为多元统计分析中的主要技术手段，其最大优点就是能使因素分析方法和路径分析相结合，既能反映潜变量与观测变量（指标）之间的因果关系，也能反映潜变量之间的相互关系。

潜变量与指标之间的关系可用测量方程表示，具体形式如下：

$$x = \Lambda_x \xi + \delta$$
$$y = \Lambda_y \eta + \varepsilon$$

潜变量之间的关系可用结构方程表示，具体形式如下：

$$\eta = B\eta + \Gamma\xi + \zeta$$

构建的结构方程模型如图5-5所示。

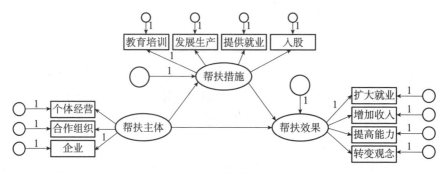

图5-5 结构方程

5.2　中西部地区农民工返乡创业与精准扶贫的对接政策评估

5.2.1　中西部地区农民工返乡创业政策绩效评估

1. 评估框架

农民工返乡创业行为选择受到多重因素综合影响，在众多影响因素中，政策环境的吸纳、促进和支持是最重要也是最必要的条件，农民工返乡创业政策绩效很大程度决定创业绩效。因此，通过实施政策绩效评价，有利于促进地方政府逐步健全并提高政策服务水平和管理能力，从而激发乡村振兴的内在发展动力。学术界中关于创业政策绩效评价的实证研究，大致可分为两个类别：一种是利用统计数据建构模型进行数理分析，如统计包络分析（DEA）、局部均衡政策评估模型（PEM）等；另一种是利用民意调查开展定性或定量的分析评价。由于没有全面、有效的官方统计数据支持，课题组采用问卷调查的方式，主要从政策客体即受众方获取所需信息。将政策受众的反馈情况作为政策效果的评估依据，则受众满意度是衡量政策实施效果的重要指标。目前，有关政策满意度维度的划分，学术界尚未形成统一共识，主要分为单维观和多维观。在单维观研究框架下，是将政策满意度看作一个整体变量，衡量受众满意度水平（邢敏慧等，2019；常晓鸣，2021），或者重点探讨政策过程某个环节的满意度（王倩等，2022）；在多维观研究框架下，虽维度划分没有固定标准，但学者们多借鉴"顾客导向的绩效评估"理念，如美国顾客满意度指数（ACSI），通过设置满意度量表调查受众对政策的满意程度。量表多从政策制定、政策内容、政策执行、政策宣传、政策效果等维度设置。综合参考胡俊波（2014）、阚立峻（2020）、牟小刚（2022）等学者设置的政策满意度指标体系，遵循这一逻辑主线即政策"宣传—推广—落实—客体反应"，从七个角度构建政策研究理论框架，分别是政策知晓度、利用度、难易度、满意度、价值度、全面度和重要度，以期更有效跟踪创业政策成效，并有助于根据需要对政策效果进行阶段性的动态评价①（见表5-2）。

表5-2 研究逻辑分析框架

研究对象	逻辑主线	评估指标	目的	评估子单元
农民工返乡创业政策绩效评估	政策落实到位情况	政策知晓度	反映宣传的效果	财税政策 金融政策 产业政策 用工政策 技术政策 土地政策 创业培训政策 公共服务政策 基础设施政策
		政策利用度	反映推广的效果	
		政策难易度	反映落实的效果	
	政策效果如何	政策满意度	反映实施的效果	
	企业效益如何	政策价值度	反映创造的价值	
	哪些政策缺失	政策全面度	反映覆盖的效果	
	哪些政策是重要的	政策重要度	反映改进的方向	

2. 数据获取

鉴于缺乏官方统计数据，课题组采取线上线下相结合发放问卷的形式，对返乡创业者进行调研，获取所需数据。创业扶持政策涉及的内容广泛，但政策目的都是作用于政策客体，所以，通过问卷调查返乡创业农民工，不仅可以考察政策对象的反应，也能够折射出政策在制定、推广、实施等各阶段中出现的情况及存在的问题。

问卷题目设计主要采用李克特五级量表法，旨在测评返乡创业者对于相关问题的认知和态度。其中，政策全面度问题，增设了可选填的开放性问题"您认为目前存在哪些政策空白？"政策重要度问题，增设了可选填的排序题"请对现有政策的重要程度排序。"以随机发放问卷的方式，借助线上线下等形式，主要对曾经出外打工、现回到原户口所在地，拥有农村户籍的返乡创业人员展开调研，创业情况包括进行有一定规模的特色养殖和种植、开展个体经营、成立专业合作机构、创办小微企业等。课题组于2019年6~8月，历时三个月进行调研，涵盖河南、甘肃、贵州、安徽等省份，采用随机抽样方式发放问卷，共计发放300份，回收有效问卷229份，样本来源见表5-3。

① 胡俊波. 农民工返乡创业扶持政策绩效评估体系、构建与应用 [J]. 社会科学研究，2014 (05).

表 5 - 3 调研省份及样本量

省份	地市	样本量	省份	地市	样本量
河南	洛阳	21	陕西	渭南	7
	周口	10		汉中	5
	商丘	6		延安	9
	平顶山	7	安徽	阜阳	14
	南阳	8		安庆	8
	驻马店	6		铜陵	16
	信阳	5		马鞍山	9
	三门峡	12	甘肃	白银	13
重庆	万州	9		天水	7
	綦江	8		陇南	6
	永川	4	贵州	遵义	15
	开州	11		铜仁	13

3. 评估方法

层次分析法把定性分析和量化分析方法有机结合，适宜运用于以定性分析为主的决策问题，根据问卷调查的主要指标，采用专家打分法和层次分析法，可确定指标权重，进而对模型求解。具体步骤如下。

第一，构建判断矩阵。由专家评分，按照判断尺度表对每一层次各因素的相对重要程度进行赋值，重要性标度值即判断尺度见表 5 - 4。

表 5 - 4 判断尺度

判断尺度	定义	内容
1	同等重要	两个指标具有同等的重要性
3	略重要	认为其中一个指标较另一个指标略重要
5	重要	根据经验与判断，倾向于某一指标
7	很重要	实际上非常倾向于某一指标
9	非常重要	有证据确定，在两个指标比较时，某一指标非常重要
2、4、6、8		介于上述标准之间的折中值
上述数值的倒数		A 于 B 两个指标相比，若被赋予以上某个标度值，B 与 A 比较时的权重就应是 A 与 B 标度的倒数

第二，权重向量计算。采用合计方法，即列向量先经过归一化处理，并

对得出的新矩阵加和，然后再进行归一化处理，就得出权向量，公式为：

$$A \cdot \omega = \lambda_{max} \cdot \omega$$

这里，A 为原始判断矩阵，ω 为经过运算得到的权向量。

第三，一致性指标计算与检验，公式为：

$$CI = \frac{\lambda_{max} - n}{n - 1}$$

通常，CI 越大说明判断矩阵的一致性越强，表明判断矩阵的构造越趋向合理。鉴于随机偏差可能会影响到判断矩阵，因此，可建立一致性评判指数 CR，通过对比 CI 与 RI，可检测判别矩阵的一致性差异，其中：

$$CR = \frac{CI}{RI}$$

假设 CR < 0.1，则说明判断矩阵通过了一致性检验，反之，则说明未通过。

第四，权重求解。按照层次分析法的建模原则，通过专家评分法形成各指标层与准则层的判断矩阵，从而可以计算各个指标的权重，软件可自行进行一致性检验或给出修正。采用迈实 MAHP 软件，通过三位业内专家打分，得到具体指标权重见表 5 - 5。

表 5 - 5   指标权重

目标层	准则层	权重	指标层	权重	组合权重
A 中西部地区农民工返乡创业政策绩效	B1 政策落实	0.496	C1 政策知晓度	0.175	0.087
			C2 政策利用度	0.316	0.157
			C3 政策难易度	0.509	0.252
	B2 政策效果	0.152	C4 政策制定满意度	0.358	0.054
			C5 政策执行满意度	0.438	0.067
			C6 实施效果满意度	0.204	0.031
	B3 企业效益	0.08	C7 企业利润	0.75	0.060
			C8 企业规模	0.25	0.020
	B4 政策覆盖	0.23	C9 政策全面度	0.571	0.131
			C10 政策受众度	0.429	0.099
	B5 政策重要性	0.042	C11 政策重要度	0.633	0.027
			C12 政策时效性	0.367	0.015

创业扶持政策是一个系统，包含不同政策类型，因此不仅可以对整体政策进行评估，还可以对不同政策单元分别进行评估，根据评估结果，优化、调整政策宣传、制定、落实等环节，提高政策服务质量，以实现创业政策的靶向效应。

4. 实证结果

（1）信度检验。高质量的问卷是问卷分析的基础，信度检验是对问卷调查结果可靠性的判断，衡量量表编制的合理性与有效性。采用 STATA 软件，进行信度分析，克朗巴克 α 系数为 0.8534，大于 0.7，反映问卷信度较好。

（2）政策满意度分析。从政策制定、执行、实施全过程来看，不同环节满意度存在较大相关，且呈现一定下降趋势。如图 5-6 所示，整体而言，政策满意度较高，但政策落地实施仍有提升空间，加大政策需求与政策供给的有效对接，提高政策落实力度，才能进一步提升政策效果。

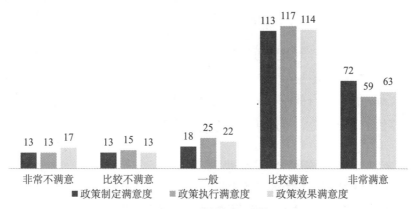

图 5-6　政策满意度情况

从政策重要度来看，九大类政策的平均综合得分如图 5-7 所示，可以根据得分为政策调整优化提供一定参考和依据。从结果来看，财税政策、金融政策、产业政策是返乡创业农民工最为关注和需要的前三大类政策，技术政策、土地政策等紧随其后。因此，可根据重要度，将政策划分为"改善""强化""重点加强"三类，结合区域特点和实际，给予一定倾斜与侧重，提高政策实施效果和服务质量。

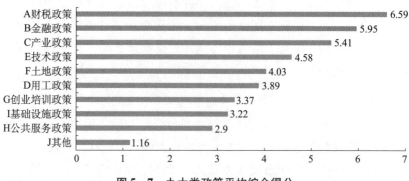

图 5 - 7   九大类政策平均综合得分

（3）政策绩效评价。为了衡量农民工返乡创业政策绩效综合情况，以指标权重为基础，计算综合值。则政策绩效综合值为：

$$S_{ij} = \sum \sum \omega_{ij}\, x_{ij}$$

为了便于比较，对综合值进行 0 ~ 1 标准化处理，具体公式为：

$$S'_{ij} = \frac{S_{ij} - S_{ij(min)}}{S_{ij(max)} - S_{ij(min)}}$$

由 229 份调研样本得到的中西部地区农民工返乡创业政策绩效综合值分布如图 5 - 8 所示，平均值为 0.75，反映样本对象认为，农民工返乡创业政策成效良好，对创业行为起到积极推动作用。结合每一准则层得分或政策评估子单元得分，可进一步获悉政策改进优化方向。

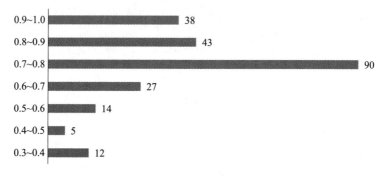

图 5 - 8   绩效综合值

5.2.2　政策支持对农民工返乡创业扶贫效果的影响评估

精准扶贫与农民工返乡创业之间存在良性互促的关系。从环境来看，精准扶贫政策的实施环境与返乡创业人员的创业环境具有重叠性，多为农村贫困地区的同一区域；从对象来看，精准扶贫政策的实施客体与返乡创业农民工主体或目标群体都是瞄准贫困群体；从目标来看，精准扶贫政策的实施和返乡农民工创业行为，都是为了增强农村人口的自身发展功能，着眼于"造血"，目的是促进农村贫困地区和农村贫困人口的脱贫致富，进而推动农村经济社会发展。由于两者在发展环境、实施对象、发展目标方面的统一性和相似性，返乡创业援助与农村脱贫相辅相成，精准扶贫政策与返乡农民工创业支持政策可以进行高效对接，对接成效可通过创业扶贫效果来衡量。

现有文献主要从"创业意愿""创业行为"和"创业绩效"三方面对农民工返乡创业的影响因素进行研究，且多从资源禀赋视角，将影响因素归为人力资本、金融资本和社会资本（邹芳芳等，2014；陈文超等，2014；Colette，2005）或直接划分为内部因素和外部因素。其中，内部因素主要强调农民工个体特征及能力，多数学者认为年龄、受教育水平、性别等对农民工返乡创业具有显著影响（张立新等，2019；童星等，2016；张若瑾等，2017），农民工在外打工所积累的经验、技能及收入等会增加农民工返乡创业的可能性（伍如昕等，2018）。外部因素主要包括金融支持、创业资金扶持力度、创业担保扶持政策等融资环境和政策环境（Anwar & Chan，2016，王亚欣等，2020）。学者们普遍肯定了政策支持对于返乡创业的推动作用，但政策效果取决于返乡创业农民工对于创业政策的知晓程度、享受力度及满意度（黄祖辉等，2022；宁鑫等，2021；戚迪明等，2018；方鸣，2021）。

农民工返乡创业的过程是自我价值和社会价值实现的过程，创业经济绩效可通过财务绩效和成长绩效两方面来衡量（甘宇等，2022；芮正云，2018）。由于财务绩效更易衡量，此方面研究成果更为丰富，多从创业者年收入、创业企业年利润、企业规模等方面衡量返乡农民工创业绩效（郑山水，2017）。农民工返乡创业带来直接经济效益的同时，还能带动农村地区减贫、脱贫效应的生成，实现社会效益（杜威漩，2019）。

1. 指标体系构建

创业扶贫效果为被解释变量，主要衡量吸纳贫困户后，其经济状况、生活水平和精神依赖变化情况，综合测评后赋予五个维度，非常显著、比较显著、一般、比较不显著和非常不显著。

政策支持为核心解释变量，主要指从政府获得的各类资源，这里将政策资源类型划分为九大项，分别是财税政策、金融政策、产业政策、用工政策、技术政策、土地政策、创业培训政策、公共服务政策和基础设施政策。

创业质量、个体特征等为控制变量，创业质量主要包括创业年纯利润、创业收入稳定性等，个体特征主要包括性别、年龄、受教育程度、创业形式、创业年数等。具体指标体系见表 5-6。

表 5-6　　　　　　　　　　　　　变量及赋值

变量类型	变量名称	变量定义及赋值
因变量	扶贫效果	非常不显著 =1；比较不显著 =2；一般 =3；比较显著 =4；非常显著 =5
核心解释变量	是否获得政策资源	是 =1；否 =0
	获得政策资源的项数	1 项以下 =1；2~4 项 =2；5~7 项 =3；8 项以上 =4
控制变量	创业农民工年龄	30 岁以下 =1；30~39 岁 =2；40~49 岁 =3；50 岁及以上 =4
	创业农民工受教育程度	小学及以下 =1；初中 =2；高中 =3；大专或大学以上 =4
	创业农民工性别	女 =1；男 =2
	创业年数	1 年及以下 =1；2~4 年 =2；5 年及以上 =3
	创业形式	个体户 =1；家庭创业 =2；合伙创业 =3；注册企业及其他形式 =4
	创业领域	涉农 =1；工业 =2；服务业 =3；其他 =4
	创业年纯利润	2 万元及以下 =1；3 万~5 万元 =2；6 万~10 万元 =3；11 万~20 万元 =4；20 万元以上 =5
	创业收入稳定性	非常不稳定 =1；比较不稳定 =2；一般 =3；比较稳定 =4；非常稳定 =5

2. 评价方法选择

鉴于创业扶贫效果为五类离散数值，因此采用有序多分类 Probit 模型进行分析，表示如下：

$$Y_i^* = \beta X_i' + \varepsilon_i, \quad i = 1, 2, 3, \cdots, n$$

$$Y_i = \begin{cases} 1, & \text{if} \quad Y_i^* \leq a_1 \\ 2, & \text{if} \quad a_1 < Y_i^* \leq a_2 \\ 3, & \text{if} \quad a_2 < Y_i^* \leq a_3 \\ 4, & \text{if} \quad a_3 < Y_i^* \leq a_4 \\ 5, & \text{if} \quad Y_i^* > a_4 \end{cases}$$

其中，Y_i^* 为潜在变量，具体值无法观测，而 Y_i 为可观测变量；X_i 是一系列解释变量，β 为待估参数，ε_i 为随机变量。

$Y_i = 1, 2, 3, 4, 5$ 的概率分别为：

$$\text{Prob}(Y_i = 1 \mid X_i') = \text{Prob}(\beta X_i' + \varepsilon_i \leq a_1 \mid X_i') = \varnothing(a_1 - \beta X_i')$$

$$\text{Prob}(Y_i = 2 \mid X_i') = \text{Prob}(a_1 < \beta X_i' + \varepsilon_i \leq a_2 \mid X_i') = \varnothing(a_2 - \beta X_i') - \varnothing(a_1 - \beta X_i')$$

$$\cdots\cdots$$

$$\text{Prob}(Y_i = 5 \mid X_i') = \text{Prob}(\beta X_i' + \varepsilon_i > a_4 \mid X_i') = 1 - \varnothing(a_4 - \beta X_i')$$

其中，a 为区间分界点，$\varnothing$ 为标准正态累计分布函数。

3. 实证结果分析

数据来源为前文所述 229 份调研样本，变量的描述性统计结果见表 5 - 7。

表 5 - 7　　　　　　　　　　变量的描述性统计结果

变量	最小值	最大值	均值	标准差
是否获得政策资源	1	2	1.323144	0.4687017
获得政策资源项数	1	4	1.572052	0.7010679
年龄	1	4	1.60262	0.9100762
受教育程度	1	4	2.98524	0.9397501
性别	1	2	1.637118	0.4997126
创业年数	1	3	1.50655	0.7109426
创业形式	1	4	1.663755	1.011142

续表

变量	最小值	最大值	均值	标准差
创业领域	1	4	2.458515	1.204625
创业年纯利润	1	5	2.678603	1.261065
创业收入稳定性	1	5	2.915284	1.133997

从政策支持来看，67.69%的样本返乡创业过程中获得过政策扶持，享受到的政策资源项数基本在1~4项，仅有4.37%的样本选择"获得5~7项政策资源"，2.62%的样本选择"获得8项以上政策资源"。

从返乡创业农民工个体来看，以青壮年男性为主，其中，男性占比59.71%，40岁以下占比78.61%，高中以上学历占比77.29%，返乡创业农民工普遍具备一定的受教育水平。

从创业信息来看，87.34%的样本处于初创期，创业年数在4年以内；创业形式以个体户为主，注册企业占比不到10%；创业形式较多样，涉农领域占比35.37%；服务业领域占比32.31%；68.99%的样本年纯利润在10万元以内，且创业收入的稳定性具有一定差异，42.71%的样本认为收入稳定性较差。

采用STATA软件，对有序Probit模型进行估计和检验，分别将是否获得政策资源和获得政策资源的项数作为核心解释变量，得到结果具有一致性，模型结果见表5-8。

表5-8　　　　　模型估计结果

变量	模型一		模型二	
	系数	标准差	系数	标准差
是否获得政策资源	1.894682***	0.6472313		
获得政策资源项数			1.436644***	0.5638639
年龄	0.0901933	0.1022206	0.0848086	0.1030424
受教育程度	0.0973234	0.0899581	0.1169762	0.0887494
性别	0.0832125	0.1529292	-0.2330112	0.5856652
创业年数	0.1357265	0.1027525	0.2108306	0.1520923
创业形式	0.1373606	0.0797724	0.3027508	0.2617805
创业领域	0.0387902	0.0647	-0.5862141***	0.2832503

续表

变量	模型一		模型二	
	系数	标准差	系数	标准差
创业年纯利润	0.035226	0.0690544	0.166253	0.2367502
创业收入稳定性	0.3626049***	0.0903523	0.6794067***	0.1490231

注：***、**和*分别代表1%、5%和10%的显著性水平。

模型结果显示，政策支持对农民工返乡创业扶贫效果具有显著正向影响，且随着政策资源获取项数的增加，扶贫效果将明显提升。创业形式、创业收入稳定性会影响创业扶贫效果，保证稳定的创业收入是实现可持续创业扶贫的关键。性别、年龄、受教育程度、创业年数等变量对扶贫效果影响不显著，主要原因可能是调研的对象多为青壮年，普遍具有一定文化程度，且大部分处于创业初期或发展阶段。

5.2.3　农民工返乡创业扶贫与乡村产业振兴政策衔接的测量

随着我国脱贫攻坚任务的完成，乡村振兴全面开启，2021 年，中央一号文件提到要"加大对脱贫县乡村振兴支持力度、构建现代乡村产业体系"，这意味着产业发展走上了新的历史台阶。创业扶贫作为重要的扶贫方式之一，发挥了以产业发展消除贫困的作用，是农民脱贫致富自我能力提升的有效途径。因此，在 5 年过渡期内将返乡创业政策与乡村产业振兴政策进行有效衔接，有助于以返乡入乡创业推动乡村振兴。

1. 政策衔接框架

有关脱贫攻坚与乡村振兴政策衔接方面的研究，目前还处于起步阶段，研究成果较分散。在政策制定阶段，脱贫政策对象主要是绝对贫困人口，脱贫时点要求难免会导致政策实施过程中存在"大干快上"的现象，导致政策目标的实现是因大量资源的供给而速成，可随着脱贫任务的完成，脱贫可持续性成为难点。在政策实施阶段，短期目标的达成受到各方面条件的约束，容易造成执行中出现"精准偏差"，甚至偏离政策目标。在五年过渡期内，要想实现创业扶贫政策与乡村产业振兴政策的有效衔接，这些问题是需要特别关注的（如图 5 - 9 所示）。

2. 政策衔接有效度测量指标

返乡创业扶贫与乡村产业振兴政策衔接的目标层为两类政策的有效衔

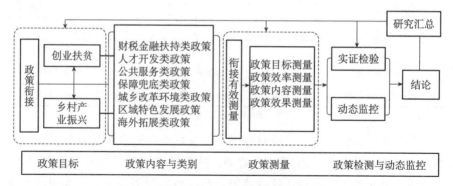

图 5 – 9　政策衔接框架

接度，准则层包括三个维度，分别是政策目标、政策内容、政策效果与效率，遵循科学性、系统性、可比性、可操作性等原则，设计指标体系，在三个维度下，指标层共计 17 个指标（如图 5 – 10 所示）。

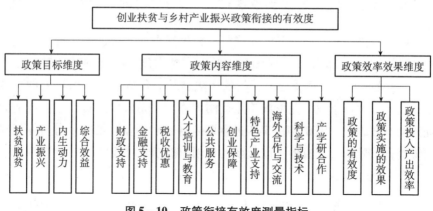

图 5 – 10　政策衔接有效度测量指标

5.3　中西部地区农民工返乡创业
与精准扶贫的对接效果评估

5.3.1　中西部地区农民工返乡创业效益评价

1. 评估模型

在农民工返乡创业效益评价模型建构中，创业扶贫效益采用返乡创业给农村带来的经济效益、社会效益和生态效益来衡量，因此，在选择核心指标的基础上，通过采用计量方法可得到具体的经济效益值、社会效益值和生态效益值[①]。

假定一：将经济效益、社会效益和生态效益分别赋予不同值 E_1、S、E_2，农民工返乡创业效益则为三者的线性加总。

假定二：政府是评价主体，政府的扶持对农民工返乡创业行为及其效益产生重要影响。各地政府评价受政绩观、地区发展差异等影响，因而存在偏好权重差异。因此，设定政府对农民工返乡创业效益评价的偏好权重系数分别为 α、β、γ，且满足 $0 \leqslant \alpha \leqslant 1$、$0 \leqslant \beta \leqslant 1$、$0 \leqslant \gamma \leqslant 1$，$\alpha + \beta + \gamma = 1$。

农民工返乡创业效益由主客观因素共同影响决定，分别是农民工返乡创业行为和政府评价，因此，农民工返乡创业效益评价模型为：

$$F = \alpha E_1 + \beta S + \gamma E_2$$

2. 效益优化

农民工返乡创业效益评价模型涉及六个变量，当 E_1、S、E_2 正确测度后，效益评价值的大小主要受到 α、β、γ 的影响。α、β、γ 值的变化主要体现在，当某一地区农村经济社会发展出现变化时，政府会适时调整偏好权重系数，从而效益评价值也会发生变化，进而影响返乡创业扶持力度或方向。虽然效益评价值的变化呈现非连续性特征，但是 α、β、γ 值的变化应具有一定的连续性。当 α、β、γ 中出现了极端数值时，如其中一个变量取值为 1 或 0，则表明地方政府在评价农民工创业效益时存在明显的倾向性，过于强调某一效益可能将建立在牺牲其他效益的基础上。而如果政府评价行为具有倾向性，农民工返乡创业行为的选择也会受到影响。因此，政府可以在政策目标的指引下，通过差异化评价支持和扶持农民工返乡创业行为，促进实现经济效益、社会效益和生态效益的均衡发展。

当政府偏好权重系数 α、β、γ 确定后，可假定政府扶持行为的临界值为 δ，亦即当 $F > \delta$ 时，政府对农民工返乡创业行为予以支持。当不同农民工返乡创业效益值满足 $F_n > F_{n-1} > \cdots > F_1 > \delta$ 时，政府可依据不同的创业

---

① 周建锋 . 基于绩效评价的农民工返乡创业行为研究 [J]. 商业研究，2014（03）.

效益值采取不同的支持措施。显然，如果农民工返乡创业行为获得的鼓励和支持力度越大，对应的创业效益值也就会相应更高，扶持力度与效益评价值之间存在正相关性，因此，政府扶持与创业效益呈现良性互促。

5.3.2 中西部地区精准扶贫效益评价

1. 精准扶贫效益评估

精准扶贫的效益，一般可分为广义和狭义两种解释。广义的理解是指通过执行精准扶贫方略而产生的效果或获得的成果，概念较为笼统；狭义的理解更具体化，是指通过精准扶贫，在经济、社会、生态等各个方面所形成并实现的效果与收益，具体而言，主要是产生的经济效益、社会效益、政治效益、文化效益和生态效益。本着全面性、科学性、可操作性、可比性四个准则，结合中央、省、地方精准扶贫相关政策文件及扶贫绩效评价相关文献，构建精准扶贫效益评价框架（如图 5 – 11 所示）。

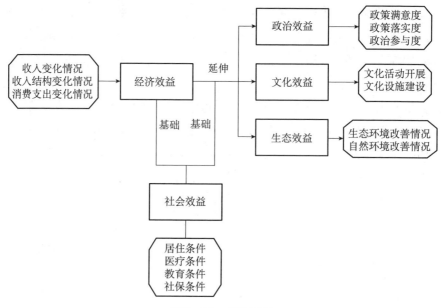

图 5 – 11 评价框架

在精准扶贫效益评价模型建构中，采用狭义的定义，即精准扶贫效益值的衡量由扶贫脱贫给农村带来的五大效益来确定，分别是经济效益、社会效益、政治效益、文化效益和生态效益，因此，在选取核心指标及计量方法的基础上，可获得相应的经济效益值、社会效益值、政治效益值、文化效益值和生态效益值。

假定一：分别赋予经济效益、社会效益、政治效益、文化效益和生态效益不同取值 E_{p1}、S_p、P_p、C_p、E_{p2}，精准扶贫效益为五者的线性加总。

假定二：脱贫户是评价主体，不同脱贫户存在偏好权重差异。设定脱贫户的偏好权重系数分别为 α_p、β_p、γ_p、θ_p、ρ_p，且满足 $0 \leqslant \alpha_p \leqslant 1$、$0 \leqslant \beta_p \leqslant 1$、$0 \leqslant \gamma_p \leqslant 1$、$0 \leqslant \theta_p \leqslant 1$、$0 \leqslant \rho_p \leqslant 1$，$\alpha_p + \beta_p + \gamma_p + \theta_p + \rho_p = 1$。

精准扶贫效益由扶贫行为的客观影响及脱贫户的主观影响共同决定，因此，精准扶贫效益评价模型为：

$$F_p = \alpha_p E_{p1} + \beta_p S_p + \gamma_p P_p + \theta_p C_p + \rho_p E_{p2}$$

2. 精准扶贫效益与返贫风险

党的十九大报告指出，攻克深度贫困地区的贫困难题，目标是到 2020 年，在我国现行标准下实现贫困县全部摘帽，农村贫困人口实现脱真贫、真脱贫，区域性整体贫困全面解决。2021 年 2 月 25 日，习近平总书记在全国脱贫攻坚总结表彰大会上庄严宣告，中国获得了脱贫攻坚战的全面胜利，在现行标准下，共计 9899 万农村贫困人口全部脱贫，832 个贫困县全部摘帽，12.8 万个贫困村全部出列，消除绝对贫困的艰巨任务圆满完成，"两不愁三保障"全面实现。国务院新闻办公室于 2021 年 4 月 6 日发布的《人类减贫的中国实践》白皮书指出，贫困地区农村居民人均可支配收入实现快速增长，已经从 6079 元（2013 年）提高到 12588 元（2020 年）。2020 年，贫困县九年义务教育巩固率达到 94.8%，参加基本医疗保险的贫困人口已超过 99.9%，2400 多万困难和重度残疾人口获得了生活或护理补贴。在取得脱贫攻坚战成功的过程中，精准扶贫方略是制胜法宝，更是我国减贫理论和实践的伟大探索与创新。但是，这一胜利并不意味着结束，贫困县退出、贫困人口脱贫只意味着我国扶贫工作初战告捷——绝对贫困问题解决，而彻底消除贫困的任务任重道远，相对贫困永远存在，返贫问题逐渐凸显，因此，精准扶贫、精准脱贫永远在路上。在乡村振兴战略提出下，在五年过渡期下，如何巩固拓展脱贫攻坚成果并同乡村振兴有效衔接，让脱贫基础更加稳固、成效更可持续，将是后扶贫时代的重点任务。相对贫困是指在一定社会经济发展水平下，某一群体的收入与其他群体相比，显著更低。现实中，很多贫困户在达到脱贫标准后却仍无法完全自食其力，仍旧依赖政府的救济帮助，且因病、因灾返贫的现象较多，贫困户脱贫稳定性较差，贫困脆弱性明显，重新返贫的风险和可能性较大。据国家初步摸底数据显示，在全国已脱贫人口中，存在返贫风险的有近 200 万人，在已脱贫边缘人口中，存在致贫风险的有近 300 万人。因此，在巩固精准扶贫效益的同时，应对脱贫户的返贫风险进行监测，坚决守住防止规模性返贫的底线。

3. 返贫风险评估

有关返贫风险评价的研究，学者们主要基于贫困脆弱性视角和可持续生计视角展开研究，重点探讨返贫风险的诱因、返贫风险预警模型的构建与测度。导致返贫的因素是多方面的，具有综合性和复杂性，主要可分为内部因素和外部因素。其中，内部因素主要包括人力风险、物质风险、家庭风险等（韩广富等，2022；黄国庆等，2021），外部因素主要包括自然风险、政策风险、社会风险等（汪三贵等，2022；王睿等，2021）。针对贫困户属性、致贫原因、返贫风险类型等，学者们主要采用熵权法、层次分析法、神经网络法、QCA 法等定量定性方法进行测度。为对脱贫户的返贫风险进行精确评估与判断，在总结已有成果的基础上，重点衡量不同脱贫方式下的返贫风险，通过构建脱贫户风险评估指标体系，采用层次分析法和专家打分法确定指标权重，具体步骤与前文相同，这里不再赘述，指标体系与权重见表 5 - 9。

表 5 - 9　　　　　　　　脱贫户返贫风险指标体系与权重

目标层	准则层	权重	方案层	权重	组合权重
A 脱贫户返贫风险值	B1 收入水平	0.460	C1 人均年收入	0.600	0.276
			C2 收入来源数	0.400	0.184
	B2 脱贫方式	0.221	C3 政府资助、兜底	0.037	0.008
			C4 健康扶贫、教育扶贫	0.111	0.025
			C5 异地搬迁、光伏发电	0.148	0.033
			C6 产业扶贫、金融扶贫	0.333	0.074
			C7 创业扶贫	0.296	0.065
			C8 外出务工	0.074	0.016

续表

目标层	准则层	权重	方案层	权重	组合权重
A 脱贫户返贫风险值	B3 致贫原因	0.106	C9 因病、因残	0.290	0.031
			C10 年迈缺劳动力	0.194	0.020
			C11 因学	0.032	0.003
			C12 除农业外无其他收入	0.129	0.014
			C13 缺资金、缺技能	0.161	0.017
			C14 突发状况、自然条件差	0.194	0.020
	B4 家庭状况	0.154	C15 脱贫能动性	0.492	0.076
			C16 年龄状况	0.098	0.015
			C17 文化程度	0.164	0.025
			C18 家庭人口数	0.246	0.038
	B5 政府政策	0.060	C19 政策持续性	0.667	0.040
			C20 完备程度	0.333	0.020

　　风险程度采用五标度等级，等级得分 0.1~0.9 分别反映了风险程度高低状况，得分越高则说明风险程度越大，具体赋值见表 5-10。

表 5-10　　　　　　　　　　指标量化标尺

等级得分	0.1	0.3	0.5	0.7	0.9
五级标度	风险极低	风险较低	一般	风险较高	风险极高

　　注：本表采用 5 标度等级，0.1 和 0.9 较为极端一般不采用。

　　根据指标权重和指标量化标尺，可得到返贫风险值，按返贫风险值大小进行四级分类，可进一步对脱贫效果进行分析（见表 5-11）。其中，返贫风险值 0.5 为阈值，小于 0.5 统一为低风险，大于 0.5 统一为高风险。

表 5-11　　　　　　　　　　返贫风险四级分类

序号	风险得分	代表含义	风险等级
1	0.1~0.3	脱贫度很高，不易返贫	低风险
2	0.3~0.5	脱贫度较高，存在一定返贫风险	中低风险
3	0.5~0.7	脱贫度一般，返贫风险较大	中高风险
4	0.7~1.0	返贫风险很大	高风险

　　根据典型性、代表性和可行性等原则，在 2020 年全面脱贫攻坚任务完成后，课题组重点选取了曾经的国家级、省级扶贫重点县作为调研对象，

因受新冠疫情的影响，课题组未能赴省外调研，主要选取了豫西地区的栾川、汝阳、渑池等地，通过深入走访、发放问卷、座谈交流等形式进行实地调研，共计发放问卷430份，回收有效问卷381份，具体调研地区和样本信息见表5-12。

表 5 - 12　　　　　　　　　调研地区及样本量

县域	乡镇村	样本量
栾川	栾川乡雷湾村	76
汝阳	蔡店镇张沟村	98
	蔡店镇辛庄村	94
宜阳	盐镇乡北召村	31
	盐镇乡中峪村	35
渑池	果园乡西村村	5
	果园乡石堆村	6
卢氏	瓦窑沟乡官沟村	24
	双槐树乡石门村	12

课题组之所以选择豫西地区，是因为该地区曾是全国贫困人口较为集中的重点贫困片区，在河南省53个贫困县（脱贫前）中，该地区曾有8个国家级扶贫重点县，占比达到15.1%。课题组调研的地区都曾是政府部门对接的扶贫区，地形涵盖广泛，包括深山、丘陵、平原等。具体指标说明及数据信息见表5-13。

表 5 - 13　　　　　　　指标说明、样本信息及量化标尺

准则层	方案层	指标	样本占比（%）	量化标尺
收入水平	人均年收入	3201～3700元	30.97	0.7
		3701～4200元	35.70	0.5
		4200～4700元	26.51	0.3
		4700元以上	6.82	0.1
	收入来源数	一种	57.21	0.7
		两种	34.65	0.5
		三种	8.14	0.3
脱贫方式	政府资助、兜底		12.34	0.7
	健康扶贫		16.27	0.5

续表

准则层	方案层	指标	样本占比（%）	量化标尺
脱贫方式	教育扶贫		12.07	0.5
	异地搬迁		5.51	0.5
	光伏发电		9.19	0.5
	金融扶贫		9.71	0.3
	产业扶贫		15.22	0.3
	创业扶贫		3.15	0.3
	外出务工		16.54	0.3
致贫原因	因病、因残		21.00	0.7
	年迈缺劳动力		19.69	0.7
	因学		7.87	0.5
	除农业外无其他收入		20.47	0.5
	缺资金、缺技能		21.78	0.3
	突发状况、自然条件差		9.19	0.3
家庭状况	扶贫政策是否了解	比较了解	27.10	0.3
		了解一些	55.38	0.5
		不了解	17.52	0.7
	年龄状况	35 岁以下	5.52	0.3
		36~60 岁	63.25	0.5
		60 岁及以上	31.23	0.7
	文化程度	小学以下	34.12	0.7
		小学	36.22	0.5
		初中及以上	29.66	0.3
	家庭人口数	一口	1.32	0.3
		两口	17.32	0.5
		三口及以上	81.36	0.7
政府政策	政策持续性	有	34.38	0.3
		一段时间	56.17	0.5
		没有	9.45	0.7
	满意度	满意	48.56	0.3
		一般	39.90	0.5
		不满意	11.54	0.7

从被调查脱贫户的脱贫方式来看，脱贫方式呈现多样化特征，包括产业扶贫、外出打工、金融扶贫、教育扶贫、健康扶贫、政府资助、兜底保障、易地搬迁、光伏发电扶贫、创业扶贫等形式（见表5－14），其中占比前三的是外出打工、健康扶贫、产业扶贫，创业扶贫占比3.15％。从风险等级分布来看，平均返贫风险值为0.44，整体存在一定返贫风险。具体从脱贫方式来看，不同脱贫方式下返贫风险存在差异，且"造血"式脱贫如产业扶贫或金融扶贫、创业扶贫、外出打工等，脱贫效果较好，返贫风险显著低于"输血"式脱贫。

表5－14 不同脱贫方式返贫风险 单位：%

脱贫方式		高风险占比	低风险占比
"输血"式脱贫	政府资助、兜底	80.71	37.90
	健康扶贫、教育扶贫		
	异地搬迁、光伏发电		
"造血"式脱贫	产业扶贫、金融扶贫	19.29	62.10
	创业扶贫		
	外出务工		

5.3.3 中西部地区农民工返乡创业带动精准扶贫效果评价

从"输血"式扶贫到"造血"式扶贫，在推动贫困地区精准扶贫的过程中，农民工返乡创业成为重要抓手，而精准扶贫又为返乡创业农民工提供了政策平台和保障，通过两者协同互促，有效促进了农村地区脱贫攻坚，推进了乡村振兴，并进一步助推城镇化发展和城乡融合进程。2020年2月，国家发展改革委等19部门联合发布《关于推动返乡入乡创业高质量发展的意见》，强调引导农民工等人员返乡入乡创业高质量发展。农民工返乡创业绩效与创业质量的提高不仅能显著降低贫困户脱贫后返贫的概率，同时也对巩固提高农民脱贫致富成果、实现乡村振兴等战略目标，具有重大的现实意义。

农业农村部相关数据显示，近年来，农民工返乡创业就业范围不断拓展、规模持续扩大、创新创业水平明显提升，从原来的传统种养业，向农产品初加工、农村电子商务服务等方向延伸，其中，超过一半以上的创业就业是通过建立家庭作坊、传统作坊、乡村车间和小微企业，拓展乡村功能价值、扩大产业增值增效空间，如重点发展餐饮民宿、农产品初加工、特色工艺、乡土文化等；85% 以上返乡入乡创业项目属于一二三产业融合类型，广泛涵盖产加销服、农文旅教等领域；60% 以上融入新兴时尚元素和现代产业要素等创新因素，生产智创、文创、农创产品。新冠疫情的暴发，又进一步催化了返乡创业项目与"互联网＋"的融合，2020 年，返乡入乡创业项目中 55% 左右利用互联网等信息技术，通过开设网店、云视频、直播直销、无接触式物流配送等，创造了各种各样的"网红产品"，例如仅淘宝村就提供了 828 万个创新创业就业岗位。乡村经济在返乡创业的带动下呈现出蓬勃发展之势，乡村发展动能持续增强。农业农村部 2021 年 3 月 15 日发布的数据显示，2020 年，平均每个返乡创业创新项目吸纳 6.3 人稳定就业、17.3 人灵活就业，并通过采取契约制、分红形式、股权结合等方式，将企业利润、产业增值收益反馈给农民，返乡入乡创业就业在联农带农方面成绩斐然。

1. 农民工返乡创业助推农业产业化扶贫

课题组成员在实地调研中了解到，全国各地市通过积极建立示范区县和回乡创业园区，积极打造农民工回乡创业平台或培训基地，以充分发挥平台聚集功能。其中，地方政府部门是主要推动者和服务政策提供者，返乡农民工为开拓者和实施者，农户是参与主体。

（1）土地流转扶贫。一般而言，地方政府往往会通过设立工业园区管理委员会来负责管理、统筹创业园区内的有关工作。按照项目计划，园区管理委员会与被纳入园区规划的农户，通过签订协议的形式将土地流转。土地流转后，园区管理委员会再进一步将土地流转给进入园区的返乡农民工等创业业主，业主可根据需要再将土地"返租"给当地贫困户（如图 5 - 12 所示）。在这一流程中，地方政府部门的积极介入提高了农户地租资金的安全性，从而减少了因业主创业失败而不交地租金的问题，有效维护了贫困农户的权益；另外，业主通过政府流转土地，既可以享受到政策优惠措施，又减少了土地交易市场可能存在的无序与恶性竞争。

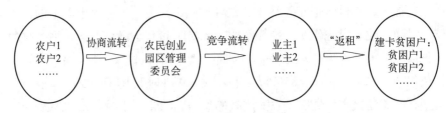

图 5 - 12　园区土地流转流程

（2）承包就业增收。农户参与创业园区的形式主要有三种，除了第一种既参与园区土地流转但不在园区从事劳动外，还有两种，一种是参与园区土地流转并在园区务工的建档立卡贫困户，另一种是不参与土地流转但"返租"业主土地的建档立卡贫困户。这三种形式的主要收入来源分别是土地流转收益，土地流转收益 + 务工收益，务工收益 + 承包地农业收益。

（3）扶贫机制与减贫效益。以农民创业产业园为平台进行产业化帮扶的过程中，相关主体间应建立通畅的帮扶机制，其关键是《扶贫责任书》的签订与落实。《扶贫责任书》明确了政府部门、业主和贫困农户的职责与义务，将三方联系在一起，强调建立以贫困农户"干中学"为核心内容的产业化帮扶制度（如图 5 - 13 所示）。

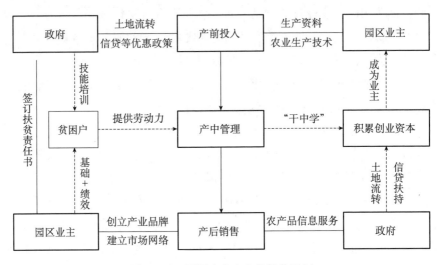

图 5 - 13　园区农业产业化扶贫机制

《扶贫责任书》规定，业主应当聘用扶贫部门认定的建档立卡贫困劳动力，并予以适当的指导和帮助，在落实帮扶责任后才可以获得土地补偿、贷款等优惠。在政府的扶持下，贫困户通过技术培训等，逐步实现自我发展能力的提高，有条件的情况下进一步向创业业主转变。

农民创业园通过产业化扶贫实现了贫困农户收入的多样化，减少了贫困村农户农业发展中的各种经营风险，有效调动了贫困村农户的劳动积极性，增强了其自身发展实力，从收入脱贫、脆弱性、能力脱贫等几个层面缓解了农民贫困，并促进了减贫向发展的转变。

2. 农民工返乡创业赋能乡村振兴

（1）赋能产业振兴，增强乡村振兴基础。农民工回乡创业后，充分运用其在城镇打工时掌握的专业知识、技术与方法，利用其敏锐的市场意识与现代管理观念，把先进的产业模式带到了乡村，并进一步探寻智慧农业、休闲农业、采摘农业、都市农业等现代农业发展新方向，逐步实现传统农业向现代农业的进阶，有助于推动农村一二三产业融合发展，有效促进了乡村产业转型升级。

（2）赋能人才振兴，提升乡村振兴动力。农民工回乡创业重在推动及着力提升农业农村内生成长动能，以农户利益为现实基础，以人才为发展源泉。通过推进新型职业农民培育，完善乡村专业人才队伍建设，其示范引领功能可以吸纳更多的人才投入农村建设工作中。

（3）赋能文化振兴，拓展乡村振兴内涵。农民工返乡创业可以把社会主义现代文明理念和乡村特色的乡土人情相结合，加强乡村文明创建，改善村风乡情，培育良好的农村文化氛围。

（4）赋能生态振兴，美化乡村振兴颜值。通过返乡创业园区建设、创业致富带头人带动等，联合当地居民积极推动在人居环境、生态建设、基础设施建设、教育健康发展等领域的各项工作开展，实现农村软硬环境的提升。

（5）赋能组织振兴，强化乡村振兴保障。返乡创业农民工深深扎根于故乡的文化血脉与人际关系中，在农村基层管理方面具有先天优势。通过发挥纽带联系和榜样带动作用，主动融入农村基层社会，有助于促进提升村庄整治能力，增强村庄管理（如图 5 - 14 所示）。

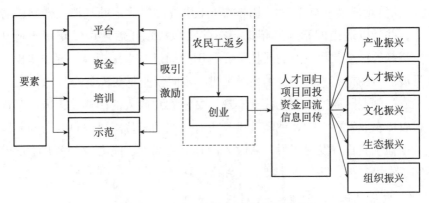

图 5 – 14　农民工返乡创业赋能乡村振兴

第 6 章　中西部地区农民工返乡创业与精准扶贫有效对接的案例分析

　　归纳总结第 3 章中西部地区农民工返乡创业与精准扶贫联结成效可见，二者相互连结对于带动当地就业、增加农民收入、调整产业结构以及促进经济发展等成效显著。同时，研究结论从一定程度上反映出农民工返乡创业与精准扶贫之间存在交互作用和影响（王亚欣、宋世通等，2020），即农民工返乡创业有助于推动精准扶贫，而精准扶贫有助于拉动农民工返乡创业（曹宗平，2021）。综上，现状调查分析与研究总体上展示了农民工返乡创业与精准扶贫联结具有一定成效性。为更深刻细致揭示中西部地区农民工返乡创业与精准扶贫对接的有效性，基于前文调查研究，本章选取贵州、重庆和洛阳三地作为研究对象，采用观察访谈法、问卷调查法等研究方法，从案例研究视角探究农民工返乡创业与精准扶贫对接成效，与理论分析、调查研究、实证考量等研究结论相互印证，力图更深入挖掘两者之间存在的内在关联。同时，通过系统总结农民工返乡创业与精准扶贫的直接以及间接效应，为持续巩固脱贫攻坚成果，继而为推动乡村振兴战略顺利实施提供实践支撑和决策参考。

6.1　中西部地区农民工返乡创业与精准扶贫耦合发展——贵州例证

　　贵州是典型的欠发达省份，贫困人口众多，贫困面积较大、贫困程度较深。再加上要素资源条件薄弱、经济发展水平落后、交通基础不便利以及人均可支配收入偏低等特征突出，属于重点扶贫的集中连片特困地区。贵州在全国扶贫开发中的任务最重、难度也最大。尽管受制于多重不利因素交织影响，但在国家大力实施精准扶贫、农民工返乡创业等政策支持和鼓励下，贵州在农民工返乡创业以及精准扶贫方面取得显著成效，积累了一定经验做法和一套可复制推广的创业扶贫模式。

6.1.1 农民工返乡创业成效及实践

为深入推进全省深度贫困地区脱贫攻坚，贵州在正安县召开民工返乡创业就业大会，全面部署支持引导农民工返乡创业就业工作，加快促动贫困地区剩余的劳动力转变为创业者、产业工人或者市民，助力其成为"工业化、城镇化与农业现代化"协同发展的主力军，以此支撑全省扶贫脱贫攻坚工作有效实施。

近年来，为有效推动农民工返乡创业与就业，贵州启动了"雁归兴贵"计划，以着力推进农民工返乡创业与就业。2014～2016年，全省农民工返乡创业就业累计达到233.65万人，成为带动贵州实现后发超越追赶发展的重要生力军，实现"外出一人致富一家"向"创业一人致富一方"转变。根据贵州省统计局数据，"雁归兴贵"行动实施以来，带动农民工返乡创业135.51万人次，助力易地扶贫搬迁帮扶就业15.05万人。2016年，全省农民工月均收入3245元，年收入约4万元，如果以4口之家（1人务工）的标准核算，那么其年均收入将突破万元以上，远超3146元的核算标准。农民工返乡创业就业改变了既往向大城市以及发达地区"单向流动"的格局，为破解农村社会问题提供了新路径。2015年以来，全省返乡创业与就业达12.8万人，从一定程度上缓解了贫困地区"留守儿童、空巢老人"等问题。

为创新引领农民工返乡创业，贵州发展优势产业（茶叶、畜牧、蔬菜等）、开放特色旅游（乡村、乡土、乡韵等）以及推动"互联网＋"农村电商等新型营销模式，全方位推动"黔货出山"。与此同时，通过政策支持返乡创业人员创办民营经济、劳动密集型企业以及中小微企业等形式，吸引更多农民工返乡创业及就业，形成一套良好的经验做法。

一是营造返乡创业良好环境。贵州持续优化创业环境，加强政策落地见效，创新解决农民工返乡创业难、资金缺等问题，加大担保基金和贴息资金支持优惠力度，简化审批手续，形成政策合力。同时，加大力度推动"三变改革"，引导激励金融机构创新金融产品和服务，通过探索实施林权抵押、多户联保、合作社担保等多元化方式，创新开发与升级更多适配抵押品，如"发展互联网＋信贷"等模式，着力降低农民工返乡创业的信贷支持门槛。

二是优化升级公共服务服务平台。贵州以创业"双百"工程为主要抓手，力争 2017 年末打造形成"创业孵化基地"100 个、建立 100 个"农民工创业园"，以此平台为主导，为返乡创业人员提供咨询服务。同时，进一步推动公共就业与创业服务信息化设施建设，推动各项服务上网，大力推广网上受理、网上办理和网上反馈，营造便利化环境。

三是强化创业企业人才支持保障。贵州以抓实抓好贫地区劳动力职业技能培训为着力点，推动创业培训全覆盖，特别是以促进职业技能培训与人才引进工作为重心，2017～2019 年，为 85 万贫困劳动力提供培训服务，其中 2017 年为建档立卡贫困人员提供职业技能培训达 20 万人次。

四是强化用地税收融资等支持。为进一步吸引农民工返乡创业，贵州省政府进一步加大在土地使用、税收优惠以及贷款等方面的支持，以此激发返乡创业热情，提高农村经济活力，推动农村一二三产业融合发展。政策规定，对于返乡创业且带动贫困人口就业脱贫致富的，可以享受扶贫项目的相关资金扶持，对其创建的家庭农场、农民合作社等还可以享受税收减免。为着力解决返乡创业"用地难"问题，对创业用地给予"优先审批"；对开展农林牧渔初级产品加工的企业或项目，可按照对等级别的全国用地最低购置价格给予 30% 的优惠。此外，还考虑将"厂矿废弃地""四荒地"、闲置校舍等纳入创业用地范畴。同时，贵州还创新探索包括农机具、农业设施等动产及不动产予以抵押，以获取创业贷款。探索将农民住房、土地承包经营权等作为抵押以获取创业贷款试点业务，提升创业资金的可获得性。同时，还增设创业基金等新方式，为创业提供担保。特别是开辟创业贷"绿色通道"，为创业人员和企业全面提供证照办理、政策咨询等方面的服务，提高创业便利化。2015 年以来，累计发放返乡创业贷款 50.6 万笔，总金额达到 259.1 亿元。此外，为近 4 万名返乡创业项目合计发放大约 12.42 亿元的担保贷款。

6.1.2　精准扶贫成效及实践经验

作为全国贫困人数最多、程度最深的少数省份之一，国家在贵州开展精准扶贫方面给予了大力支持。习近平总书记两次莅临指导贵州反贫困工作并发表了重要讲话，以推动扶贫脱贫攻坚工作有序展开。贵州以五大发展为指引，把脱贫攻坚置于"第一民生"工程位置来抓，扎实投入扶贫开发工作并取得显著成效。从 2013~2018 年以来，贵州贫困人口骤降 671 万，同时实现易地搬迁 173.6 万人，使得贫困发生率从 26.8% 大幅度降到 8% 以下，以上两项指标合计人数位居全国之首，成为全国脱贫攻坚的"省级样板"。其中，2016 年减贫人数约 121 万，带动贫困发生率从 2012 年的 26.8% 大幅度降低至当年的 10.6%。2017 年 10 月，贵州最后一个贫困县脱贫摘帽，全省 1500 个贫困村全部顺利退出贫困行列（王春光，2018）。贵州在全国精准扶贫和脱贫工作实践中，创造了可复制推广的经验和做法，从可持续发展视角总结了相关经验如下。

一是力促精准扶贫脱贫与全省经济发展融合互动。从全省整体视角，推动精准扶贫脱贫与经济发展相融合互促。如出台的"10＋1"政策，覆盖产业发展、基础设施、生态建设、扶贫脱贫等领域，推动各领域互促发展。借力精准扶贫和脱贫，着力打造具有当地特色的山地经济、乡村旅游及大数据等产业。与此同时，通过加大基础设施建设力度，着力改善交通、住宿等条件，助推贵州经济发展，反过来带动精准脱贫。例如，2013 年，贵州提出并实施了"小康路、小康水、小康房、小康电、小康讯、小康寨"专项行动，有力提高了贫困乡村交通的通达性、改善了居民生活环境和农业生产条件，为深入推进精准扶贫以实现稳定持续发展奠定基础。

二是创新精准扶贫脱贫方法和机制。贵州充分利用当地自然资源、民族文化等特色优势，在大力发展旅游经济等层面成效显著。例如，贵州旅游产业发展步入快速通道，全省 517 个村发展成为全国知名的"乡村旅游"村，2017 年全省实现乡村旅游接待人数高达 1.593 亿人次，占全省的 42.38%，同比增长达 23.1%。在旅游收入方面，实现 705.9 亿元收入，占全省的 20%，直接带动创业就业 287.61 万人。"茶经济"发展成效也十分显著，尤其是湄潭的茶产业持续多年维持良好发展态势，部分品牌成为全国知名"茶"品牌，成为带动湄潭扶贫脱贫致富的主要驱动力。此外，贵州率先探索在农村土地制度改革模式中尝试"三权促三变"政策，旨在推动土地"产权、承包权、经营权"改革，盘活固定资产，提升农民收益。创新改革，为精准扶贫脱贫提供可持续的活水源头。

三是开创党建引领扶贫先河。党建扶贫是贵州扶贫模式的一大创新和特色，特别是在贫困地区，党组织主动带领当地贫困村民"开山辟地、整治农田"，以此来缓解人地冲突矛盾，争取改善提高农业生产率，助推农村经济发展。2010 年，贵州对未来十年的党建扶贫工作作出具体部署，在全省范围内优选 94 家省直单位，推动对 88 个市（县、区）给予精准帮扶，帮扶期为 3 年，坚守"不脱贫""不脱钩"工作理念。2013 年，基于"部门帮县""处长联乡"，持续加大"干部驻村"开展扶贫开发力度，全方位进行驻村扶贫工作。2015 年，创新实施"因村派人"精准行动，从全省优选出 9502 名驻村"第一书记"，以确保全省的所有贫困村（包括党组织较软弱涣散的村镇）能够实现全覆盖。通过"自上而下"选派驻村"工作队""第一书记"等扎根至扶贫第一线，高效发挥基层党组织战斗堡垒及其示范和引领作用，合力打造形成"党建＋"扶贫的崭新模式。

四是构建"四位一体"社会扶贫新格局。全面贯彻落实中央社会扶贫要求，创新扶贫模式，逐渐形成了以民营企业"包县"模式（万达扶贫丹寨）、"企业＋社会组织"协作扶贫模式（中国移动与贵州社会组织合作）、社会组织"扶智"模式（D 氏基金会扶贫丹寨）等特色新模式，探索形成了企业扶贫、社会组织扶贫、中央定点帮扶以及东西部协作扶贫的新局面。

五是实施基础设施建设强基工程。贵州通过实施交通优先发展战略，着力改善交通、灌溉以及饮用水等基础设施，为有力精准扶贫奠定基础。目前，已实现"县县"通高速，行政村基本通公路。交通改善减少了当地村民的出门难问题，降低了与外界的交往成本（时间、资金等成本），有利于外出打工，也有利于向外界销售一些土特农副产品，助力农民增收。伴随交通条件的逐步改善，游客大规模便捷化进入贵州，大力拉动了当地旅游业，进而惠及当地农村发展。山地特色、民族特色旅游等产业成为带动贫困户、贫困村乃至贫困县、镇减贫脱贫的主要手段。与此同时，贵州高度重视水利设施建设，特别是饮用水工程、农田灌溉设施以及小水库建设，以上工程的建设有效促进了农村脱贫。基础设施强基工程对精准减贫脱贫与区域高质量发挥了难以估量的作用和可持续影响（杜威漩，2019）。

六是扶贫与扶智有机结合。贵州加大投资力度，同时力争国家政策，大力推动教育发展，实现了教育与经济社会协同发展的新局面，助推扶贫战略实施。相较而言，贵州教育资源匮乏、发展水平偏低。为此，政府秉持"教育优先发展"理念，通过健全政策促进体系，强化教育资源投入，用足用好国家各项扶贫教育政策等举措，注重教育经费向三大集中连片特困地区适度倾斜，实现"量质齐升"的新局面。此外，贵州还制定了"特岗教师"政策。截至2015年，全省选聘特岗教师达8万人，对农村教育条件改善发挥了重要作用，提升了学生学习能力水平，贫困地区升学率显著提升，为实施教育扶贫探寻了新路径。

七是探索医疗卫生扶贫新机制。面对"因病致贫"问题，结合国家关于因病致贫建档立卡统计状况，对于一些患大病或者长期患有慢性病的贫困人口存在的负担过重问题，进一步加大医疗卫生扶贫力度，主要聚焦：一是为这部分贫困群体缴纳足够的"新农合"相关费用，并研究将其纳入"大病医疗"保障的范围；二是将相关医疗卫生资源向贫困地区倾斜，方便村民就地就近就医。探索形成"基本医疗保险＋大病保险＋医疗救助"协同扶贫的新型医疗保障体系。同时，通过优化整合"城乡医保""大病保险""医疗救助"等医保资源，为患大病贫困家庭开辟了全覆盖的医疗卫生扶贫救助网络。2016年，临时救助达17.5万人次，医疗救助方面达256.4万人次，以上举措对破解农村"因病致贫、因病返贫"等难题发挥了关键作用。

八是坚守生态底线。深入落实"绿水青山就是金山银山"的新发展理念，全力打造"山地旅游"经济，同时促进生态安全与高质量发展相平衡。贵州生态资源丰富，加上少数民族和汉族对当地生活生产生态资源的高效使用，形成了颇具民族特色的农业生态文化。政府充分结合当地独特生态以及文化资源优势，大力推动旅游业创新发展，以此助推精准扶贫脱贫，并将其相关成果延伸至实现乡村振兴领域。

6.1.3　返乡创业与精准扶贫耦合发展

开展"精准扶贫"工作是新形势下，我国为力争实现"全面小康社会"目标所作出的重大战略部署与富民强国工程。尤其是2013年以来，聚焦这一核心工作，贵州省政府出台了一系列政策和举措，旨在实现全省贫困村脱贫。聚焦此战略，综合施策，本节着重从"产业扶贫"视角深入探讨农民工返乡创业对精准扶贫的影响（张姗，袁鹏举，2020）。

一是稳定性。人才缺乏是制约农村地区贫困主要因素之一，加上农村人才外流导致贫困村陷入恶性循环。为此，贵州省政府相继出台了一系列政策，聚焦支持农民返乡创业，助推为农村经济转型升级发展，为产业创新发展汇聚人才。同时，大力划拨财政资金推进农村产业发展，但人才缺乏是现实困境，大量人才外流致使扶贫产业发展举步维艰。鼓励引导返乡创业者，充分利用其智慧、经验、资金等返乡创业，为带动扶贫产业创新发展提供了崭新机遇。因此，加强人才储备是推动产业可持续发展，破解人才瓶颈的主要举措，稳定产业高效提质发展。

二是带动性。产业扶贫具有显著的溢出效应。以产业扶贫带动返乡创业主体积极融入精准扶贫脱贫，以产业支持政策激发农民工返乡创业的活力和热情，促进农户积极参与产业扶贫。农民工返乡创业具有溢出效应，有助于发展"熟人网络"效应，便于传递先进思想和技能，有益于推动贫困户思想转变，激发贫困户参与就业的积极性，提升扶贫成效，加快推动脱贫攻坚工作。

三是耦合性。鼓励农民工返乡创业，对于推动贫困乡村增收致富，实现精准脱贫意义重大。受制于产业资源限制，在产业发展初级阶段必须让有经验懂技术的农民工参与产业扶贫实践，探索产业发展新模式。受制于地域环境、资源禀赋等差异，产业扶贫资金投向较为分散，导致贫困地区产业发展技术创新投入、人力资本等缺乏，直接影响产业发展。因此，产业发展离不开农民工的积极参与，贫困地区单纯依靠自身资本难以实现产业规模化和现代化，还需要资金、经验等投入。通过促进产业发展带动贫困地区精准扶贫脱贫，激发当地产业发展内生动力。

四是公正性。农民工返乡创业积极融入到扶贫产业，可能会打破利益分配不均的格局。由于返乡创业人员均为本地人，不会因单纯追逐利而做出有损于贫困户利益的事情，加之"熟人社会"网络所拥有的"高犯错成本"，能确保贫困户利益得以有效保障，有助于贫困户更积极地参与产业发展。返乡农民工创业，有利于平衡贫困户彻底摆脱贫困的美好愿景与产业资本追求利润最大化之间的冲突与矛盾，进而实现利益分配更公平，保障贫困户权益。

6.2 中西部地区农民工返乡创业与精准扶贫 协同发展——重庆例证

构建形成长效脱贫机制是重庆推进可持续扶贫的重要抓手，为此，以抢抓产业扶贫为工作重点，大力组织开展消费扶贫，强化培训力度，以有效政策措施促进转移就业，创新为贫困群体提供就业岗位，为进一步实施脱贫攻坚指明了具体方向。农民工是有效促进农村经济稳定可持续发展重要力量，积极引导和鼓励农民工返乡创业，能够发挥其既有资金和技术，又懂得乡情和地情的优势，有助于优化当地产业布局，进一步增强贫困地区"造血"功能，同时，还能够有效带动贫困人口就近就地就业，通过创业拉动就业，促进增收以防范返贫，形成持续脱贫长效机制，实现精准扶贫，助推全面打赢脱贫攻坚战（陈元春，2019）。

6.2.1 农民工返乡创业实践及成效

近年来，为深入实施脱贫攻坚助推乡村振兴，我国经济发展要素和资源不断向农村下沉，特别是贫困地区，逐渐营造有利于农民工返乡创业就业的外部环境。与此同时，为强化返乡创业保障，国家在返乡创新及创业政策保障和支持等方面进一步加大力度，着力探究建立相对完善的农民工返乡创业政策促进和保障体系，返乡创业已经成为拉动农村富余劳动力就近就业、促进农村产业经济稳定健康发展的主力军（杨志明，2019）。

重庆市情较特殊，拥有户籍人口全市超过3300万人，其中，农村剩余劳动力转移就业人数就达823万人，约60%在市内就业，40%转移至市外就业，是农民工向外输出的大城市。近年来，伴随重庆经济增量提质发展，各项基础设施和条件逐步完善，激发了农民工回乡创业热情，形成农村劳动力回流与输出良性互动的新格局。与此同时，为创新驱动创业带动农民增收，着力解决贫困问题，重庆根据当地产业发展优势，创新推动返乡创业。截至2018年底，全市返乡创业人数合计达到51.7万人，占全市的比重为6.3%。创办企业数量达39.8万户，累计带动就业超178.7万人。总体来看，重庆农民工返乡创业呈现出以下三个典型特点。

一是从沿海地区返乡的农民工创业能动性较高。调查数据显示，来自长三角、珠三角以及环渤海湾等地区的务工人员返乡创业人数最高，占返乡创业总数的 60%。在重庆务工的返乡创业人员约占 26.1%，其余省份的占 13.9%。由此可见，在东部发达地区务工返乡创业的人员占据主导地位。

二是第三产业农民工返乡创业占据主导地位。调查数据显示，第一产业返乡创办企业或个体户达到 1.6 万户，占比 14.8%；第二产业创办企业和个体户达 1.4 万户，占比 13.4%，主要覆盖建筑、机械制造、矿山开采等不同领域；第三产业创办企业和个体户达 7.7 万户，占比 71.8%，是返乡创业最集中领域，主要涉及住宿与餐饮、批发零售、交通运输等不同行业。

三是城镇是返乡创业的核心集聚地。尽管农民工返乡创业广泛分布于全市各地，但调查数据表明，返乡创办企业或个体户主要分布在城区（3.1 万户），占比 28.7%；集镇有 5.1 万户，占比 47.9%；村社约为 2.5 万户，占比 23.4%。据此可知，农民工返乡创业集聚集镇的特点凸显。

6.2.2　农民工返乡创业困境及成因

农民工返乡创业在取得显著成绩的同时，也存在着诸多问题，如技术、资金、服务、政策等方面的"瓶颈"，造成返乡创业成功率偏低、存活率不高等问题，致使产业发展后劲不足，严重制约返乡创业积极性，阻碍脱贫攻坚战略实施。

一是人才技术支撑不足。受制于返乡创业地区偏远等因素影响，其创办的企业普遍面临招人难、留人更难等诸多问题，限制企业发展规模。与此同时，绝大多数企业由于缺乏科研力量，也缺乏与科研院所、高校等机构建立合作关系，缺少对产业发展的市场调研，对企业发展带来严重阻碍。此外，由于大多返乡创业人员年龄在 30 ~ 50 岁，且文化程度相对偏低，尽管自身拥有一定的创业技能，但经营、管理、创新等能力较为缺乏，对市场风险的把控更是不足。加上就业人员本身也多是受教育程度偏低的人员，对创业技能培训的投入不足，导致相关的技能人才普遍缺乏，成为制约企业稳定发展的桎梏。

二是创业融资极为困难。返乡创业人员普遍面临着规模小、资产少、可抵押资产不足等现实困境，特别是普遍面临资金不足问题，其创业资金多依靠家人资助、自有积累等途径，且主要用于租赁场地、购置设备等，创业资金严重缺乏，企业陷入融资难、融资贵甚至无法完成创业融资困境。统计调查数据显示，重庆创业人员获得贴息贷款的比例偏低，仅为13.7%，而商业银行贷款业仅占17.1%。究其成因，主要在于信贷担保机制不健全完善，且贷款利率及担保费等较高。此外，由于土地承包权、农村住房等难以进行抵押，导致创业农民工经济压力大，在一定程度上影响创办企业的稳定和可持续发展。

三是服务保障相对不足。目前，重庆初步构建了进城务工农民工公共服务体系，有力推动了农民工市民化进程。然而，聚焦返乡创业的保障服务机制还相对缺乏，对返乡创业服务的统筹机制缺乏。尤其是贫困地区，由于经济发展条件较为滞后，专业的返乡创业服务部门尚未成立，难以为农民工返乡创业提供全面技术指导与服务咨询。同时，由于当地财政收入不足，缺乏对返乡创业应有的补贴和支持，农民工返乡创业的氛围不够。此外，由于返乡农民工对政府分相关扶持政策不了解，在创业中出现的问题找不到合适的解决途径，造成返乡创业的积极性不高、成功率偏低。

四是政策支持不足。当前，重庆初步构建了支持农民工返乡创业的政策促进体系，但多数政策多为指导性的，针对农民工返乡创业特点的扶持政策不足，特别是在融资、土地以及税费等方面的政策不具体，致使政策难以有效实施。同时，由于当地政府主要聚焦于"引大招强"、带动性高的项目，对农民工创业的重视不足，缺乏全面统筹安排。此外，因创业扶持政策具有"政出多门"特点，如贴息贷款由人社部门所管辖，而科技贷则属于科技部门、小微企业补贴主要由市场监管部等，导致相关政策的落实和各项补助间缺乏有效统筹协调，难以落实到位。

综上因素影响，重庆农民工返乡创业呈现规模较小、质量不高的特点，创业质量还有待进一步提升。调查数据显示，返乡人员创办企业或个体户10.7万户，占比15.2%；创办的企业质量普遍不高，多是中小型企业。在10.7万户创办企业中，个体户达到9万户，占比约84%，其余各类企业为1.6万户，占比16%。此外，创业规模在5万元以下的6.9万户，占比 64.7%；5 万 ~50 万元的大约有 2.8 万户，占比 25.8%；50 万 ~500 万元的 0.9 万户，占比 8.6%；规模超过 500 万元的有 1000 户，占比为 1%。

6.2.3 以创新体系建设支撑农民工返乡创业

农民工返乡创业是带动贫困地区脱贫致富的助推器、也是推动农民扩大收入进而助推乡村全面振兴的重要引擎，对于彻底打赢脱贫攻坚战以及决胜全面建设小康意义重大。基于农民工返乡创业影响因素调查研究分析，重庆市提出如下针对性政策和措施，助力返乡创业落地见效。

一是政策推动。着力围绕返乡创业面临的用地难、融资难、服务难等现实困境，市政府先后出台了创业用地、金融保险、税费减免等保障政策，如颁布了《关于引导和鼓励农民工返乡创业的意见》、实施了《促进农民工等人员返乡创业实施方案》、发布了《重庆市返乡创业重点企业贴息办法》等意见和办法，进一步强化政策支持、增强资金补助等支持方式助力农民工返乡创业。与此同时，着力探索创业信用贷、发放担保贷款等，对创办的中小微企业和个体户（确保正常运营半年以上）给予 0.8 万元/户的创业奖励补助。2018 年，全市共计发放创业贷 22.56 亿元，直接拉动 2 万人创业与就业。

二是平台支撑。重庆着力推动返乡创业与创业街、园区等有机结合，加快事实施工业、中小企业园区建设，着力打造返乡创业园区（商贸城、一条街）以及示范区县。通过创建返乡创业园区或平台，推动了农村新产业形态加速集聚。此外，在创业培训、人才引进、优惠政策申报、转移就业等层面彰显集聚效应。2020 年，打造形成 40 个返乡创业市级园区，为农民工返乡创业项目宣介、咨询指导、证照代办、减免房租等方面提供优质服务。实践中，返乡创业园主要聚焦于小型工业园区（如綦江万隆返乡创业园）、小型农业园区（如巫溪观峰返乡创业园）、初创企业（如永川创慧民生返乡创业园）三类园区，推动企业与园区融合共生发展，做强做大。

三是服务保障。重庆以健全农民工服务体系为抓手，创新探索构建形成"覆盖面广、便捷高效"新型服务体系。在政府购买服务方面，大力支持社会组织、人力资源机构等为农民工创业提供全面服务，同时加快培育中介机构、劳务经纪人等市场化主体。伴随数字经济发展，重庆探索运用大数据、云服务等先进技术，着力实施"互联网＋创业"服务，加快推动创业服务数据化和数据服务化。与此同时，进一步加大"放管服"改革力度，着力精简返乡创业行政审批流程，实施"全渝通办"，建立服务绿色通道，着力开展"马上办、网上办、就近办、一次办"等便捷化服务，为农民工城市住房、子女入学、社会保障等领域提供更多便利条件，大力探索农民工"户口入市"绿色通道，为其在城镇稳定创业及就业创造优良的环境。此外，还创办如乡镇社保所、区县农民工办等促进机制，为有意愿返乡创办企业的农民工提供咨询一站式服务。

6.2.4　精准扶贫成效及实践经验

重庆是典型的高山、高寒、连片特困地区，扶贫开发工作十分艰巨，但仍取得了显著成效（见表 6 - 1），同时积累一些成功经验和良好做法。重庆聚焦 2017 年基本脱贫，2018 年做好扫尾工作，2019 年、2020 年巩固脱贫成果等目标。到了 2018 年，重庆脱贫减贫任务基本完成，65 个贫困村实现脱贫。12 万人减贫，全市减贫人口降至 13.9 万人。截至 2019 年，重庆实现 4 个县脱贫摘帽（10 万人脱贫）目标，探索形成高水平整改驱动高质量脱贫攻坚的新路径。

表 6 - 1　　　　　　　　　　2011～2018 年重庆脱贫情况

年份	贫困县 （个）	全市总人口 （万人）	贫困人口 （万人）	减贫人口 （万人）	贫困发生率 （%）
2011	14	3329.81	146.20	33.00	4.39
2012	14	3343.44	202.00	34.90	6.04
2013	14	3358.42	165.30	36.70	4.92
2014	14	3375.20	165.90	36.00	2.09
2015	14	3371.84	70.60	95.30	1.75
2016	14	3392.11	41.93	59.60	0.76
2017	9	3389.82	25.920	16.03	0.76
2018	4	3403.64	13.90	12.00	0.70

数据来源：重庆市统计局。

1. 精准扶贫经验总结

根据扶贫实践，综合贫困发生率等关键指标，分类实施精准扶贫脱贫工作，首批确定了 18 个深度贫困乡镇，主要的做法如下。

一是规划到户。根据市情，重庆编制了《"十三五"脱贫攻坚规划》及其与之相配套的专项扶贫规划，主要聚焦深度贫困区县，专门制定适宜当地条件的产业扶贫规划，形成"上下一体、多方联动"的系统性扶贫规划体系。根据"分门别类""到村到户"具体要求，制定了包括基础设施、特色产业、乡村旅游、科技支撑、公共服务等领域专项规划，力争实现"一户一业""一户一策"。与此同时，根据贫困户情况，探索编制行之有效的"项目清单"，并设置"增收明白卡"，以保障每个村须有 1~2 个能够实现增收的产业，每户须有 1 个能增加收入的项目。此外，加大"包户扶贫"干部考核力度，确保项目落地落实见效。

二是补贴到户。以"户"为基本单元进行"高山生态扶贫"搬迁，聚焦"搬富不搬穷"异议，探索以"农企联建"为主导模式，进而驱动"整村搬迁"，并进行集中安置，扶贫成效十分显著。该种模式实施政府统一规划，精化资源配置，加大农村交通等基础设施建设，助推农业龙头企业扎根乡村，而农户则以土地、宅基地等资产入股，双边联合开发，共同打造特色农业以及建设移民安居点。同时，以"户"为单位实施差异化扶持，每年给予每户 1000 元补助；贫困户子女读高职或中职，每年给予 1500 元补助，特别贫困家庭子女读大学的，每年给予 2000 元补助；对搬迁贫困户，除给予 8000 元的补贴外，还可享受直补资金或信贷补助（贴息率 5%）。此外，还探索实施"帮扶到户"，创建以爱心人士与贫困户以及党员干部与贫困户"一对一"帮扶机制。

三是合作到户。首先，以"户"为基本单元创办农民股份合作社。探索实施以土地或房屋等资产作价入股，并将其换算成相对等的股份，与企业一起联合组建股份公司或合作社，进行股份制合作运营。其次，以"户"为基本单元开展小额信贷扶贫，基于"互助资金、小额信贷贴息"直接入户的基础上，在开州区开展聚焦贫困户的小额贷款扶贫试点。最后，以"户"为基本单元探索"三专两合作"新型模式。大力给贫困户宣传和介绍相关补贴政策，鼓励农户申报扶贫项目。以项目为依托促进传统农户转变为"专业户"，推动"贫困村"打造成"专业村"，并以此创建"专业合作社"，促进合作社与资金互助社以及企业开展项目合作。

四是聚焦产业。为构建长效脱贫机制，重庆专门制定产业精准扶贫规划，以项目带动到户、任务到人，围绕规划实施扶贫项目，确定差异化、错位发展扶贫举措。以"户"为单位进行市场衔接，通过打造乡村"旅游电子商务"平台，将农家乐相关信息以及特色产品和服务信息等免费上网，开展网上宣传、营销。同时，为提高农户适应市场的能力，以"户"为单位进行技能培训（务工技能、实用技能、创业培训等）。此外，还建立小型基础设施，以保障扶贫项目能够顺利实施。

2. 实施差异化精准脱贫举措

以"定点包干"方式，重庆对18个乡镇探索建立以"农业产业链"为核心的贫困户稳定增收模式。各乡镇根据自身的特点，可以提出相对具体的扶贫脱贫目标，如差异化产业或项目发展模式。同时，为解决创业产业发展遭遇的资金短缺瓶颈，重庆探索实施了"资源变资产""资金变股金""农民变股东"的"三变"改革，助推贫困户脱贫增收。此外，为深入推动扶贫攻坚行动顺利实施，重庆还专门安排5000万元专项资金进行交通基础设施建设，着力解决道路不通等问题。

6.2.5 返乡创业与精准扶贫协同发展

为破解农村地区难以留住劳动力、产业发展带动力偏弱等难题，围绕农民工返乡创业，以此通过创业推动贫困村劳动力就近务工，以此稳定就业，为促进贫困户增收，以此带动贫困村聚焦发展和产业结构调整。基于此，返乡创业带动精准扶贫的溢出效应主要涉及资源带动、标杆示范以及产业融合等方面的效应。

一是资源带动效应。为释放返乡创业的产业带动效应，重庆聚焦向贫困地区推动要素资源倾斜，推动返乡创业人员将资金、技术、项目等创业资源延伸至贫困户各个角落，以此激发创新创业积极性。与此同时，还通过实施土地流转或创建农产品深加工基地、大力发展种养殖业、探索发展乡村旅游等产业链，推动农村土地、产业、市场等资源有序流动、集聚，促进贫困地区资源均衡配置与产业协调发展。从实践看，在重庆20个创业园之中有 6 个处于较为贫困的区县。为此，重庆通过采取"公司＋基地＋农户"等灵活的方式，以盘活现有的土地以及劳动力，推动产业发展，带动农民扩大收入，助推精准脱贫顺利实施。如红霖食品有限公司（返乡创业企业），通过就地建造原料基地，并与当地村民签订长期种养殖回收合同，直接带动当地 1000 多户开展种养殖业，实现贫困户增收1.5 万元。

二是标杆示范效应。返乡创业带动了农民工脱贫致富，同时也示范带动了其他农民工脱贫致富。统计数据显示，每位返乡创业人员约带动 4 名人员就业。同时，重庆通过实施"以点带面"模式持续推动连片地区脱贫，同时以返乡创业园区为平台载体，并推动企业推动至贫困地区，在自家门口送上工作岗位，在一定程度上解决贫困户收入问题。如奉节县的夔州渝川制衣有限公司，作为返乡创业带动就近就业的典型，吸纳朱衣镇、夔门街道和草堂镇等贫困村镇 23 人就业，同时也解决了年轻人外出打工致使老人、儿童等照顾难问题。统计数据显示，返乡创业园区带动就业人员，助其增收 3 万多元，初步实现就业促进增收带动脱贫的预定目标。2018 年末，重庆 20 个农民工返乡创业园区，通过创办企业累计吸收就业60.3 万人，占全市吸纳就业人员的 36.1％，直接或间接促动贫困地区就业1 万多人，成为推动脱贫攻坚的关键驱动力。

三是产业融合效应。返乡创业有效带动了农村土地、人才和产业等各类要素和资源科学合理配置，为新时期农村新兴产业培育奠定坚实基础。重庆通过着力发挥创业龙头企业的引领和示范作用，以主导产业发展拉动农村全产业创新发展，有效促进了农村一二三产业互动融合发展。如打造了蔬菜、中药材以及茶叶等农产品原料基地，进而带动农产品加工、服务外包、包装销售等产业发展；以特色养殖业拉动农家乐、乡村旅游、农产品深加工等新业态创新发展。此外，还结合重庆区域特点，大力推动以"园区"为平台的产业链融合发展模式，如永川十里荷香返乡创业园区，通过郁金香、莲藕种植等产业发展，直接推动农家乐、乡村游等提质增量发展；如长寿国家农业科技园区，大力践行"一园多点、一区多园"新型模式，重点打造绿花鸡蛋、长寿柚等特色农产品牌，从而带动周边新市街道、葛兰镇、龙河镇以及石堰镇等乡村特色种植业发展，带动贫困村脱贫致富。

重庆多管齐下，助推农民工返乡创业，有效带动了创业周边农村劳动力就业，不仅有效缓解农村留守儿童、老人等社会问题，还强化了周边村镇的交通等基础设施，增建了文化娱乐活动室等公共设施，改善了创业附近村镇基础设施、人居环境以及教育卫生等公共服务，促进了返乡创业、精准扶贫与乡村振兴互动发展。如开州区返乡创业企业或个体户高达 2800户，有效吸纳就业人员 4.1 万人，3300 名留守儿童、2800 名空巢老人重回家庭照顾，同时实现 3.6 万亩土地流转。创业企业或个体户积极投入公益等基础设施建设，如万州区 189 名返乡创业者投资 3000 多万元，建设道路、桥梁、学校和托老中心等公益事业。此外，一些创业者创办的加工企业和农产品生产企业，成为当地养殖业的带头人，如云阳县凤鸣镇创业人员投资 500 多万元发展生猪养殖产业，年生猪出栏量达 5000 多头，获益900 多万元，直接吸收 37 人就业，有效带动了当地的产业创新发展。

重庆着力探索推进返乡创业与精准扶贫有机结合，通过强化政策支持和保障，为返乡创业者提供土地、厂房等要素资源，打造创业园区、创业街等创业平台和载体，创新提供扶贫贷款和小额担保贷款，营建优良创业环境，推动形成"返乡创业"与"精准扶贫"高效融合、互促发展的新格局。作为推动脱贫攻坚的重要抓手，重庆坚决贯彻落实"真脱贫、稳脱贫"目标要求，持续完善农民工返乡创业政策保障机制，通过返乡创业带动就业、提高技能、扩大收入，助力扶贫脱贫致富，保障精准扶贫战略能够落实落地见效，助推打赢脱贫攻坚战。

6.3　中西部地区农民工返乡创业与精准扶贫联动发展——洛阳例证

洛阳是华夏文明的重要发祥地、国家历史文化名城，总面积 15230 平方千米，其中，市区 803 平方千米，全市常住人口 705.67 万人。"十三五"期间，全市经济总量突破 5000 亿元大关，2020 年更是高达 5128.4 亿元，同比增长 3%，总量位居全国地级市排名 45 位，核心经济指标增速高于全国全省平均水平，位居全省第一梯队。

在对洛阳农民工返乡创业与精准扶贫进行实证研究之前，首先对其自然条件、文化环境、政策支持、人才计划等状况进行深入解析，其次对洛阳农民工返乡创业和精准扶贫实践及其成效进行系统总结，并聚焦分析农民工返乡创业与精准扶贫政策，以此为基础，为后续量化研究两者之间的内在关系提供理论依据。

6.3.1　农民工返乡创业实践及成效

着力推动农民返乡创业，是关乎国计民生的大事，国家高度重视。习近平总书记强调一定要顺应"城乡融合"发展新趋势，着力创造条件吸引人才、资金、技术等要素资源向农村有序流动。发挥产业带动与政策扶持优势，积极鼓励创新创业就业，着力改善贫困地区生产生活环境，增加贫困村民收入。同时，以问题为导向，着力破解返乡创业"融资难、融资贵""用地难""招工难"等诸多问题，探索创新政策支持。坚持以创业推动就业为核心，发挥其示范、带头和倍增效应，确保"稳就业"政策落地见效。

长期以来，洛阳市政府高度重视农民工返乡创业工作，以政策创新支持返乡创业或就业。2017 年，全市为 1.12 万人次返乡创业人员进行创业辅导及培训，同时发放创业担保贷 5 亿元；支持 1.5 万人次进行返乡创业，并带动就业 5 万人。统计数据显示，2017 年 6 月底，全市返乡创业约 4 万人，拉动就业 20.7 万人。2018 年初，开展返乡创业辅导以及培训 1.2 万人次，合计发放创业贷 8.8 亿元，返乡创业 1.5 万人，拉动就业 15 万人。2018 年，全市多措并举，多管齐下，助力农民工返乡创业，吸引创业人数 2.5 万人，直接带动 9 万人就业，创办经营主体 2.2 万个，完成创业辅导 8681 人和创业培训 3234 人。同时，合计发放 112.3 亿元创业贷款，直接扶持大约 12.5 万人创新创业，并直接和间接劳动 43.8 万人就业。

6.3.2　农民工返乡创业政策保障

1. 深入落实"春风行动"

2011 年，洛阳颁布了《关于开展 2011 年春风行动的通知》，旨在通过精化乡村要素资源，科学合理配置资源，为农民工返乡创业做好服务，帮助有意向返洛开展创业和就业，助推返乡创业人员提供技能培训服务，构建形成"服务、培训、维权"全方位的工作机制。具体措施主要涉及：春节前后举办农民工专场招聘会，提供充足场地促进企业与农村劳动者高效对接，实现劳动力供需精准匹配；着力为农民工提供创业、职业、就业等政策指导，特别是针对具体项目开展职业技能培训，提升农民工就业竞争力，同时就地开展时效性较强的创业培训，并助其了解创业项目等相关信息。洛阳市总工会等单位出台专门政策，加快推动创业方面的补贴、培训以及税收减免等政策，以确保小额担保贷落地见效，简化返乡创业相关审批流程，大力提供相关咨询服务。此外，总工会还就培训基地、职业推介等为基础，借力返乡创业保障平台建立创业台账，并深入乡村进行劳动力流动情况进行调研，及时掌控农村富余劳动力流入流出信息。

2. 深化创业技能培训

为全面贯彻 2015 年河南省返乡创业具体工作要求，洛阳结合实际情况编制了大力推动返乡创业人员技能培训的计划和行动，旨在扎实稳妥推进为农村劳动力服务，进一步强化职业技能培训，大力推动返乡创业，激发创业新动能。围绕工作部署，在相关领域重点实施了"春潮行动""岗位证书培训""新型职业农民培育""技能培训强力"等行动计划，着力提高农民工返乡创业就业能力和水平；着力解决创业资金短缺问题，由市人力资源和社会保障局联合牵头，汇通多家部门机构，创新运用财政支持、小额担保贷款、创业投资引导基金及贴息等多元化手段，为返乡创业提供资金保障；精化资源配置，由洛阳市人力资源和社会保障局牵头，联合多家部门机构，打造创业孵化基地、生产经营场地等，支持农村新兴业态发展，同时积极鼓励创办农民合作社、家庭农场或涉农龙头企业等新业态，推动"20 强 50 优"企业创办服务活动，在强化规范中推动家庭服务业创新发展；大力开展创业致富"领头雁"培养计划、科技特派员创业支持行动，加大科技人才服务农民工返乡创业力度，赋能返乡创业。

3. 全方位支撑返乡创业

为扎实做好创业推动工作，洛阳成立返乡创业工作领导小组，进行统筹规划，不断优化服务，为返乡创业提供深层次保障，全力激发返乡创业动力和活力。相关措施为：由洛阳市农业农村局牵头，相关部门全力配合，支持创办"农民合作社""家庭农场""专业大户"等方式，力促

"新型职业农民"与"新型经营主体"一体协同发展；由洛阳市发展改革委牵头，相关部门全力配合，大力支持返乡创业人员充分发掘乡村、乡土以及乡韵内在价值，大力发展特色乡村农业、旅游和休闲观光农业等，有效利用丰裕农村人力资源比较优势，在餐饮、家政、物流等相关领域创办企业，大力引进返乡创业人员在创业园区、产业聚集区以及特色商业园区等进行创业。与此同时，由洛阳市商务局牵头，创新推动农村电商示范村、示范乡及示范县创建，创新鼓励返乡创业人员大力参与农村电商建设。此外，相关部门还通过实施"互联网＋"培训、新型职业农民、巧媳妇工程等培训提升计划，优选部分乡村、乡镇工业园区、休闲农业企业等给予返乡创业基地认定。

4. 强化返乡创业示范项目、园区等认定考核

为深入落实返乡创业载体平台建设，切实提高返乡创业质量，以返乡创业示范项目、园区、县等认定工作，进一步优化提升返乡创业环境，激励农民工返乡创业热情。通过严把评审条件，严格评审过程，严谨评审流程，切实把返乡创业过程中表现突出的示范县、特色专业乡镇、示范项目等优选出来，总结其实践经验和成功做法，提炼出一套可供复制推广的政策和制度样本，为全市进一步开展返乡创业提供参考借鉴。经过层层把关，认真考核评选，2017 年优选出 3 个省级示范园区（伊滨区庞村特色乡镇、栾川县抱犊寨旅游景区有限公司、孟津县生态观光农业十里长廊）和 4 个省级示范项目（洛阳鑫沃牧业科技有限公司、洛阳龙浩农业有限公司、洛阳龙须坡农牧有限公司、洛阳三星有机农业科技有限公司）。

5. 构建"五位一体"保障体系

2018 年，为进一步推动农民工返乡创业落地见效，洛阳通过打造平台、人员、制度、经费、服务"五位一体"返乡创业支持保障体系，稳步推进返乡创业行动深入实施。具体措施主要涉及：以创业大赛牵引，着力为创业项目与投资机构近距离交流提供平台，借助融媒体等方式大力宣介创业典型，营造良好创业氛围环境，加快推动创业项目落地转化；优选职业经理人、天使投资人、成功企业家以及返乡创业带头人等，创建创业指导队伍，加强创业辅导服务；充分发挥创业担保贷款、引导基金等，全面落实政策优惠措施。

6.3.3　精准扶贫实践及经验

洛阳是河南扶贫开发重点地区，有 6 个较贫困的县城，栾川、嵩县、洛宁和汝阳 4 县属于国家级连片特困地区重点县，而宜阳则是国家扶贫开发重点县，伊川为省级重点扶的特困县，占全省 53 个扶贫开发县的 11.3%，任务重，难度大。2014 年，建档立卡时，全市有 44.3 万贫困人口，737 个省定贫困村，占据河南省全部贫困村总量的 72%，其中，栾川县 83 个贫困村，嵩县 104 个贫困村，洛宁县 106 个贫困村，汝阳县 75 个贫困村，宜阳县 103 个贫困村，其余 60 个贫困村分布在伊川县。

"十二五"期间，洛阳完成减贫累计 31 万人，12.9 万户贫困村民搬出大山。截至 2015 年底，全市仍有 669 个扶贫开发村，31.67 万人。全力以赴，计划到 2019 年，全市 6 个贫困县全部脱贫摘帽，切实达到"两不愁，三保障"目标。

6.3.4　精准扶贫政策逻辑

1. 创业致富带头人培训

2015 年，洛阳市扶贫办制定了有关培育和培训创业致富带头人的实施方案，为贫困地区有强烈意向的人员提供创业、能力等层面的技能和业务培训，由此带动贫困户就业创收，逐步脱贫致富，不断提升其创业内在动力（杨建海等，2021），确保稳就业增收，以打破"贫困代际传递"循环。2015 ~ 2017 年，为全部建档立卡贫困村成功培养出 3 ~ 5 名创业致富的带头人，至少带动 3 户贫困户就地就业，为 2 万贫困人口提供增收脱贫保障。

2. 大力发展职业教育

全面贯彻国家和河南省发展职业教育精神，创新推动返乡创业行动，洛阳实施了 2015 ~ 2016 年"雨露计划"职业教育计划，核心主要聚焦农村贫困户子女，大力发展"雨露计划"职业教育，动员鼓励贫困户子女接受就业技能培训，从建档立卡户中筛选出部分有意向乐于接受职业教育的子女，将其作为重点培育对象，凡是符合条件者，只要贫困家庭或其子女提出申请，都可以享受职业教育支持。之后，相关部门对接受职业教育这一群体的就业状况及收入进行跟踪检测，确保扶贫资金落到实处。2016

年，"雨露计划"职业教育实施后，农村技能人才培训需 9670 人，短期技能人才培训约 1860 人。

3. 深入实施就业创业援助计划

2016 年，洛阳开展"春风行动"，以此促动创业就业。一方面，由洛阳市总工会等单位牵头，举办大型招聘活动，主要涉及家政、营销、钳工等就业岗位，援助对象主要覆盖建档立卡的、有就业意向和相关技能的贫困人口。贫困县则以镇为基本单位，组织招聘活动，特别是在"双节"等返乡高峰时段组织实施，岗位多包括挖掘机、装载机、焊工、电工等职业领域，为企业和务工人员提供交流场地，力促双方达成就业协议。同时，相关部门则为贫困户提供就业方面的咨询服务，确保供需双方能够精准匹配，促进就业扶贫落实到户。

4. 实施新型扶贫模式

扶贫的目的旨在有效增强农村基础设施和公共服务能力，改善提升供给效率。洛阳探索建立以股权合作、特许经营以及购买服务等新方式，不断促进与社会资本有效链接，构建形成"利益共享、风险分担"的长效机制，推动扶贫开发工作有序前行。主要做法是市政府出资为贫困地区建设学校、幼儿园等主体工程，而企业承担教学内部装修、设备购置、后期维护等相关工作，打造形成"政府 + 社会资本"双轮驱动扶贫的新模式。在此过程中，政府节省了部分建设资金，企业收获了部分建设收益，贫困地区的农户获得了实惠。贫困地区符合条件的贫困家庭子女能够享受免费入学、入园权利，实现多方共赢局面，为精准扶贫助力脱贫开创了新的路径。

6.3.5　返乡创业与精准扶贫联动发展

洛阳在深入推进农民工返乡创业与精准扶贫进程中，有效发挥两大工作的具有共域性和同时性典型特征（刘溢海、来晓东，2020），创新运用灵活高效、融合互促的推动模式，协同推进二者有机结合开展，同时坚持"农业农村优先发展"总方略（冯景，2019）。具体而言，形成社会化扶贫、产业扶贫、异地搬迁、金融扶贫等地方特色模式，创新驱动两大工程协调推进。

一是社会化扶贫。洛阳市扶贫办通过大力实施"爱心圆梦""金果树"等工程，积极整合社会资本，尤其是中小微企业和民营企业，主动参与全市扶贫开发工作，以改善贫困地区生活用水、网络覆盖、交通设施改善以及垃圾处理等基础设施为主导，充分发挥企业自身比较优势，结合当地要素资源禀赋，大力挖掘贫困地区发展的潜力和，因地制宜地进行投资建厂，围绕特色项目发展，着力提高贫困地区生产生活条件。

二是特色农业扶贫。充分发挥洛阳地区优势，大力实施产业扶贫行动。在调查研究基础上，创新提出"以产富民""以业兴家"新发展思路，结合当地特色发展养殖业或者种植业，探索发展"沟域经济"，政策激励农民工返乡创业，持续提升扶贫"造血"功能。如伊川县白沙镇程子沟村，依托农业工厂大力发展食用菌种植业，直接带动 20 多户贫困户致富脱贫。同时，洛阳通过夯实农业发展基础设施，相继实施了"百乡百村"示范工程、"百千万"高标准粮田示范工程以及民生保障"菜篮子"工程等，延伸农业发展产业链，以产业发展高质量推动返乡创业与精准扶贫工作。

三是利益联结增收模式。洛阳地貌多样化、气候较为温和，适宜发展中草药、小杂粮、蔬菜等产业发展。农业部门通过创新扶贫模式，以"双增效、双保险"机制助推特出色农业发展，助力贫困地区早日脱贫致富摘帽。在政策红利赋能下，贫困地区采用"流转土地＋务工""合作社＋贫困户""扶贷＋入股＋分红"等不同方式开展扶贫行动，确保贫困户能够增收致富，推动脱贫工作有序展开。利益联结机制实现了多方共赢，激发了返乡创业的积极性，带动扶贫工作有效推进，如汝阳县上店镇的宇帆蔬菜种植合作社，与贫困村（布河村）签订 1000 余亩流转土地，与 39 户贫困户签订经营入股分红协议，实现 12 户贫困户有效脱贫致富。

四是扶贫创业园。易地搬迁是符合洛阳某些地区，特别是贫困山区扶贫的主要方式。这些地区普遍面临着交通不便利、产业基础薄弱等诸多限制，致使其生活比较困难，处于重点扶贫的重点对象。结合此特点，只有采用易地搬迁模式进行扶贫开发，以实现集约土地并节约资金。统计数字显示，44.5 万建档立卡贫困人口中，5.9 万人居住深山，占全省易地搬迁总量的 23%。为此，通过实施易地搬迁并建立扶贫创业园平台，依托当地现有条件及设施，以创业园建设为抓手促进返乡创业，最大限度吸纳当地劳动力，助其增收致富脱贫。如嵩县在白河镇惠安等 8 个社区创建了扶贫创业园，吸引 200 户落户园区，通过大力发展服装加工等产业，帮助当地贫困户脱贫致富。

五是金融助推创业扶贫。金融扶贫是助力精准脱贫的重要模式，大力实施金融扶贫有利于推动农业发展、激励创业就业，促进农民增收。为此，洛阳金融机构重点在贫困县镇，以构建农村金融信用保障体系为着力点，以发放贷款为主要手段，大力推动金融产品、惠农模式以及服务流程创新，着力打造农村金融生态圈，提高创业带动扶贫溢出效应。2018 年，洛阳银行合计发放扶贫贷 846 万元，为 201 户贫困户开展创业、发展养殖等提供资助金支持。此外，与洛阳创业担保中心共同发放扶贫贷 4.6 亿元，为 5248 户贫困户改善了生产生活条件；为"带贫企业"发放贷款 1.15 亿元，使得 3151 贫困户就业。如农商银行通过实施"信贷＋信用"模式为贫困户提供创业和扶贫贷款，帮助农家旅店改善升级条件，推动乡村旅游发展，带动贫困家庭脱贫致富。

六是开展多元化培训。为推动农业农村发展，推进乡村振兴落地，洛阳农业部门联合其他教育单位开展多样化技能培训。如开办"农业系统扶贫干部培训班"，以着力提升"三农"干部素质和工作能力。如 2018 年，开办了"新型职业农民培育工程"（果树专业），生源源自洛宁、汝阳、宜阳等地区，共计 48 位学员，主要以提高农户农业发展意识、技能和模式等，充分调动农户的积极性和创造性，以产业大发展提高农户收入，助推扶贫；2019 年，嵩县启动乡村干部"春雷培训"计划，旨在巩固提高村干部业务素质和工作方法，推动村干部扎根乡村，致力于脱贫致富。截至 2018 年底，全市进行农村电商培训 4.6 万人，合计培育了 50 名电商带头人，以此带动附近贫困户就业；栾川县开办"巧媳妇工程"等培训计划，建设返乡创业基地，助推贫困户学习专业技能，提高就业收入。

综上研究，结合洛阳全力扶持返乡创业与大力推进精准扶贫工作发展实践，从干部配备、要素配置、资金投入以及公共服务四个方面总结提炼出洛阳支持农民工返乡创业工作和精准扶贫的联动发展，如图 6-1 所示。

一是干部人员配置机制。洛阳市政府高度重视、统筹推进返乡创业与精准扶贫，督促扶贫办、农业部门等多部门联合，在深入研究统筹推动返乡创业与扶贫脱贫内在关联的基础上，加大政策支持力度，鼓励激励农民

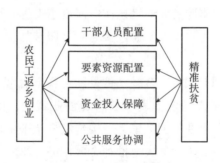

图6-1　返乡创业与精准扶贫良性互动

工返乡创业以带动精准扶贫实施，大力发展特色产业、完善基础设施等，兼顾各方利益需求，大力提高贫困地区生产生活条件。深入实施干部下基层、下沉至贫困地区，协调返乡创业与精准扶贫工作，探索促进二者联动发展的政策和措施，确保返乡创业与精准扶贫互促提质。

二是要素资源配置机制。洛阳在统筹推进返乡创业和精准扶贫同步进行中，以大资源观为视角，强化农村土地、人才等资源科学配置。特别是农村人才资源，市政府就着力提高人才素质，确保优质人才能够农村留得住、用得好，市政府加大农村人才培训力度，开展多种形式的专业技能和职业素质培训，扶贫与扶志、扶技结合，全力提高人才综合素质，以高质量推动创业和扶贫协同推进。与此同时，针对农村土地闲置等情况，着力整合土地资源，设立乡村人才培训中心，变废址、限制土地为宝，统筹资源高效配置，助力创业与扶贫。

三是资金投入保障机制。充裕资金是实现返乡创业与精准扶贫协调互促的关键一环，农村产业发展急需大量资金保障。返乡创业人员依托自我积累的资金、经验和技术等反馈至家乡，以项目和产业为抓手开展创业就业。同时，政府加大对返乡创业人员的金融支持，开发和升级适配的金融产品、贷款等，为返乡创业人员提供资金支持。此外，市政府还与金融机构配合，探索实施"扶贫＋担保"贷款模式，为贫困户解决就医、上学等问题提供优惠贷款，助推其主动参与创业与脱贫攻坚工作；为返乡创业企业、合作社以及家庭农场等提供贴息、财政补贴，着力破解创业资金短缺瓶颈与制约，激励创业企业更好吸纳贫困人口就业增收，以带动贫困人员脱贫致富。

四是公共服务协调机制。为有效推动创业和扶贫稳步推进，市政府大力实施交通强基、兴修水利、卫生教育等民生工程，着力推动乡村基础设施全覆盖，改善农村人居环境，推动农村特别是贫困地区生产生活便利化。同时，还实施垃圾处理、"厕所革命"、生活污水分类治理等行动，以提升农村公共基础设施，为返乡创业带动精准扶贫提供基础保障。此外，政府还在完善村庄路网、照明设施、改门窗改管线等细节处着眼，大力提升村风村貌，打造良好的公共活动场所和空间。进一步加强公共服务设施建设，对幼儿园、卫生室、老年活动中心等进行规划整合，着力消减城乡二元差距，提高贫困地区农民的幸福感和获得感。

6.4　总结与探讨

深入研究农民工返乡创业与精准扶贫对接的案例发现，农民工返乡创业与精准扶贫主要通过机制行为耦合、基础行为耦合和政策行为耦合三重耦合，实现了农民工返乡创业与精准扶贫互动发展的良性格局，形成直接成效（脱贫攻坚取得全面胜利）和溢出效应。溢出效应主要体现在：一是政治溢出效应。以习近平新时代中国特色社会主义思想为指引，进一步巩固并提升党的执政基础和基础组织领导，坚定中国特色社会主义自信。二是组织溢出效应。在统筹协调提升乡村治理体系和治理能力现代化的同时，锻造提升了青年干部领导能力。三是经济溢出效应。不断提高贫困地区经济发展韧性，筑牢高质量发展的农村基础，着力实现农业与农村经济稳定可持续发展。四是社会溢出效应。进一步激发贫困群体的公共精神和意识，大力提升了人民群众的精神面貌与发展动力。五是文化溢出效应。发展弘扬了民族传统文化时代价值，维护和推动了以公平正义为核心的社会文化。

2021 年伊始，我国进入全面推进"乡村振兴"关键期，这是"三农"工作重心的历史性转移（王晓毅，2022）。站在向"第二个百年"奋斗的历史关口，全社会应积极主动作为，顺势而上，充分发挥并利用好返乡创业与扶贫脱贫衍生出的政治经济、社会文化等溢出效应，牢牢把握五年过渡期，进一步巩固精准扶贫和脱贫攻坚重大成果，持续健全乡村振兴体制机制，深入推动乡村治理体系和治理能力现代化，着力推动乡村振兴高效落地见效，高质量推动农业发展，切实实现乡村宜居宜业，创新引领"三农"工作全面提质增效发展（王亚华、舒全峰，2021）。

第7章 中西部地区农民工返乡创业与精准扶贫有效对接的机制构建

7.1 中西部地区农民工返乡创业与精准扶贫的政府市场协同机制

7.1.1 资源生成是政府和市场协同机制的前提基础

政府和市场在资源生成与资源配置领域耦合互动，才能克服贫困地区农民工返乡创业的市场和要素限制。贫困地区特别是集中连片贫困地区市场发育不完善问题客观存在，农村地区要素资源基础薄弱流失严重现象突出。农民工返乡创业无法按照有效市场体系形成价格信号，引导各创业企业依靠要素禀赋结构比较优势形成竞争优势。

市场机制是农民工返乡创业投身市场必须面对、适应和运用的客观规律；然而，在贫困地区农民工返乡创业实践中，面临的却是分割的城乡生产要素市场、片面的生产要素区域与城乡流动；即使具有城乡统一的要素市场和区域与城乡间要素的全面流动，返乡创业企业面临的依然是不利的市场境遇。长期以来，贫困地区相对落后的基础设施与公共服务、农村地区经济的分散性、农业的天然弱质性，都会制约返乡创业企业对生产要素的吸引力和积聚度。所以，仅有自由竞争的市场机制，无法保障贫困地区农民工返乡创业获得必需的各类生产要素，政府必须通过完善基础设施和制度安排确保贫困地区生产要素回报至少不低于其他竞争性区域，才有助于促进各类生产要素流向贫困地区，农民工返乡创业才有机会融入当地土地、资本、人才、信息等生产要素汇聚的良性循环。

促进贫困地区农民工返乡创业，政府首先要从弥补当地资源配置的"市场失灵"问题发挥作用。贫困地区的农村要素在成本收益驱使下，顺应市场机制向非贫困地区流动，谋求通过在经济相对发达地区的要素实现获取更高要素回报。所以，在完全市场经济条件下，贫困地区的可流动要素资源，向哪里流动、在哪里积聚主要是受要素价格信号引导。贫困地区长期以来产业发展滞后、要素回报水平低，单靠本地条件难以留住本地可流动高质量要素资源，产业配套不健全也导致本来企业运营不确定性高，使得在贫困地区创业投资周期长、风险大、收益不稳定。长期以来，贫困地区落后的基础设施、薄弱的产业基础、持续的要素外流，处在区域经济发展图谱中的低势能区位不断循环累积。所以，如果完全依靠市场机制发挥作用，农民工在贫困地区返乡创业难以吸引各类生产要素，市场机制越是跨区域发挥作用，贫困地区农民工返乡创业越是面临生产要素大规模流失的局面——一种农民工返乡创业面临的市场失灵，即要素按照市场机制跨区域配置越是充分，返乡创业企业在贫困地区依靠市场机制吸引和积聚适当生产要素的能力就越受限制。为此，在贫困地区农民工返乡创业面临的不利资源配置方面，政府必须发挥自身优势，集中、高效地向贫困地区配置资源，为农民工在贫困地区返乡创业构建稳定的有利资源配置制度环境。

促进贫困地区农民工返乡创业，政府更要重视贫困地区的"资源生成"问题。与前面提到的政府发挥自身优势引导可流动生产要素资源向贫困地区积聚相比，政府在贫困地区资源配置方面发挥作用的另一重要阵地应该是贫困地区的"资源生成"。贫困地区有很多不可流动的"历史"资源，伴随精准扶贫进程的推进也积累下不少"新生"资源。通过政府有效发挥作用，这些"资源"可以转化为服务当地农民工返乡创业的生产要素资源。在政府主导的精准扶贫进程中，这些"资源"向生产要素的转化，是原已存在或随着精准扶贫进程客观需要的新近生成，通过政府的"有形之手"使之由静态进入动态，转化为生成性和生产性的产物，由潜在"生产性资源"转化为动态性、经济性和生产性兼具的现实"生产性资源"乃至生产要素。例如，贫困地区特别是集中连片贫困地区往往集中在山区，山区的一座山体，不加开发只是静态的自然资源；如果政府明晰其产权、流转其经营、开发和使用权，使得这一山体进入动态经营，则山体就转化为了当地返乡创业可资利用的生产要素，静态自然资源转化为动态经济资源。随着长时间大规模精准扶贫进程的推进，客观需要存在和发展的贫困地区基础设施和公共服务，有许多也符合上述资源生成的特性，这些资源是继以市场为主进行配置的产业资源之后具有向生产要素转化的潜在经济资源。在贫困地区对这些潜在经济资源的生成、开发和利用，是政府义不容辞的责任。所以，随着精准扶贫的推进和乡村振兴的接续实施，广大贫困地区的乡村生产性基础设施、乡村生活性基础设施、乡村生态环境和乡村社会发展基础设施，以及逐步试点布局建设的数字乡村系列工程等，都将经历一个从无到有、积少成多和现代化融入的过程。如果把它们视为潜在的经济资源，这些资源均具有基础性、不可贸易性以及准公共物品性质。如果说政府已经在这些资源的"生成"中发挥了积极作用，那么，政府应该继续在这些资源向农民工返乡创业可资利用的基础性、不可跨区域贸易性和准公共物品性的生产要素方面发挥作用，为贫困地区农民工返乡创业积聚有利于在当地形成竞争优势的要素资源。

总之，农民工返乡创业是一种市场现象，也要尊重市场规律：它是市场主体在一定条件下进行权衡后的理性选择，有效的市场机制作用于这些返乡创业的微观经济主体，可以激励和调动返乡创业微观主体的主观能动性，驱动他们及时、准确地根据市场信号变化，形成市场预期、作出经营决策和采取应对举措。而贫困地区农民工返乡创业的不利市场条件，可以在政府主导的精准扶贫和接续实施的乡村振兴中得以克服：面对贫困地区在市场主导的资源配置方面的发展窘境，政府须以"有形之手"引导可流动生产要素向贫困地区流动；同时，要适时将贫困地区的已有和积累的潜在经济资源转化为服务当地农民工返乡创业的生产要素资源，为他们面对市场积聚有利于在当地形成竞争优势的要素资源。所以，政府和市场耦合互动是贫困地区促进农民工返乡创业的内在需求。

7.1.2 特色产业是政府和市场协同机制的产业载体

积聚当地优势禀赋资源发展特色产业是精准扶贫的产业扶贫和接续推进的乡村振兴的产业振兴的重要抓手，也是返乡创业农民工的创业选择的"首选产业"。精准扶贫进程中导入贫困地区的要素资源与适时积累转化的生产要素资源汇合成贫困地区具备竞争优势的要素禀赋结构。贫困地区的这种特色要素禀赋结构决定了当地生成要素的相对价格，进而衍生出贫困地区具有比较优势的特色产业选择。

形成贫困地区具备竞争优势的特色禀赋结构，需要从贫困地区的区位、气候、地形等"静态"条件出发，通过精准扶贫和接续推进的乡村振兴，政府适时加强贫困地区公共基础设施、网络信息化和公共服务提供方面建设，转化潜在经济资源为现实生产要素。

贫困地区的区位条件特征直接影响交易成本、运输成本和产品或服务的辐射半径。在贫困地区市场发育不成熟，当地广大居民、主要市场主体甚至基层政府产权意识相对封闭，产权界定与流转程度有限，即使当地自然资源产权配置不合理，由于交易成本过高，也很难通过当地经济主体之间的"讨价还价"形成自发有效的改进资源配置的帕累托改善。贫困地区往往都是偏远地区，交通路网不发达，交通路网决定的运输特点直接影响当地产品和服务的运输成本。交通的时效性和成本高低也直接影响产品或服务的辐射半径。贫困地区的气候与地形条件特征直接影响特色产业选择和产品种类。由于贫困地区的地形地貌和气候特点，特色农业和特色农产品一直是贫困地区的重要产业选择。比如，贫困地区的海拔高度，光照强度对于特色农业特别是果蔬产业受影响就比较大。

从贫困地区这些"静态"条件出发，有效实施公共基础设施和信息化设施供给，有助于将这些潜在经济资源转化为现实生产要素。在持续推进的精准扶贫进程中，贫困村基本都打通了交通"最后一公里"，甚至有的贫困地区实现了公路"户户通"。随着交通条件的改善，特别是邻近高速公路的贫困地区，在精准扶贫进程中实现了与高速路网的连接，使得这些贫困地区交通网络四通八达。为其他要素资源的物理导入和贫困地区特色产品的物理转出提供了有利条件，也为发展当地特色产业奠定了基础。精准扶贫和接续推进的乡村振兴进程中的数字乡村建设，大大改善了原来贫困地区的网络信息化程度，甚至搭建了扎根贫困地区的特色产品电商平台。为更大范围的市场主体和消费者了解贫困地区，为贫困地区的特色产品的更大范围辐射奠定了信息化基础。

贫困地区潜在经济资源向现实生产要素的持续转化为农民工返乡创业提供了区域特色禀赋基础；返乡创业农民工群体是对贫困地区最有感情、最了解当地潜在资源的市场群体之一；上述物的因素与人的因素的有机结合，将会促进贫困地区特色要素禀赋结构催生具有比较优势的特色产业。

返乡创业的农民工是乡村能人，这些积累了资金、开阔了视野、初步具备了市场运营能力的能人"乡贤"。区别于当地传统居民，他们努力突破当地传统社会意识，充当当地特色产业发展的探路者，在整合和激活生产要素资源发展当地特色产业中具有示范、引领和带动作用。

贫困地区农民工返乡创业促进当地特色产业发展为精准扶贫市场化长效脱贫机制的建立开辟了一条道路。精准扶贫与持续进行的乡村振兴中政府对贫困地区的要素导入与资源盘活为农民工返乡创业发展特色产业准备了特色资源禀赋；农民工返乡创业促进当地特色产业发展为贫困户识别分化、集体资产发展壮大、贫困地区脱贫内生动力形成创造了市场条件。精准扶贫进程中贫困户的有效识别是前提，在此基础上，如何对认定的贫困户根据是否具有劳动就业能力进一步识别分化是精准制定帮扶举措巩固脱贫攻坚成果建立长效扶贫机制的基础。相较于政府部门、外来的市场主体，返乡创业农民工对当地居民了解程度要熟悉得多，而且基于地缘血缘关系进一步了解当地贫困户具体情况的成本也低得多。所以，对于吸纳贫困户就业、联合贫困户创业方面，返乡创业农民工可以有效识别出具有劳动能力而且积极上进的贫困群体，双方实现良性互动共同发展的概率更高。提供产业扶贫精准帮扶效果的同时，分化了贫困户群体，降低了财政兜底实施帮扶的成本，有助于建立长效扶贫机制。返乡创业农民工使用的特色资源禀赋与政府的积极作为紧密联系在一起，根据目前农村"三块地"改革和"三变"改革的实际，这些资源以及资源市场化使用的部分收益将转化为集体资产和集体资产收益。农民工返乡创业使用和盘活了集体资产，使得原本"静态"的潜在经济资源得以转化为现实的生产要素，并在市场经济循环中带回收益。集体经济组织得以从无到有、从小到大，不断成长。集体经济组织凭借对集体资产所有权、经营权等获得的集体资产收益可以进一步回馈集体成员、巩固脱贫成果。返乡创业农民工、就业贫困户与集体组织的良性发展，对于贫困地区发展的示范带动作用循环累积，有助于汇合成贫困地区发展特色产业、壮大集体经济、奔向共同富裕的内生动力。

7.1.3 　产业升级是政府和市场协同机制的持续动力

政府通过导入外来要素和激活当地潜在经济资源形成贫困地区的特色

资源禀赋，农民工返乡创业立足当地区位、地形气候等条件，利用精准扶贫和持续进行的乡村振兴中政府持续发力的公共基础设施和数字乡村建设成果，盘活特色资源为有比较优势的特色产业，政府与市场协同作用下的贫困地区特色产业发展已成为精准扶贫以来很多贫困地区脱贫致富的重要路径。特色产业的发展不是静态的，农民工返乡创业与精准扶贫对接的政府与市场协同机制也不是一成不变的。

　　贫困地区特色产业发展一旦起步，返乡创业的农民工和特色产业本身在市场竞争中都会遇到这样和那样的问题；在一个个微观、中观和宏观的个性或共性问题破解中，资源禀赋和市场主体不断经历市场的洗礼，驱使着特色产业的发展升级。特色产业升级的动态过程中，除了市场作用外，为了持续将特色资源禀赋转化为特色产业的比较优势与竞争优势，还需要有为政府的介入，适时完善主要的公共基础设施、健全主要的产业发展制度环境，消解特色产业升级的不利因素与发展约束。

　　驱动特色产业升级的市场机制和完善要素禀赋结构的有为政府协同发力，有为政府的职能与有效市场的机制相向而行相辅相成，才能为贫困地区特色产业升级保驾护航。政府与市场协同发力并非两者没有边界，具体到贫困地区特色产业升级进程中，要根据产业升级的问题属性厘清他们的边界。一般而言，在贫困地区特色产业发展进程中，产业升级的个性问题一般应由返乡创业的农民工个体或其他市场主体通过市场机制解决；在贫困地区特色产业发展进程中，共性问题往往要交给各级政府，通过政府部门协调、体制机制改革、公共基础设施或公共服务供给等方式解决。所以，农民工返乡创业基于前期政府与市场协同形成的特色禀赋，发展当地特色产业，在特色产业发展进程中，返乡创业农民工与其他理性的市场主体在要素价格波动的信号指引下，发挥特色资源禀赋优势，不断优化具体的产业发展环节，在促进特色产业发展中不断提升自身的资源要素整合和利用水平。有为政府有效识别并因势利导返乡创业农民工在特色产业升级过程中的不利因素与发展约束的化解，促进支撑当地特色产业升级的设施、服务与制度等要素的健全与完善。

　　特色产业升级是一个历史的动态过程，也是推动农民工返乡创业与精准扶贫对接的政府市场协同发力的持续动力。在特色产业发展和升级进程中，返乡创业农民工在市场机制下遵循当地特色要素禀赋的比较优势，动态调整自身组织经营方式，寻求最低生产成本、追求最大市场利润，在不断培育竞争优势中发展壮大，进而为特色产业升级奠定微观基础。在贫困地区农民工返乡创业促进特色产业发展和升级的每一历史阶段，有为政府适时介入，为当地特色资源禀赋的转化升级、特色产业比较优势的持续巩固，提供必要支撑。特色产业发展与产业升级的收益外溢是产业扶贫、巩固脱贫攻坚成果，进而形成脱贫长效机制的重要物质保障。

7.2 中西部地区农民工返乡创业与精准扶贫的主体利益链接机制

7.2.1 主体联结是主体利益链接机制的运行基础

农民工返乡创业与精准扶贫对接涉及政府、农民工、贫困户、集体经济组织以及企业等各类主体，政府主导生成贫困地区特色资源禀赋、返乡创业农民工促进禀赋转变为具有比较优势的特色产业，贫困户通过政府与集体经济组织与企业相连，嵌入特色产业链条脱贫发展。上述多元主体的联结是确保利益链接机制运行、要素市场收益合理分配、创业企业发展、特色产业升级、贫困户脱贫的基础。

在精准扶贫的产业扶贫实践中，贫困地区政府与市场协同，依靠生成的特色资源禀赋探索出了不少产业扶贫模式；但是，由于没有实现多元主体的联结、主体利益链接机制不畅，不少贫困地区产业发展与扶贫效果都打了折扣；经常出现政府财政扶持低效、产业发展不持续、扶贫企业太功利、脱贫效果不理想等问题。如果要克服精准扶贫产业帮扶中出现的这些问题，需要在政府、企业、贫困户乃至集体经济组织之间构建优势互补、作用协同、收益匹配、良性互动的主体联结共同体。与以往的诸多产业扶贫模式相比，农民工返乡创业与精准扶贫对接，返乡创业农民工的乡土性"乡贤"特征，更有利于实现上述多元主体之间的良性联结。

农民工返乡创业与引入外来企业相比，返乡创业农民工出于血缘、地缘关系，以及"衣锦还乡""回馈家乡"等诉愿，能低成本识别"不同生产力水平"的贫困人员，更希望当地产业持续健康发展。内生动力不足是制约贫困地区特色产业发展的重要因素。政府介入贫困地区的资源生成，初步形成特色资源禀赋后，当地外出农民工返乡创业具备了产业发展比较优势，身边人的创业带就业行动、创业促产业发展态势，具有更强的示范效应，更有利于将当地具有生产能力的贫困户乃至其他居民从沿袭已久的生产生活习惯中拉出来，诱导当地居民进行生产生活习惯的变迁，从贫困地区内部形成发展产业脱离贫困的动力。

与外来企业相比，农民工返乡创业企业与当地贫困户联系相对密切，容易克服两者之间的市场实力位差，实现主体联结。外来企业与当地缺乏物质和人力资本的贫困户相比，在双方嵌入特色产业链条后，企业往往在特色产业链条中处于优势地位，而贫困户则处于弱势地位。在市场化力量驱使之下，企业和贫困户在追求和分享市场收益时，双方很难确定稳定的利益平衡点。当双方无法对发展收益分配形成稳定预期时，注定两者的联结关系不稳定。返乡创业企业则不然，返乡创业农民工群体与当地贫困户具有地缘甚至血缘关系，双方天然契合的乡土性，有利于贫困户与创业企业间市场实力位差的调和。这种社会关系有助于"钝化"双方同受市场利益驱使的棱角，增加双方的非市场性黏合度，使得两者的联结关系更稳定。

与外来企业相比，返乡创业企业农民工群体与当地基层政府联系相对密切，容易克服两者之间的信息不对称，实现主体联结。贫困地区与市场发育相对成熟的先进地区相比，地方政府尤其是基层政府在与外来企业协同推进当地产业发展实施产业扶贫方面，对企业了解少也缺乏有效的驾驭市场的手段。在这样的现实经济环境下，如果当地政府无法有效监管企业行为，持机会主义立场的企业会有动机借助信息优势采取谋求更高利润的行为。比如，可以把从政府争取来的部分生产要素（土地、资金等）投入到不宜政府监管但对企业自身回报率高的行业或部门，偏离政府优惠政策引导企业发展特色产业实现产业扶贫的初衷。而返乡创业的农民工群体与当地基层政府"距离"更近，相互了解程度也更深入，即使存在貌似"精英捕获"的问题，往往也不会导致巨额生产要素资源的外流。地方政府尽管不一定具有很高水平的驾驭市场的手段，但是，基层政府通过当地"土渠道"了解返乡创业企业是顺畅的。返乡创业群体特别是"乡贤"基于社会层面的考量也会限制企业由于信息不对称而导致的产业扶贫方面的机会主义行为。

与外来企业相比，农民工返乡创业企业与当地基层政府和贫困户在产业发展和产业扶贫目标上容易契合，实现主体稳定联结。外来企业与政府任期共同作用下，在发展特色产业推进产业扶贫方面往往更注重短期效果。在政府任期考核的驱动下，地方政府有动机在导入和激活资源的基础上，充分使用精准扶贫帮扶政策，作用于外来企业特别是规模较大的企业，短期内大规模推进当地精准扶贫工作；至于多元主体间的长期稳定关系以及产业持续发展和巩固脱贫成果，则无暇顾及或是缺乏有效的长远规划。但是，农民工返乡创业，创业群体和企业与包括贫困户在内的当地居民和地方政府特别是基层政府社会联结更紧密。当地特色产业的持续发展、贫困户的持续脱贫与创业企业的发展壮大具有内在一致性。企业与当地居民之间更容易形成稳定的创业就业带动与收益分享关系；企业与当地政府特别是基层政府也容易基于支持政策与长效扶贫的激励约束机制形成稳定联结。

7.2.2　要素衔接是主体利益链接机制的运行通道

农民工返乡创业与精准扶贫对接要将特色资源禀赋变为涉及主体的凭借，即借以参与特色产业发展市场收益分配的依据。政府在精准扶贫和接续推进的乡村振兴中在贫困地区生成的经济资源、配置的帮扶政策，要与贫困户、集体经济组织链接，进而转化成农民工返乡创业企业的比较竞争优势的一部分。诸多要素通过多元主体联结基础上形成的合理衔接，促进了特色产业发展—市场利益的源泉，配置了资源要素产权—市场利益的分配。

从农民工返乡创业与精准扶贫对接的落脚点出发，作为产业扶贫借以发生的一种通道，目的在于通过农民工返乡创业，创业带动就业，通过产业发展的示范带动作用，发展当地经济、壮大集体资产、助力贫困户脱贫。贫困户归根结底是受益于产业发展的市场收益外溢实现脱贫，返乡创业企业是通过与集体经济组织或贫困户本身发生经济联系，使用人力要素、土地要素资源，政府是由于农民工返乡创业企业帮扶贫困户脱贫而向其倾斜政策性要素资源。正是这种要素的有序衔接，才能实现通过市场收益解决贫困户的脱贫困难，同时，尊重市场规律照顾返乡创业企业的自身利益，也打通了集体经济组织资产与收益增长的通道。

要素衔接赋予贫困户获得生产要素收益的权益，拓宽贫困户收益渠道。贫困户从经济的角度陷入贫困难以脱贫，根源往往在于当地产业不发达、自身生产要素资源拥有和实现水平低，无法获得持续收益。在精准扶贫和接续推进的乡村振兴中，农村产权制度改革不断推进，集体经济组织也正在得以重塑。随着"三块地"和"三变"改革的深入推进，贫困户的土地承包经营权、宅基地使用权、集体资产收益权都会转化为贫困户的重要收益来源。这些资源为农民工返乡创业企业所用，嵌入当地特色产业发展的产业链条中，贫困户凭借自己直接的要素权利以及通过集体经济组织间接赋予的要素收益权利，参与当地特色产业发展的市场收益。政府通过改革为贫困户赋予了当地生产要素的产权，贫困户通过与农民工返乡创业企业直接联系或通过集体经济组织间接联系，让渡要素使用权参与市场收益分配，返乡创业企业通过要素使用权和倾斜性政策具备了发展特色产业的特色资源禀赋。

要素衔接促使有劳动能力的贫困户直接融入返乡创业企业的生产服务过程，增强贫困户脱贫动力。在精准扶贫和接续推进的乡村振兴中如果贫困户只是接受政策扶持而游离于产业链条之外太久，即使有劳动能力也会逐渐丧失参与产业链条的信心乃至意愿。如果有劳动能力的贫困户间形成"惰性传染"，一则增加政府帮扶的财政负担，二则导致当地劳动力供需失衡，更重要的是不利于贫困居民的全面发展与代际传承。返乡创业农民工群体是贫困户身边的"能人"，他们不仅率先走出去发展了起来，而且又返回来创业带动身边人发展。与外来企业相比，返乡创业群体就是贫困户身边熟悉的人甚至是他们的亲朋好友，他们之间文化相近、风俗相同，比较容易建立互信并通过"廉价谈话"交流沟通。要素衔接使得贫困户要么凭借倾斜政策分享创业企业发展收益，要么亲身参与创业企业生产服务过程获得劳动报酬，甚至通过出让要素产权以股东身份融入创业企业的生产运营并享有分红。要素衔接使得贫困户通过不同渠道和层次参与到返乡创业企业当中，在不同程度上观摩、学习并收益，收益水平的差异也驱使着贫困户有动机不断深入融入创业企业而产生市场化脱贫的内生动力。

要素衔接赋予返乡创业群体当地特色资源禀赋使用权，有利于现代产业与当地禀赋的恰当对接。贫困地区表现为区域性贫困的原因，除了与区位、气候、资源等因素有关，往往与市场化程度和社会制度等因素有关。政府在精准扶贫和接续推进的乡村振兴中的要素导入和资源激活等都是重要的外在力量，试图通过重塑当地的特色资源禀赋打破贫困地区的低效均衡。有了特色资源禀赋，还需要导入适合当地特色产业发展的市场化生产方式，才能突破原有的当地内部条件限制。外因通过内因起作用，这些外部条件作为外在冲击作用于贫困地区的生产要素、生产方式、社会风俗乃至区域性制度时，如果脱离了当地条件，找不到和当地环境、要素与制度的利益连接点，即使短时间轰轰烈烈地搞起了现代产业项目，也往往会由于项目在当地只是落地而无法生根，最终销声匿迹。返乡创业群体作为返乡"乡贤"是最合适导入有效生产方式与当地条件对接的主体。通过要素衔接，返乡创业群体被赋予了转化当地特色禀赋资源的权利与使命，他们自带项目或引入项目，利用比较优势发展当地特色产业。他们不仅能够实现要素资源与生产方式的有效对接，而且本身的当地"乡土性"天然与本地社会风俗、区域性制度相连接。所以，通过返乡创业企业有助于在贫困地区导入先进生产方式，利用本地特色禀赋，融合本地社会风俗，促进当地特色产业持续发展。

7.2.3 园区集中是主体利益链接机制的运行载体

通过农民工返乡创业企业配置要素资源、发展特色产业、助力贫困户持续脱贫，一方面必须尊重返乡创业企业小而活的经营特点，另一方面也要破解创业企业小而杂、散而弱的现实问题。引导创业企业向农民工返乡创业园集中是现实当中各地采用的比较普遍的方式。政府集中规划建设农民工返乡创业园，引导创业企业在园区集中，便于政府导入的外部要素资源和政策倾斜资源的集中投放、使用与监管；便于当地特色产业集约化、规模化、链条化发展以及导入园区的先进产业信息在创业企业间的外溢、学习、模仿与扩散；便于贫困户多渠道分层次集中参与市场收益分配。

主体利益链接机制的难点在于贫困户分享市场收益以及市场化脱贫内生动力的形成。农民工返乡创业企业在园区集中，根据企业的实际情况使用当地特色禀赋资源，禀赋需求信息在园区内集中发布，通过政府精准扶贫信息平台或集体经济组织传递当地贫困户。贫困户自发的或是经基层政府、集体经济组织协调，将自身的要素资源在园区配置或是通过基层政府、集体经济组织配置政府赋予的资源要素产权。由于政府直接参与特色资源要素的生成及向集体经济组织乃至贫困户的赋权，而且贫困户与返乡创业企业的要素衔接又通过政府精准扶贫信息平台且在园区集中实现，便于对贫困户参与特色产业链条配置产权过程进行市场服务与监管。返乡创业企业在园区集中便于实现当地特色产业的集约化、规模化，以相对集中的区域特色产业在细分领域的"大生产"对接大市场。基于"创业企业＋贫困户""创业企业＋集体经济组织＋贫困户"等基本形式，与返乡创业园区和多种集体经济组织相组合，形成的多种产业扶贫模式都可以在园区获得发展，保障特色产业健康发展这一市场收益源泉。贫困户多渠道分层次参与市场生产和收益分配在园区集中体现：有劳动能力的贫困户可以到园区创业企业让渡劳动力使用权直接参与生产获得劳动报酬，即使没有劳动能力也可以凭借集体成员资格权参与分配用于园区开发建设的集体建设用地流转收益，具备自组织生产能力的贫困户还可以通过参与创业企业的委托经营和订单生产分享收益，如果自由资产或政府通过集体经济组织赋予的要素权力参与创业企业筹建运营还可以获取股金等要素收入。在园区便于组织贫困户以多种形式积极参与到当地特色产业发展各个环节当中，不仅可以多渠道分享特色产业发展的市场收益，还可以了解学习如何拓展自身参与特色产业分享收益的渠道与方式，激发贫困户主动积累自身资源、扩展参与特色产业方式的市场动机，在创业企业与贫困户互利共赢中以主体利益链接驱动贫困户乃至贫困地区的脱贫内生动力。

以园区为载体，在推进贫困地区特色产业发展进程中巩固和拓展农民工返乡创业与精准扶贫对接形成的主体利益链接机制。精准扶贫进程，以返乡创业园为载体，转化当地特色资源禀赋为比较优势，集中返乡创业企业发展特色产业，在产业细分领域实现"大生产"与大市场对接，有助于贫困地区的特色产业持续健康发展，保障贫困户持续脱贫的市场收益源泉。在持续进行的乡村振兴中，这种特色产业发展通过主体利益链接机制落实产业扶贫的探索应该坚持、完善和发展。一是进一步完善主体利益连接机制，促使市场收益由贫困户向原贫困地区脱贫农户和一般农户家庭扩展。要与农村"三块地"和"三变"改革相融合，引导原贫困地区更多农户像上面谈到的贫困户一样，通过做实特色资源禀赋的农户产权，多渠道多层次参与当地特色产业发展分享产业发展的市场收益。二是进一步探索农村产业发展服务机制，使得农村地区产业发展波动性下降、预期性增强，主体利益链接机制能够向当地农户输送的市场收益更稳定。以园区为载体推进当地特色产业集中发展，降低了农村产业发展公共基础设施和服务的供给成本，为切实提高贫困地区特色产业发展科技服务和信息服务水平提供了可能，也为保险、期货等分散农村地区产业发展风险的市场机制的形成提供了可能。

7.3 中西部地区农民工返乡创业与精准扶贫的核心要素对接机制

7.3.1 功能互补是核心要素对接机制的出发点

农民工返乡创业与精准扶贫对接，可以看作产业扶贫落地的一种具体形式。通过农民工返乡创业带动当地特色产业发展，以创业带动就业和特色产业发展的市场收益外溢，带动嵌入特色产业发展链条的贫困人口脱贫。精准扶贫进程中的政府主导作用，向贫困地区导入政策、资金、信息、项目等外来要素资源，但是，这些要素资源与当地禀赋资源相结合并转化为比较优势，尚需要特殊市场主体发挥创造性联结作用。农民工返乡创业是一种市场化行为，返乡创业群体返回贫困地区创业势必遭遇用地、政策、资金、信息和项目等约束，创业成功需要与精准扶贫进程中政府导入的这些要素资源相对接。如前所述，返乡创业群体作为返乡的"乡贤"在市场化运作、联结当地特色资源和社会风俗、文化习惯等方面具有天然的优势。与精准扶贫进程中导入外来企业，实施企业主导型产业帮扶相比，在形成比较优势和利益链接机制方面具有天然优势。

功能互补实际是指精准扶贫进程中政府导入的核心资源与返乡创业农民工群体具有的低成本将贫困地区当地要素资源嵌入特色产业链条的"特殊禀赋"之间的互补性，即政府导入的资源通过返乡创业群体在贫困地区得以落地生根，返乡创业群体的创业行动通过接入政府主导的用地、政策、资金、信息和项目等要素，提高自身创业成功率，促进当地特色产业健康发展。

在精准扶贫进程中实施的产业帮扶，长期以来主要是政府主导型和企业主导型两种，企业主导型主要是引入外来企业。这两种类型各有优势与局限：就政府主导型产业扶贫方式而言，政府可以发挥短时间集中调配资源的优势，在集中资金投放、实施倾斜政策、定点技术帮扶等方面具有企业主导型扶贫模式所不具备的优势，长期以来，一直在我国扶贫各个阶段发挥着重要作用。不过，政府主导型产业扶贫模式也具有一定的局限性，比如前文已经提到的政府任期问题，政府主政官员任期与贫困地区产业扶贫周期不一致，地方政府官员追求短期政绩而贫困地区脱贫需要产业持续健康发展之间存在时期错配的问题。除此之外，政府主导型产业扶贫模式中，政府部门对生产要素、政策资源乃至具体生产环节往往干预过多，资源配置效率、政策扶持效应和产业运行实效往往比较低，客观上存在产业扶贫减贫效应打折扣现象。就企业主导型产业扶贫模式而言，企业在配置生产要素、产品或服务对接市场等微观运营方面具有天然优势，所以，近年来政府开始通过引入外来企业、扶贫帮扶政策向企业倾斜，引导企业将贫困人口纳入企业收益分配环节，带动贫困人口脱贫。不过，这种以引进域外企业实施的市场主导型产业扶贫模式也暴露出了自身局限，即域外企业以追求企业自身利益最大化为目标，最大程度使用贫困地区要素资源和帮扶政策，尽量降低扶贫任务带来的企业"负担"，当地要素资源、扶贫专项资金、扶贫帮扶政策综合使用创造的企业利润与带动的当地产业发展和贫困人口脱贫效果方面存在较大差距。可以说，域外企业与当地政府和贫困人口之间的利益链接机制不完善。

可见，近来的精准扶贫和接续推进的乡村振兴已经越来越重视通过政府与市场的协同，促进政府主导核心要素与市场主导核心要素两者对接，政府主导的核心要素导入企业主导型产业扶贫模式在理论上的确有助于提升扶贫效果：在政府主导核心要素资源的诱导下，域外企业通过资本下乡到贫困地区投资兴业，整合政府主导的要素资源、企业自身的要素资源、贫困地区当地的特色资源，以"公司 + 贫困户"的基本模式以及在此基础上衍生的其他变种形式对贫困户进行产业帮扶。这种产业扶贫模式可以优化资源配置、洞悉市场动向又联结贫困户分享市场收益。但是，这种模式存在两个弱点：一是激活当地特色资源，二是完善包括贫困户在内的主体利益链接机制。如前所述，相较于外来企业，返乡创业农民工全体可以"乡贤"身份、与当地天然契合的"乡土气"，低成本激活当地特色资源，构建多渠道贫困户分享市场收益的利益链接机制。

所以，政府主导的核心要素资源与企业主导的核心要素资源具有功能互补特征，这一特征是农民工返乡创业与精准扶贫对接的核心要素对接机制的出发点。

7.3.2　空间共域是核心要素对接机制的现实依据

如前所述，精准扶贫与农民工返乡创业具有空间共域性：中西部地区"三农"问题较为突出，是精准扶贫发力的重点区域；同时，中西部地区农民工返乡创业呈现加快发展态势，发展态势已呈超越东部地区之势。中西部地区农民工返乡创业热潮的日益兴起，不仅打破了中西部贫困地区农村劳动力向发达地区单向流动之势，也为中西部贫困地区以农民工返乡创业带动就业，进而解决当地贫困问题提供了重要力量。鼓励引导广大中西部地区优秀农民工返乡创业，能够发挥返乡创业农民工群体熟悉当地乡情、地情的优势，致力于打造真正适合中西部贫困地区实际的特色产业，增强中西部贫困地区的自身"造血"功能，有效带动当地的贫困群体就近就地多渠道多层次参与产业收益分配，构建起脱贫长效机制。

精准扶贫与农民工返乡创业的空间共域性还具体体现在两者在目标、产业发展及帮扶政策等方面在中西部贫困地区的协同性。在目标协同方面，中西部地区精准扶贫在于通过包括产业帮扶在内的多种举措，促进当地产业发展、增加贫困群体收入，降低贫困发生率，即要满足当地贫困群众实现"两不愁三保障"，提高提高中西部贫困地区人均收入，将中西部地区贫困发生率降至3%以下；支持产业发展、贫困群体就业都会在客观上促进农民工返乡创业。中西部地区农民工返乡创业，对于返乡创业农民工群体而言，通过创业带动当地贫困居民就业；对于返乡创业企业而言，将当地特色资源禀赋转化为具有比较优势的特色产业；所以，提高农民工返乡创业成功率和创业规模，有利于通过有特色产业发展带动就业助力当地贫困群体脱贫。精准扶贫的产业扶贫特别是以解决贫困群体就业为主要目的扶贫产业，与农民工返乡创业的产业领域高度契合。扶贫产业项目的实施需要在贫困地区落地生根，需要当地具有一定运营管理水平的创业人才，而主动返乡创业的农民工恰恰是开阔了视野、积累了经验、具备了一定经营管理水平且熟悉当地风俗人情的创业人才；由于中西部贫困地区长期以来主要以发展第一产业为主，贫困群体对于与当地第一产业发展相关联的就业机会也更熟悉，所以，以解决贫困群体就业为主要目的的扶贫项目，重点应该发展特色农业以及与特色农产品加工相关的第二产业和第三产业。而中西部贫困地区的返乡创业农民工创业产业选择也多立足于本地具备潜在竞争优势的特色禀赋资源，所以，往往与上述扶贫项目的产业选择高度雷同，而参与承接产业扶贫项目也就成为农民工返乡创业的重要产业和项目支撑。在中西部地区实施精准扶贫，无论是公共基础设施供给、集体经济组织重塑、贫困地区产业发展及贫困户脱贫本身，都具有很高的"政策密集度"；而这些扶持政策的落地实施，无论是改善公共基础设施、发展集体经济组织，还是助力产业发展与贫困户就业增收，对于农民工返乡创业，在创业环境改善、创业项目参与、创业资金筹集等都有直接和间接帮助。对于农民工返乡创业实施的用地支持、普惠金融、人员培训等政策扶持，客观上也都与扶贫条件改善、扶贫产业发展、就业与收入机会增加相协同。

精准扶贫的重点区域与农民工返乡创业的集中地区在中西部贫困地区高度重合；返乡创业农民工群体中相当比例的人员即为原来中西部贫困地区的贫困群体；返乡农民工创业成功与贫困群体成功脱贫都有赖于外界环境、生产要素与帮扶政策的支持。核心要素对接的空间相同，核心要素对接的实施主体与承接主体统一，驱动核心要素对接的目的与追求核心要素对接的效果匹配。所以，精准扶贫与农民工返乡创业具有空间共域性是核心要素对接机制的现实依据。

7.3.3　逻辑一致是核心要素对接机制的成功保障

中西部贫困地区的精准扶贫特别是产业扶贫与农民工返乡创业具有逻辑一致性，正是这种逻辑一致性才能保障精准扶贫领域政府主导的资源、要素、政策等核心要素与返乡创业企业具有的资源、要素与禀赋的成功对接，促使农民工返乡创业与精准扶贫在中西部贫困地区相向而行。

中西部贫困地区在精准扶贫进程中政府不断改善当地公共基础设施，导入项目、资金与政策等扶贫资源；但是，中西部贫困地区青壮年高素质劳动力持续外流，抑制了扶贫政策效果的发挥。政府整合精准扶贫资源出台政策支持中西部贫困地区农民工返乡创业，使得农民工返乡创业与精准扶贫核心要素得以对接，为中西部贫困地区承接优惠政策与资源发展当地特色产业提供了契机。精准扶贫实施以来，国家向中西部贫困地区投入大量财政资金和产业项目，但是，苦于缺乏具有市场化能力的承接和运作主体。长期以来，中西部贫困地区大量人才单向外流，使得中西部贫困农村逐渐失去发展现代产业的人才支撑，导致当地特色产业的发展即使有优惠政策加持也是举步维艰。吸引外出农民工返乡创业，经过市场洗礼的返乡"乡贤"，具备了较好的发展当地特色产业的自身资源禀赋。他们作为促进当地特色产业发展的创业者、经营者和管理者，整合使用各类核心要素资源，变核心要素资源为具有比较优势的市场竞争力，促进当地特色产业发展，多渠道多层次带动当地贫困群体增收就业实现脱贫发展。农民工返乡创业与精准扶贫的产业人才需求逻辑一致性，保障核心要素的有效对接。

如前所述，精准扶贫进程中不乏政府引进外来企业在中西部贫困地区实施产业扶贫。外来企业的当地融入成本较高，外来企业发展、当地产业发展与贫困户脱贫的目标一致性并非天然吻合，协调成本较高。往往导致精准扶贫与企业在当地产业发展方面核心要素对接不畅，影响外来企业、当地特色产业发展，最终不利于贫困地区和当地贫困户分享市场发展成果。返乡创业企业相比较而言则有比较优势。返乡创业群体的"乡土性"与当地基层政府、当地要素资源禀赋、当地贫困群体具有天然的联系，融入成本和协调成本都比较低。返乡创业企业与当地紧密的社会联系在核心要素对接中从激励和约束两个方向会起到积极作用：低成本用好精准扶贫资源、盘活当地特色禀赋，发展具有比较优势的特色产业与农民工返乡创业具有利益一致性；紧密的社会联系有助于缓解政府、返乡创业企业与贫困户之间的信息不对称，无论是政府对返乡创业的监督成本还是创业企业对贫困户的甄别成本，都比较低，贫困地区受益与特色产业发展、贫困户分享创业企业市场收益的程度，与外来企业相比，都更理想。农民工返乡创业与精准扶贫利益分配的逻辑一致性，保障核心要素的有效对接。

激发贫困户的就业参与和脱贫内生动力一直是精准扶贫需要克服的难点问题。从精准扶贫的产业扶贫实践来看，至少出于两方面原因，导致贫困户产业扶贫参与度偏低：一方面，引入企业的产业选择与当地资源禀赋契合度不强，与当地贫困户的技能条件匹配度低，贫困户难以融入企业的生产实践，企业也不想以降低劳动生产率为代价而引入贫困户就业，宁可通过其他非生产途径向贫困户让渡部分收益；另一方面，中西部部分贫困地区曾长期接受政策扶持和财政救济，客观上引发和助长了部分贫困户的"等靠要"思想，而且这种现象在当地具有"传染性"，使得相当一部分贫困户安于现状、坐等救济，不愿意参与到产业发展当中去。如前所述，农民工返乡创业的身边人正向示范效应有助于抑制"等靠要"思想的传播，特别是在返乡创业园集中参与产业生产实践的贫困户容易通过多渠道多层次分享市场收益而形成致富示范效应，激发贫困户的脱贫内生动力。农民工返乡创业与精准扶贫正向激励传导的逻辑一致性，保障核心要素的有效对接。

第8章 中西部地区农民工返乡创业 与精准扶贫有效对接的保障体系

农民工返乡创业驱动精准扶贫是中国式现代化的一项创造性系统工程。其实质是以创业保脱贫，以扶贫促就业，激发返乡人员创业需求，创造就地、就近就业机会。其实现基础在于加快培育经济社会发展新动能，形成返乡创业多维度、多渠道、多层次的宏观格局，构建内生动力充沛、资源整合全面、项目推进灵敏、社会服务精准的保障体系。

8.1 中西部地区农民工返乡创业 内在动力保障体系

返乡创业的理论基础是推拉理论和需求层次理论。首先是推拉理论："拉力"源于农村地区在"精准扶贫—乡村振兴"场景持续作用下的社会真空亟须填补；"推力"源于中国式现代化场景下城市人口过度集聚及社会体制瓶颈形成的"积食"亟须疏解。其次是需求层次论：部分农民工通过一定时期的"城市镀金"积累物质资本、人力资本及社会资本，完成需求层次跃迁，自我实现的需求日益增长。综合以上分析，有关部门应在以下两个方面加大工作力度：一是优化外出务工人员返乡创业政策体系，二是加大外出务工人员返乡创业的宣传引导力度。

8.1.1 优化农民工返乡创业政策体系

政策是农民工返乡创业的"领航员"和"保供员"，制定完善合理的政策体系是返乡创业驱动精准扶贫的重要路径。一是要厘清"一条线"——尊重客观规律。宏观把控农民工群体的要素禀赋和资源特征进行政策设计，避免主观臆断，强化客观判断，立足于返乡农民工的真实诉求，结合中国式现代化的社会实际。二是要分清"点和面"——集中与分散相结合。把牢财政、税收、信贷三大抓手，多项措施面状推进，有效衔接，综合施策，不断提高政策之间的耦合性、协同性、系统性。三是要廓清"天和地"——保证政策设计"顶天立地"。既要"仰观"规模与效益，稳定经济总量、优化产业结构，更要"俯视"质量与细节，洞察"三农"发展的现实需要，以具体的、可操作的、透明的技术措施和实现路径，切实增强政策供给的有效性。做到既"上接天线"又"下接地气"。四是要扫清"路障"——增强政策操作的机动性和灵活性。打开挂牌上市、专利申请、成果转化等绿色通道，减少审批程序、降低流程环节成本，提供一站式便利服务，充分发挥政策的导向作用和服务功能。五要完善监控机制。比如工作指导跟踪机制、政策效果评估机制、实时动态进出机制等。

8.1.2 加大外出务工人员返乡创业宣传引导力度

当下，返乡农民工创业意愿虽强，但对于中央、地方的相关激励政策认知度不足，或全然不知、错失良机，或一知半解、坐困愁城，或将信将疑、束之高阁，一定程度上误导政策实施效果的评估，制约返乡创业的良性发展。为破解困局，首先是强化宣传力度：针对不同类型政策分类解读、推介，最多、最广、最快地利用多渠道宣传手段，在政策落地的前、中、后期全过程营造良好的舆论氛围。其次是深化行业培训：一是找准外出务工返乡人员的内在需求与外部环境的契合点，如对现有培训资源进行整合，对培训项目进行龙头培育等，精准编制培训计划；二是有效提高创业培训便利性，扩展培训渠道，如线上线下相结合、增发创业补贴等，拓展培训对象，如本地失业人群、潜在创业人员等；三是完善创业导师制度，有教无类，创业成功的务工人员、乡镇企业家、电商平台负责人、高级技工、乡村艺术家、乡村运营师等均可被选聘为创业导师，进行创业辅导；四是推动创业实习基地建设，合理利用中西部地区与东部地区的帮扶协作机制，一方面定期邀约成功企业家、农业工程专家、科技工作者、投资团队等到本地分享交流经验心得，挂牌实习基地，另一方面定期输送劳动力到东部地区交流工作，学习先进理念技术，合作双赢；五是跟进思想教育工作，驻村"第一书记"应充分发挥模范带头作用，抓好龙头企业领导团队的思想政治建设，时刻保持先进性。

8.2 中西部地区农民工返乡创业资源整合体系

中西部很多地区"天赋异禀"，或自然景观独具一格、或人文历史底蕴深厚，或稀有资源储量丰富，但打通"任督二脉"者寥寥，大部分未能走上持续发展的良性轨道。其重要因素之一是人力资源的撬动作用薄弱，而返乡农民工的回流为弥补此短板提供了历史机遇。返乡创业人员多半兼具乡村"精英"的地位认可，在特定区域内富有号召力和影响力，社会关系既深且广，具备整合要素资源的天然优势。区域管理者应因势利导，因地制宜，统筹城乡，形成多元活跃、持续稳定的返乡创业项目源群。应做好以下两方面的工作。

8.2.1 加大信息物流平台建设投入

首先是农村基层公共服务平台。比如，就业、养老等社会保障平台，登记、融资等小微企业服务平台，供销、医疗等社区服务平台。其次是互联网基础服务平台。深化与电信、联通、移动等大型互联网运营商的合作，扩展业务、升级基站、提速降费，加快构建城乡全覆盖的高标准互联网基础设施网络。再次是电子商务服务平台。比如，展示、宣传功能为主的电子商务体验平台，交易、结账功能为主电子商务结算平台，退换、维护功能为主的电子商务售后平台等。最后是物联网服务平台。构建覆盖市到村四级的物流基础设施网络，争取物流平台深入村庄末端，提升物流配送速率，保障双向供给顺畅，有条件的村庄可以融资建设大中型仓储基地。

8.2.2 高质量建设农民工返乡创业园

各地要切实开展返乡创业园建设可行性分析，可采取线上线下相结合的方式进行全面摸排，结合中国式现代化建设的实际需要，重点对返乡创业人员和预选区域产业基础、空间布局的核心诉求进行调研。盘活现有园区存量的软硬件资源，以初创期"种子培育"为重点，以聚集创业要素、降低创业成本为抓手，引导创业企业在早中期集聚发展，完成孵化。厘清返乡创业园区的用地属性，原有用地性质为非农用地或新编国土空间规划中已划归城市建设用地的区域，按照相关规划要求开发建设，差额用地指标可通过宅基地整理、经营性集体建设用地整理来补充。对用地属性符合的创业园区，应在不改变原有用途与权属的基础上进行开发建设。

8.3　中西部地区农民工返乡创业项目推进体系

既要发挥"无形之手"，又要发挥"有形之手"，双管齐下，有效对接返乡创业和精准扶贫工作。农民工返乡创业驱动精准扶贫的成效某种程度上取决于政府和市场在资源配置上的力量配比，比例合适则凝聚合力，形成政府有为和市场有效的双赢格局，反之，则相互掣肘、收效甚微。县乡政府在实际工作中应兼备原则性与灵活性，鼓励服务中介购买政府服务，因地制宜地引导返乡创业工作。为此要做好以下两项工作。

8.3.1　县、乡政府部门要充分发挥服务功能

一是加强创业业务指导服务体系建设。运用大储量云计算建立多学科交叉、多领域覆盖的专家数据库，为创业人员提供实时技术支持。二是强化创业考察学习服务制度。建立返乡创业示范样本库，加大外出务工人员返乡创业先进典型和经验的宣传力度，有计划、分阶段地组织外出务工人员参观、考察、观摩、学习，并在对比学习中开展创业经验交流会，弥补他们在创业认知上的不足和经验上的欠缺。三是加强创业培训和教育服务体系建设。发展网络教育、继续教育等面向农民工的服务，定期开展"互联网＋"创业等专业培训，推动教育资源向农民工开放，提升农民工文化素养，丰富农民工科学知识，强化农民工职业技能，明确农民工在返乡创业市场中的"主人翁"地位，敢办事、会办事、不怕事。在实际培训过程中可以"分班管理"，根据不同区域的社会条件、不同创业者的市场诉求细分施教；在实际培训内容上可以适当"划重点"，如政策领悟能力、机

会判别能力、科学生产技术、企业管理思维等，突出实效性和针对性。

8.3.2 壮大区域龙头企业，形成促创业增长极

一是延展龙头企业的产业链条，培育特色产业集群，带动农民工返乡创业。二是加速农科成果转化，鼓励科研单位创办农业科研成果快捷转化服务平台，方便返乡创业人员找项目、筹资金、请专家。三是积极吸纳社会资本，返乡创业紧靠政府财政补贴供不应求，应积极争取本地大中型企业的帮扶，提供资金、技术、人才等，同时发掘潜在的民间资本，如水滴筹、众创空间等。四是发挥人才示范作用，落实科技特派员制度，培育一批青年明星企业家，将发达地区"双创"促发展的成功模式引入中西部地区并复制，形成大众创业、万众创新之新格局、新业态、新模式。

8.4 中西部地区农民工返乡创业社会公共服务体系

农民工返乡创业带动精准扶贫，要打造全过程、全链条、全领域的一站式、一体化服务，全面统筹医疗、教育、住房、养老等民生底线问题。具体工作包括以下两方面。

8.4.1 完善农民工返乡创业公共服务

各地要以"政府提供平台、平台集聚资源、资源服务创业"的整体思路组织开展工作，借助现有或搭建新的政府服务平台，提升服务效能，盘活社会资源，以便捷简易的方式释放政策红利，促创业、保就业。返乡创业人员应统一纳入社保，守好住房、教育、医疗、养老等民生底线。一是完善基层公共服务平台，保证创业人员返乡后社保关系转移顺畅、企业注册快捷高效，尤其对于电商、物流、大数据等新兴业态，应及时制定相应对策使其顺利纳入社保覆盖范围。二是探索返乡创业最低社会保障制度，减轻乃至化解返乡创业风险。三是建设返乡创业保障配套社区，以人才公寓、安置房或廉价租赁房等为手段，保证新生企业吸纳的不同层次劳动力

都能够生有所居、老有所养，培育宜居宜业和美社区。

8.4.2　加强返乡创业市场中介组织建设

合理运用政府向社会力量购买服务的机制，充分调动教育培训、创业服务、电商平台等领域的行业协会、群团组织等社会多方参与的积极性，帮助返乡主体突破创业初期发展瓶颈。培育壮大专业市场中介服务机构，帮助返乡创业人员完善管理，开拓市场，为返乡创业人员提供市场分析、管理指导等方面的深度服务。鼓励跨区域拓展大型市场中介服务机构，促进市场中介服务体系专业化、社会化、网络化在输出地的形成。

总之，农民工返乡创业驱动精准扶贫需要构建包括内在动力、资源整合、项目推进、社会服务等在内的一系列保障体系，它们之间是一个有机联系的内在统一体。其中，内在动力是先决条件，返乡意愿转化为行动至关重要，其中的宣传和引导不可忽视；资源整合是基础条件，其中基础设施和园区建设缺一不可；项目推进是创业和产业发展重要抓手，其中处理好政府和市场关系是实现政府有为和市场有效的关键一招；社会服务和中介服务是实现农民工返乡创业驱动精准扶贫可持续发展的现实考量。

第9章 中西部地区农民工返乡创业与精准扶贫有效对接的配套政策

9.1 中西部地区农民工返乡创业与精准扶贫对接的宏观配套政策

9.1.1 建立健全区域协作政策保障中西部贫困地区形成资源生成制度

建立健全区域协作政策，通过发达地区要素导入，在中西部贫困地区探索形成资源生成制度是破解贫困地区资源贫乏、要素欠缺的根本性举措。在精准扶贫前期政府更侧重向贫困地区导入来自发达地区的要素资源，精准扶贫后期，则要在中西部贫困地区探索形成资源生成制度，即形成一种制度，使得中西部贫困地区具有持续整合前期导入的发达地区资源与当地潜在资源的能力，将它们转化为发展当地特色产业的优势禀赋资源。

更新资源经济价值观念，重视挖掘中西部贫困地区的乡村多元价值，在中西部贫困地区探索激活当地生态、生活和文化资源价值的途径。在中西部贫困地区拥有诸多自然风光优美、传承"天人合一"传统理念的古村落和聚居区。可以充分挖掘利用这些典型地区的自然环境、田园风光等乡村特色生态资源，将其转化为发展生态农业和乡村旅游的现实性优势禀赋资源。而且，在中西部贫困地区也延续着很多低碳、慢节奏的生活方式。与发达地区的繁华喧嚣相对比，这种接近人类原初状态、宁静闲适的乡村生活，处处体现着返璞归真的康养价值。如果开发挖掘得当，这些中西部贫困地区的乡村生活价值有可能向着经济价值转化，转化为发展休闲、养生、健康、养老等产业的禀赋优势。同时，在中西部贫困地区由于乡村与外界的相对隔绝，在中西部贫困地区的不少乡村，还保留着当地独特的建筑风格、风俗习惯及道德规范。这些特色内容保留和传承了优秀的中国传统文化，如果因地制宜做好相应的科学定位和规划，不仅能够促进它们向彰显乡村特色及文化底蕴的经济价值资源转化，还有助于活化乡村历史文化，形成传承优秀中国传统文化的活化石。

借助发达地区的现金要素载体，在中西部贫困地区打造一批市场化投资载体是促进贫困地区这些资源由潜在"生产性资源"转化为现实"生产性资源"的制度运行主体。中西部贫困地区的市场化投资载体，在精准扶贫之初，往往需要大力吸引外来的发达地区的投资载体。伴随精准扶贫进程的推进，中西部贫困地区大量生产生活基础设施立项投资建设后亟须可持续运营。政府可以通过发展集体经济组织，委托集体经济组织引入发达地区的运营团队市场化运营这些基础设施；在后续项目推进中，还可以利用政府独资或者是与来自发达地区的社会资本合资、合作以及股份制等形式，在中西部贫困地区投资、开发和建设生产生活基础设施项目。政府独资、合资、合作乃至股份制的各类投资载体与当地集体经济组织联合贯通，借助发达地区运营团队的有效运营形成当地资源要素形成的可持续生成和运营局面。

在中西部贫困地区引入资本市场支撑的发达地区资金运营模式是提升贫困地区资源生成的财政支持效率的重要途径。贫困地区是资本市场发育最不成熟的区域之一，精准扶贫的资源导入主要运用财政资金，财政资金撬动发达地区的外来资本参与当地生产生活基础设施建设和资源生成的效率比较低。精准扶贫进程中中央政府大力支持的金融扶贫包含资本市场支持贫困地区发展的相应内容。这些金融支持手段提供了发达地区市场主体联合贫困地区利用资本市场发行债券、设立扶贫项目基金、实施扶贫项目资产证券化等打开了资本市场通道。来自发达地区的投资载体可以运用捆绑经营、融资租赁、资产抵押和置换，以及项目特许经营权资本化等，在贫困地区持续打造出一系列较为完善的生产生活设施相匹配的特色产业园区。

所以，建立健全区域协作政策，通过财政金融手段导入发达地区要素、载体与团队，在中西部贫困地区形成资源生成制度，通过市场化投资载体和可持续资金运营，为建好当地特色产业园区提供制度保障，才能确保农民工返乡创业与精准扶贫实现有效对接。

9.1.2 建立健全城乡要素平等交换政策保障中西部贫困地区土地产权收益

努力打破城乡要素资源定价的地域封闭性和城乡分割性，在中西部贫困地区培育流转顺畅的土地产权市场，通过城乡要素平等交换盘活贫困地区当地禀赋资源。在中西部贫困地区基本农田占比相对较低，山地、林地、丘陵地往往占比较高，农村集体建设用地资源宝贵但往往细碎化且闲置。伴随农民承包地、农户宅基地和集体经营性建设用地确权颁证的基本完成，培育流转顺畅的土地产权市场就成为盘活贫困地区禀赋资源的重要制度性举措。

山地、林地和丘陵地等土地资源是贫困地区发展特色农业的基础资源。培育流转顺畅的土地产权市场，使得原本零散的土地资源得以规模化整合，使得使用期限不明确的土地资源得以使用预期长期化。这些土地资源融合当地的区位、气候和交通条件，发挥当地的土特产品优势、弘扬当地传统农耕习俗，将成为发展特色农业的具有比较优势的特色禀赋资源。

实现城乡要素平等交换可以提升农村集体建设用地这一贫困地区建设特色产业园区积聚现代生产要素的土地产权收益。在中西部贫困地区由于地形地貌原因，即使同一农村集体经济组织的集体建设用地资源往往也是分散的，不利于集中开发。培育流转顺畅的土地产权市场，将不同集体经济组织的相近农村集体建设用地资源进行整合，通过城乡要素平等交换，便于贫困地区借助土地产权收益分享社会资本进行园区建设与开发的"地租"红利。

在中西部贫困地区培育流转顺畅的土地产权市场实现城乡要素平等交换需要一系列制度建设。首先，要积极探索激活农村闲置土地的有效制度。对于中西部贫困地区，由于集中开发前土地价值相对较低，有条件低成本探索实施农村闲置承包地、宅基地和农村集体建设用地激活使用。可以根据实际情况尝试"土地整治"模式、"地票交易"模式和"集地券"模式等不同方式对"三块地"进行盘活利用。其次，要努力构建公平竞争的农村土地流转市场秩序。对于中西部贫困地区，由于市场化程度低，当地经济主体缺乏驾驭市场能力，所以，构建公平竞争的土地流转市场秩序重在提高当地经济主体的产权行为能力，提高当地经济主体适应市场变化、驾驭市场风险的能力，强化当地市场主体运用市场手段保障自己各类土地参与流转的合法权益。最后，要大力营造健康有序的土地流转市场环境。要加强土地产权交易市场监管，严厉打击贫困地区农村土地产权交易市场中的各类违法违规行为，保护贫困地区农村土地产权交易市场的正常发育。

在中西部贫困地区建立健全城乡要素平等交换政策，培育流转顺畅的土地产权市场，盘活贫困地区当地禀赋资源并取得城乡要素平等交换的土地产权收益，才能确保农民工返乡创业与精准扶贫实现有效对接。

9.2　中西部地区农民工返乡创业与精准扶贫对接的微观配套政策

9.2.1　基层服务主体整合服务政策服务返乡创业园区建设促进有效对接

在中西部贫困地区完善返乡创业园区建设是整合资源、落实政策、发挥返乡创业和精准扶贫示范带动作用的机制载体。中西部贫困地区陆续建立的返乡创业园区已成为当前重要的农民工返乡创业平台。接下来，基层服务主体要整合服务政策，在原有园区平台基础上进一步整合资源、优化流程，为当地农民工返乡入园创业提供优质营商环境。

在土地确权、流转顺畅条件下，中西部贫困地区在规划城乡开发用地时，要充分考量农民工返乡创业的用地需求，通过规划园区建设用地并为园区留足备用空间来解决返乡创业农民工的实际问题。并通过在园区落实返乡创业和精准扶贫优惠政策，引导返乡创业农民工在园区集中。

进一步聚焦农民工返乡创业园的创业诉求，有针对性加强基层政府部门工作效率和办事效能。针对园区返乡创业群体的政策诉求，在地方政府信息化平台中设计返乡创业事务信息化办理专区，简化返乡创业群体办事流程。

进一步聚焦农民工返乡创业园的服务诉求，有针对性地加强园区积聚的农民工返乡创业企业特色服务。集中园区建设、工作机制优化吸引优秀的返乡创业农民工集中在返乡创业园区进行创业实践。这一创业群体不同于一般招商引资引进的企业或创业人员，要针对返乡创业农民工的认知特点、产业类型、商业模式等特征，提供涵盖土地产权、资源整合、专业技术、商业运营、企业考核评估等诸多内容的一体化专门培训服务。

进一步聚焦农民工返乡创业园的产业诉求，有针对性地加强农民工返乡创业企业的集群培育、品牌推广。农民工返乡创业企业立足当地资源禀赋多从事特色产业创业，限于资源禀赋的数量约束，产品供给规模往往较小。完善园区建设必须立足企业这一特点，引导小企业向特色产业集群发展，培育地域特色产业品牌，提高特色产品附加值。

在中西部贫困地区基层服务主体整合服务政策优化返乡创业园区建设营商环境，通过资源整合、落实政策，不断破解农民工返乡创业企业从事特色产业的规模限制，不断提升特色产品地域品牌影响力，提升产品附加值，才能确保农民工返乡创业与精准扶贫实现有效对接。

9.2.2　建立健全返乡创业主体激励政策形成主体间利益联结促进有效对接

在中西部贫困地区农民工返乡创业园区建立健全返乡创业主体激励政策，构建起精准扶贫政策资源向返乡创业群体的利益传导机制、返乡创业企业市场收益向贫困户的利益分享机制，是保障两者有效对接的激励机制。在返乡创业园区集中打通政府定向产业扶贫资金由返乡创业企业集中使用通道，缓解创业企业筹措资金压力，提高基层政府扶贫资金使用和监管效率；借此将贫困户与返乡创业企业相联结，打通创业企业市场收益向贫困户的直接和间接分配渠道，破解贫困户自身生成性资源缺乏的难以分享市场收益的困境。

首先，在中西部贫困地区农民返乡创业园要打通扶贫专项资金集中由返乡创业企业使用的通道。在精准扶贫进程中，政府按照贫困户数量对贫困地区配有一定额度的定向产业财政扶贫资金，定向资金一般不允许直接进入贫困户的个人账户；这笔资金需要专门用来支持贫困地区发展实体产业，可以用来进行农业生成基础设施建设、购置农机和良种购买等；除了这些专项资金，各地往往还配套有一定比例的专门用于产业扶贫的小额信贷资金，这些资金集中使用以弥补产业发展资金投入的较大缺口。中西部贫困地区基层政府要采用安全可行的方式整合上述专项产业财政扶贫资金和其他匹配资金，聚焦返乡创业园区集中的本地返乡"乡贤"创办的企业，以借贷、入股等途径将整合资金委托给返乡创业企业使用，并与上述途径相适应约定贫困户分享市场收益条款。

其次，在中西部贫困地区农民返乡创业园要建立起农民工返乡创业企业带动贫困户脱贫的激励约束机制。上述扶贫资金整合使用，对于企业规模不大的返乡创业企业相当于"及时雨"，额度匹配、成本适中，较银行等正规金融机构的信贷资金的合同约定更简洁。恰当的资金投入有助于方向创业企业以较低的交易成本缓解产业发展资金约束。整合使用帮扶资金的这一特性可以用于激励返乡创业企业以恰当方式吸纳贫困户分享企业发展收益。同时，也要尊重返乡创业企业帮扶贫困户脱贫的方式选择：尊重企业的自主权，企业可以吸纳一定数量贫困户劳动力就业，也可以选择向贫困户定向分红，也可以通过村集体经济组织间接帮扶贫困户等。当然，也要建立资金使用的脱贫帮扶约束机制，即方式可以有差别，但是以不同方式帮助贫困户脱贫必须有标准。防止返乡创业企业尽享资金红利而不承担脱贫帮扶义务。

最后，在中西部贫困地区农民返乡创业园要建立专项资金安全运行监管机制与风险补偿机制。为了保证整合后专项资金的安全使用需要在中西部贫困地区返乡创业园区建立健全资金封闭运行的监管机制。当地基层政府要在与返乡创业企业协商后，会同返乡创业企业和涉及的贫困户在指定的商业银行设立与专项资金划拨、使用和收益分配相关的账户；并且聘请律师事务所、会计师事务所等专业机构，定期审查资金使用情况出具资金使用报告。与专项资金封闭运行使用相匹配，建议在中西部贫困地区的返乡创业园区探索设立专项风险补偿机制。比如，探索设立与当地特色产业发展相关的保险业务，分散返乡创业企业从事特色产业的重大自然环境风险；探索设立与当地特色产业发展相关的价格期货等衍生品业务，对冲返乡创业企业从事特色产业的价格波动风险；规范设立与专项财扶资金相匹配的其他信贷类资金的风险补偿金，化解其他信贷资金的信贷风险。

在中西部贫困地区农民返乡创业园建立健全返乡创业主体激励政策，构建起精准扶贫政策资源向返乡创业群体的利益传导机制、返乡创业企业市场收益向贫困户的利益分享机制，并且通过完善利益双向传导的监管机制和风险补偿机制，才能稳定农民工返乡创业企业与贫困户的市场利益关系，确保农民工返乡创业与精准扶贫实现有效对接。

9.3　中西部地区农民工返乡创业与精准扶贫对接的具体推进配套政策

9.3.1　持续实施资源资本化政策，提升返乡创业产业扶贫和产业振兴效果

实践证明，农民工返乡创业企业整合当地特色禀赋资源，打通资源资本化通道，带动当地特色产业发展；通过资源要素使用权向集体经济组织分配企业使用由当地特色资源转化为资本带来的收益，进而带动贫困户脱贫，是返乡创业企业间接带动贫困户脱贫的重要方式。这种资源资本化方式有助于发展壮大新型集体经济，返乡创业企业经由资源资本化与当地新型集体经济的良性互动是促进贫困地区持续脱贫并实现乡村产业振兴的重要途径。

引导农民工返乡创业企业整合当地特色禀赋资源助力乡村产业振兴，重在优化农村产业结构、促进三产融合发展。专注于农村第一产业的返乡创业企业，在改造提升传统农业基础上，要致力于在当地发展绿色循环农业，促进当地优质农产品生产，不断改善农业发展设施条件，顺应农村一二三产业融合发展趋势，脱贫攻坚与乡村振兴衔接的政策红利，为当地特色农产品嵌入全国市场乃至走出国门，奠定产业融合发展基础。专注于农产品加工业的返乡创业企业，在发展农产品产地初加工基础上，要提高农产品精深加工水平，促进当地农产品及农副产品的综合利用，不断扩大特色农产品加工的腹地和辐射范围，顺应构建新发展格局的趋势和振兴实体经济的政策实施，为当地特色工业产品嵌入全国市场乃至走出国门，奠定产业融合发展能力。专注于农村新型服务业的返乡创业企业，在发展农村

生产性服务业的基础上，要培育新型农业服务主体，促进当地特色生产性服务业的服务集中与规模经营，不断拓展与当地农副产品和农产品加工相适应的各类专业流通服务和渠道建设，顺应信息化、智能化的流通和营销发展趋势，用好加快发展农村电子商务的政策契机，为当地特色工业产品嵌入全国市场乃至走出国门，奠定产业融合发展渠道。

持续实施资源资本化政策，发展特色产业培育壮大新型集体经济，是精准扶贫阶段农民工返乡创业企业间接带动贫困户脱贫的重要环节，也是乡村振兴阶段整合当地特色禀赋资源、发展特色产业，实现乡村产业振兴带动当地百姓共同富裕的重要保障。所以，在中西部贫困地区，要将精准扶贫阶段农民工返乡创业企业打通资源资本化通道，经由资源资本化与新型集体经济之间形成的利益关系维系好，在乡村振兴阶段延续资源资本化支持政策、融入乡村振兴战略和共同富裕思想，进一步借力返乡创业企业，更大规模实施资源资本化，带动当地特色产业发展的态势，培育壮大新型集体经济。

在精准扶贫阶段，五级书记抓扶贫不仅形成了强大的扶贫执行力，也为中西部贫困地区的基层组织输送、培养和锻炼了一批优秀的基层工作队伍。除此之外，返乡创业群体和当地特色产业发展中涌现出来的本地致富领头人、实用技术能手、退伍军人、大学生村官等群体，也为乡村振兴阶段实现当地特色资源资本化、培育壮大新型集体经济打造了可用人才库。精准扶贫阶段形成的返乡创业企业、集体经济组织与贫困户之间由于资源资本化而结成的利益联结机制，为激励当地能人、群众发展壮大新型集体经济提供了激励基础。所以，在中西部贫困地区，可以持续实施当地特色资源资本化政策，进一步整合当地特色资源禀赋，不断培育壮大新型集体经济，在资源资本化进程中形成特色产业升级发展的比较优势和竞争力，在乡村振兴阶段继续发挥资源资本化收益的利益联结机制的激励作用，推动特色产业升级，增进集体经济组织收益，带动当地群体有效参与产业发展，共享特色产业发展成果，实现乡村产业振兴，百姓共同富裕。

9.3.2　加强返乡创业主体政策服务与贡献宣传，扩散返乡创业扶贫效果

中西部贫困地区要进一步整合政策资源、优化服务平台，为返乡创业

农民工提供更加务实有效的政策配套举措供给。

精准制定农民工返乡创业和精准扶贫政策的配套举措，提升中西部贫困地区农民工返乡创业意愿和动力。中西部贫困地区各级地方政府特别是市县区基层政府要立足当地区位特色，结合本地产业发展实际，合理转化和利用本地区域性资源优势，科学谋划制定符合当地农民工返乡创业及特色产业发展需求的国家和省市级政府各项创业和扶贫政策的配套措施。在谋划和制定相关举措时，要深入基层走访调研，广泛征求返乡创业企业的意见建议，让创业扶持政策配套举措更加符合返乡农民工的特点和需求，提高国家和省市创业扶持政策在当地的针对性和有效性。返乡创业企业关注的优惠政策，比如涉及企业资金支持、员工技能培训、土地合理利用、企业税费减免、项目对接落地等，如果能够匹配当地的政策配套举措，使这些政策能够高效切实落地，能够让返乡创业农民工真真正正享受到实惠，一定会增强农民工回乡创业的意愿。

加大政府政策和地方配套举措宣传力度，扩大优惠内容的信息覆盖面，提高潜在农民工返乡创业群体的转化率。充分发挥互联网和融媒体优势，坚持线上线下双管齐下，多层次、多渠道、多形式广泛宣传，扩大农民工返乡入乡创业优惠政策与配套举措。运用多种互联网新兴媒体相结合的方式开展线上宣传，打破时空限制，将中西部贫困地区的创业扶持政策和各地配套举措进行"菜单式"宣传推广，打开返乡创业群体返乡创业的选择空间。与之相匹配，各地要开通"返乡就业创业服务热线"，回应返乡农民工群体进一步信息获取诉求，精准宣传各地特色配套举措，解答农民工返乡创业涉及的企业资金支持、员工技能培训、土地合理利用、企业税费减免、项目对接落地等各类政策问题。同时提高线下宣传渠道与内容的精准性，重点是要在各地社区中人流量较大的公共场所设立农民工返乡创业政策与配套举措宣传点，也可以利用返乡高峰时机开展回乡创业集中宣传活动等。坚持专门工作人员与政策宣传志愿者相结合破解专业宣传人员数量有限性问题，可以由政策宣传志愿者负责发放政策宣传资料，而由专门工作人员讲解创业人员、创业企业如何获得免费就业创业培训、开展就业招聘、获取小额担保贷款、进行劳务维权等专项服务。根据前述线上线下宣传渠道的信息和特定返乡创业农民工的需要，可以在对方许可条件下，为返乡创业企业提供"送政策上门"服务，按照返乡创业的需求不同，可以由有关部门委托志愿者、社区工作者将政策信息送上门，也可以由志愿者或社区工作者配合有关政府职能部门，为返乡创业企业提供专业性强、理解和实施相对复杂的针对性政策上门服务。

优化当地营商环境，提高农民工返乡创业企业注册效率；用好用足精准扶贫及其他产业扶持政策，特别是税收减免政策，降低企业税收负担；定期组织政府部门和专业机构免费为农民工返乡创业企业提供产业政策咨询、企业战略策划、运营管理培训、资金供需对接等服务；在农民工返乡创业园为农民工返乡创业企业集中提供便捷的办公条件和工商服务，定期组织返乡创业群体开办创业沙龙，进行创业交流，促进企业协同发展。多渠道宣传农民工返乡创业企业的脱贫贡献，扩散农民工返乡创业企业的脱贫效应。要善于总结农民工返乡创业企业的助力脱贫实际，以当地百姓喜闻乐见的形式加以宣传推广。要注意树立农民工返乡创业企业中的先进案例和典型，对有突出贡献的返乡创业企业和具有典型示范意义的脱贫对象进行表彰。通过当地媒体的报道、当地百姓的口耳相传、当地房前屋后的漫画标语等渠道，让农民工返乡创业助力精准扶贫在当地蔚然成风。

9.3.3　建立健全绩效考核及监督政策，做实做细返乡创业扶贫效果

建立健全农民工返乡创业绩效考核及服务监督机制，对返乡创业企业参与精准扶贫的利益损失予以奖励与督促，做实做细返乡创业企业帮扶贫困群众效果。

建立健全对当地政府服务农民工返乡创业的绩效考核与监督，重在细化政府工作措施，推进返乡创业与精准扶贫政策落实。建立健全对当地政府服务农民工返乡创业的绩效考核与监督才能保障各项政策落实力度和地方政府重视程度。通过绩效考核与监督督促政府职能部门发挥作用，促进省市县乡村五级政府共同发力，全面推进农民工返乡创业扶持政策的落实，确保农民工等群体切实享受政策红利。具体而言，一定要制定农民工返乡创业扶持政策的实施细则，明确各项扶持政策的牵头部门和责任部门，制定各项扶持政策的配套措施，明晰各项扶持政策的实施范围、操作办法和申报条件等，提高各项扶持政策的操作性和可行性。一定要制定农

民工返乡创业扶持政策落实考核办法，根据农民工返乡工作实际和返乡创业企业调研走访情况等，对各项扶持政策落实情况进行考核，进一步压紧压实政府职能部门责任，推动各项扶持政策有效落地。一定要开展农民工返乡创业扶持政策效果评估，就农民工返乡创业扶持政策清单实施情况开展全面调研评估，好的扶持政策和举措要巩固强化，不适合的扶持政策和举措要及时上报、调整、修订完善或清理废除，农民工返乡创业企业有新的需求，要尽快研究出台相应扶持政策或配套举措。

　　建立健全对当地政府服务农民工返乡创业的绩效考核与监督，对行政部门不作为、乱作为、推诿扯皮现象形成约束。可以将精准扶贫与接续推进的乡村振兴扶持政策与当地农民工返乡创业扶持政策相融合，约定与扶持政策相联系的带动当地贫困户脱贫的附件条件。一方面，形成相对完整的农民工返乡创业企业产前、产中和产后帮扶政策链条，为返乡创业企业利用好精准扶贫资金和产业发展专项资金提供便利；另一方面，可以设计按脱贫效果奖励的附加条款，不拘泥于返乡创业企业的规模条件，也不硬性要求返乡创业企业的扶贫方式，无论是直接或间接方式，只要能够吸纳或带动当地贫困群众脱贫即可获得奖励。同时，要完善当地基层政府对享受政策返乡创业企业的扶贫监督与惩罚机制，利用信息化手段打造匹配的帮扶对象信息数据库，运用数据技术、访谈核查等手段，做实做细农民工返乡创业企业扶贫效果的数据基础，并作为政策考核、扶贫监督的重要依据。

第10章 农民工返乡创业与乡村振兴

党的十九大以来,习近平总书记多次发表重要讲话,作出重要指示,系统回答了"为什么建设乡村""建设怎样的乡村""怎样建设乡村""谁来建设乡村"等一系列重大理论和实践问题,形成了关于乡村振兴的重要论述。推进乡村振兴是关系全面建设社会主义现代化国家的全局性、历史性任务。习近平总书记强调,脱贫攻坚取得胜利后,要全面推进乡村振兴,这是"三农"工作重心的历史性转移。因此,在从脱贫攻坚到乡村振兴的历史性转移进程中,如何全面、系统、准确、深入理解乡村振兴面临的前沿问题具有重要的理论和现实意义。

10.1 新时代从精准扶贫到乡村振兴的发展逻辑

10.1.1 推进乡村振兴的"四梁八柱"与使命担当

2021年2月21日,《中共中央 国务院关于全面推进乡村振兴加快农业农村现代化的意见》,即中央一号文件发布,这是21世纪以来第18个指导"三农"工作的中央一号文件;2021年2月25日,国务院直属机构国家乡村振兴局正式挂牌;2021年3月,中共中央、国务院发布了《关于实现巩固拓展脱贫攻坚成果同乡村振兴有效衔接的意见》,提出重点工作。6月1日,我国第一部以"乡村振兴"命名的基础性、综合性法律——《中华人民共和国乡村振兴促进法》生效。

总的来看,2021年上半年,全国扶贫工作机构重组为乡村振兴部门的工作基本完成。这与2018年以来中央一号文件、《乡村振兴战略规划(2018—2022年)》《中国共产党农村工作条例》,共同构成推进乡村振兴战略的"四梁八柱"。

随后，各部门相关配套政策相继印发，从脱贫攻坚到乡村振兴的历史性转移全面启动，乡村振兴战略的推进进入了新阶段。为进一步凝聚思想、形成共识，更加广泛开展社会总动员，促进乡村振兴政策体系、工作体系和制度体系不断完善，着力提升乡村振兴机构队伍的能力，一项紧迫而重要的任务，就是在习近平总书记关于乡村振兴重要论述的指引下，深刻认识、全面理解、准确把握乡村振兴战略推进面临的一系列理论及实践前沿问题。总的来看，全面推进乡村振兴的深度、广度、难度不亚于脱贫攻坚。

10.1.2　推进乡村振兴的历史方位与战略定位

历史方位是指一个民族、国家在历史进程中的前进方向、所处位置及发展状态。乡村振兴的历史方位就是指乡村在中华民族伟大复兴进程中的前进方向和发展状态。

第一，从历史交汇点维度：在"两个一百年"交汇之际。党的十九届五中全会把"脱贫攻坚成果巩固拓展，乡村振兴战略全面推进"作为"十四五"时期经济社会发展主要目标进行部署，实际上明确了乡村振兴就是开启全面建成社会主义现代化强国新征程的重大战略举措。

第二，从发展目标维度：着力解决好发展不平衡不充分问题，更好满足人民日益增长的美好生活需要。这就需要通过全面的乡村振兴强化以工补农、以城带乡，推动构建工农互促、城乡互补、协调发展、共同繁荣的新型工农城乡关系。

第三，从发展方向和路径维度：以习近平新时代中国特色社会主义思想为根本遵循，践行以人民为中心的发展思想，把乡村建设摆在社会主义现代化建设的重要位置，全面推进乡村的产业、人才、文化、生态和组织振兴。

第四，从构建新发展格局维度：全面推进乡村振兴，激活农村的供需市场。才能全面释放和培育最广大乡村居民的消费需求，才能真正有效提升城市供给畅通国内大循环。

战略定位遵循的基本原则：坚持党的领导；坚持人民至上；坚持共同富裕；坚持绿色振兴；坚持城乡融合；坚持改革创新；坚持文化繁荣。

　　乡村振兴的战略定位集中体现在坚持走中国特色社会主义振兴道路。推进乡村振兴战略，是中国共产党领导的中国特色社会主义事业的本质要求，是中国特色社会主义事业应变局开新局的必然要求，是开创中国特色农业农村现代化道路的内在要求。这条道路具有鲜明的时代特征。

10.1.3　推进乡村振兴的理论指导与基本方略

　　习近平总书记关于乡村振兴的重要论述为全面推进乡村振兴提供了根本遵循。自习近平总书记在党的十九大上首次提出推进乡村振兴战略以来，就乡村振兴战略、"三农"工作等发表了一系列重要论述，党的二十大提出全面推进乡村振兴。这些重要论述是习近平新时代中国特色社会主义思想的重要组成部分，为新时代坚持农业农村优先发展、做好"三农"工作提供了思想指导和行动指南。

　　推进乡村振兴是党和国家的重大战略部署，是一篇全面振兴的大文章，是推动农业农村与国家同步实现现代化，顺应亿万农民对美好生活向往的必然要求。

　　明确了坚持农业农村现代化的总目标；确定了坚持农业农村优先发展的总方针；提出了产业兴旺、生态宜居、乡风文明、治理有效、生活富裕的总要求；指明了产业振兴、人才振兴、文化振兴、生态振兴、组织振兴等重要内容和实现路径；特别强调：建立健全城乡融合发展体制机制和政策体系是乡村振兴的制度保障。

　　这一重要论述也是对一系列国际乡村发展理论的丰富和创新，必将为世界发展中国家正确处理城乡关系、推动乡村现代化贡献中国智慧和中国方案。

　　2017 年中央农村工作会议明确了推进乡村振兴战略的目标任务：到2020 年，乡村振兴取得重要进展，制度框架和政策体系基本形成；到 2035年，乡村振兴取得决定性进展，农业农村现代化基本实现；到 2050 年，乡村全面振兴，农业强、农村美、农民富全面实现。

　　习近平总书记关于乡村振兴重要论述的方法论要求坚持精准方略；习近平总书记多次强调"精准是要义"，不仅体现在脱贫攻坚上，还体现在他治国理政实践中。"精准"要义已成为指导"十四五"时期高质量发展，指导全面建设社会主义现代化国家的重要方法。

具体要做到：要坚持以习近平总书记关于乡村振兴的重要论述为根本遵循；要坚持梯次推进、区域协调发展；精准回应乡村振兴存在的突出问题；要深化驻村精准帮扶工作；要提高东西部协作的精准度；要促进大数据与乡村振兴融合；要充分发挥社会工作的作用。

10.1.4　推进乡村振兴的战略重点与关键路径

一是战略目标的全局性：乡村振兴的战略目标是要聚焦农业农村的长远发展和农民生活幸福指数的全面提升。既要追求看得见的近期发展成效，更要遵循乡村建设规律，坚持科学规划和高质量发展。

二是战略内容的整合性：乡村振兴的战略内容是涉及"产业、人才、文化、生态与组织"的多维发展战略的集合体，也是涉及多个政府部门、企业和其他社会力量及社区居民参与的多主体协同式乡村振兴体系，需要各方共同努力。

三是战略方式的系统性：乡村振兴的战略方式是集"人才配置、政策配置、资金配置、服务配置"等为一体的理论和实践创新，需要统筹谋划、精准施策、分类推进，科学把握不同乡村的发展差异和特点，提升工作方式的针对性。

四是战略过程的递进性：巩固拓展脱贫攻坚成果、实现巩固拓展脱贫攻坚成果同乡村振兴有效衔接、全面推进乡村振兴，接续推进。

乡村振兴的艰巨性复杂性决定了构建以政府为主导、市场与社会力量广泛参与、具有多元化主体的乡村振兴战略推进大格局的必然性。一是要完善顶层设计，通过广泛宣传推动市场主体和社会主体主动参与乡村振兴；二是细化推进路径，明确中央和地方、市场和社会在乡村振兴过程中的角色定位和分工；三是要优化体制机制，创新多要素整合方式，形成同向合力。

10.1.5　推进乡村振兴的治理体系与根本保障

乡村治理体系和治理能力现代化实际上就是在推进国家治理体系和治理能力现代化进程中，坚持人民主体地位，以基层党组织为抓手，运用法治思维和法治方式服务群众、化解矛盾，保障和实现村民民主自治权利，同时注重激活和调动社会各方面积极性，健全党组织领导的自治、法治、德治相结合的城乡基层治理体系，实现乡村治理现代化中的多元民主参与，实现政府治理和社会调节、居民自治的良性互动。

具体应做到：一是要尊重村民主体地位，完善村民自治制度；二是要加强农村基层党组织建设，发挥好战斗堡垒作用；三是要推进法治乡村建设，完善农村矛盾纠纷排查调处化解机制；四是要发挥社会主义核心价值观和优秀传统文化的引领作用，培育文明乡风。总的来看，乡村治理需要完成完善治理体系、提升治理能力两大任务。

坚持党的集中统一领导。党管农村工作是我们党弥足珍贵的优良传统，是中国特色社会主义显著制度优势，是实现中华民族伟大复兴中国梦的根本基础和政治特色，也是必须坚定不移牢牢把握的基本国情。办好农村的事情，加快农业农村现代化，实现乡村振兴，关键在党。

10.2 从精准扶贫到乡村振兴：农民工返乡创业的"变"与"不变"

10.2.1 从精准扶贫到乡村振兴农民工返乡创业过程中的"不变"

从精准扶贫到乡村振兴农民工返乡创业过程中不变的是：国家政策的一致性、产业发展的基础性、回归趋势的不可逆性和家乡情结的纯真性。

一是农民工返乡创业的国家政策和重视程度不变。精准扶贫创造了中国奇迹，形成了中国智慧和中国方案，从精准扶贫到乡村振兴实现了体制机制和政策体系的自然转换，并且在这个转换过程中特别注意吸收和借鉴脱贫攻坚的成功经验。比如，脱贫攻坚时期中央统筹、省负总责、市县落实的制度安排；脱贫攻坚中五级书记一起抓、"一把手"负责制，驻村"第一书记"等工作机制，政府、企业、社会多元主体参与的举国体制等。这些都体现出国家政策的连续性和工作的接续性特点，标志着从脱贫攻坚到乡村振兴的历史性转移全面启动，乡村振兴战略的推进进入了新阶段。

二是农民工返乡创业的产业支点和经济属性不变。无论是精准扶贫还是乡村振兴，产业发展及其经济属性始终都是农民工与之连接的纽带。从农村产业发展现状来看，大多数农民工返乡创业能够依托第一产业，实现种养加结合，一二三融合的模式类型；利用互联网技术，将农业生产和工业生产相结合，形成"互联网＋农业"和"互联网＋工业"的新兴业态；随着产业发展向纵深推进，伴随着土地流转权形成的规模化等给农民工返乡创业发展现代农业提供了基础支撑，有利于区域化、规模化、特色化、高效化、绿色化等特点的现代农业的形成，这些创业行为能够使返乡农民工和本地农民共享产业振兴的增值收益。

三是农民工返乡创业的回归趋势和反哺对象不变。农民进城成为农民工，经过时间的洗礼积累了资本、技术、管理和经验，这是一个资本化的过程，由于政策的拉动，从精准扶贫到乡村振兴实现了自身的成功转型，这种返乡创业行为具有不可逆性，同时其反哺对象始终不变。精准扶贫需要农民工返乡创业，巩固拓展脱贫成果、实现乡村全面振兴需要农民工返乡创业，加快构建以"国内大循环为主体、国内国际双循环相互促进"的新发展格局需要农民工返乡创业。站在脱贫攻坚和乡村振兴两大战略的交汇点，我们比以往任何时候都更需要农民工返乡创业。

四是农民工返乡创业的家乡情结和内生动力不变。在城乡发展失衡的背景下，政府"招引"农民工回归，既有利于落叶归根式家乡情结诉求的实现，也有利于农民工个体价值和社会价值的实现。在成功的农民工身上蕴含着四个关键特质，即个人魅力、实力、创造力、关爱能力，可使其在乡村治理中形成变革型领导力，能够顺畅"政府—农民工—农民"链条，实现村民及乡村公共利益的最大化，从而促进乡村善治及乡村振兴。今天我国中西部农村地区正如火如荼地践行着农民工返乡创业的美丽华章，他们改变的是家乡面貌，不变的是以血缘、亲缘、族缘为纽带的家乡情结和自身社会价值实现的内生动力。

10.2.2 从精准扶贫到乡村振兴农民工返乡创业过程中的"变"

从精准扶贫到乡村振兴农民工返乡创业过程中变化的是：目标任务递进性、关注对象广泛性、功能价值多元性和经营主体创新性。

　　农民工返乡创业的目标任务和阶段特点变化。从发展目标看，党要着力解决好发展不平衡不充分问题，更好满足人民日益增长的美好生活需要。这就需要通过全面的乡村振兴强化以工补农、以城带乡，推动构建工农互促、城乡互补、协调发展、共同繁荣的新型工农城乡关系。因此在"两个一百年"交汇之际，党的十九届五中全会把"脱贫攻坚成果巩固拓展，乡村振兴战略全面推进"作为"十四五"时期经济社会发展主要目标进行部署，实际上明确了乡村振兴就是开启全面建成社会主义现代化强国新征程的重大战略举措。

　　农民工返乡创业的关注对象和参与主体变化。由精准扶贫到乡村振兴的过程事实上也是由消除绝对贫困到实现共同富裕的过程，自然其创业过程中关注对象和参与主体也应由特定的贫困群体转移到大众群体。农民工返乡创业要在更多范围、更宽领域、更新群体中发挥更大作用。因此，我们要把农民工返乡创业作为乡村振兴的重要抓手和助推器，要在继续发展"劳务经济"的同时，更加重视包括返乡下乡创业在内的"创业经济"的发展，通过生产要素的逆向流动和优化配置，形成新的市场需求，释放新的增长动能，助推经济社会高质量发展。

　　农民工返乡创业的功能发挥和价值诉求变化。农民工返乡创业既有营利目标，还有建设家乡、扶持乡民的非营利目标。返乡创业既是他们实现自身价值和提升家庭福祉的理性选择，也是传承中华民族认同的达则兼济天下的文化的表现形式。所以，农民工返乡创业会为乡村产业结构升级注入新动能，会为乡村文化传承与发展带来新观念，会为农村社会进步提供新活力，他们对乡村发展的贡献将是全方位的。农民从走出去到返回来，是中国社会经济发生转折性变化的标志，是非常值得重视的新现象，也是非常值得总结的新变化。

　　农民工返乡创业的产权结构和组织架构变化。农业创业投资大、回报慢，创业者更需要团队的支持。利用国家和地方的政策支持，鼓励返乡农民工创新经营主体组织体系，可通过承包、租赁、入股、联合经营等多种经济合作形式，创办家庭农林场、各种农村经济合作组织、社会化服务组织等新型经营主体；可通过与其他经营主体合作组建现代经济组织形式，开拓创业空间；可通过发展合作制、股份合作制、股份制等形式，培育产权明晰、利益共享、灵活有效的经营共同体；甚至可通过乡村振兴的平台和舞台催生一批涉农上市公司。

总之，农村实行家庭联产承包责任制以来的 45 年，除了农村国民教育为国家输送培养大量人才外，农村人员最多、覆盖面最大的人力资本投资应是农民外出打工。就此而言，农民工返乡创业的经济实质是把这部分人力资本再从城市转移到乡村，这种转移对今后 30 年实现乡村振兴和共同富裕目标具有至关重要的作用。令人欣慰的是，由精准扶贫到乡村振兴农民工返乡创业不变的是回报家乡的初心和使命，不断变化的是接续的责任和担当。

10.3　农民工返乡创业与乡村振兴的互动机理

10.3.1　农民工返乡创业与产业振兴

一方面，农民工返乡创业是产业振兴的生力军；另一方面，产业振兴为农民工返乡创业带来平台支撑。

从产业结构调整和优化来看，大多数农民工返乡创业者能够依托第一产业，重点发展规模种养农业、特色农业、生态农业等生产模式；与其他生产经营主体开展现代企业化经营，利用互联网技术，实施"互联网+"的现代经营模式，将农业生产和工业生产相融合，形成"互联网+农业"和"互联网+工业"的模式；将本地第一产业和第二产业的优势推广出去，实现产销一体化运营，打造一条完整的农村产业链条，培育产业融合先导区。另外，产业振兴为农民工返乡创业提供平台支撑。从产业发展空间和布局来看，乡村振兴给农民工返乡创业提供了难得机遇和平台，随着农村"三权分立"等土地的改革，土地的流转权形成的规模化等给农民工返乡创业发展现代农业提供了基础支撑，有利于现代农业的区域化、规模化、特色化、高效化、绿色化等特点的形成。这些创业行为能够使返乡农民工和本地农民共享产业融合的增值收益。

10.3.2　农民工返乡创业与人才振兴

一方面，农民工返乡创业本身就是一种人力资本的回流；另一方面，人力资本的回流，带来一种生产要素的重新配置。

为加快推进乡村人才振兴进程，2021 年以来中央一号文件形成组合拳持续发声。诺贝尔奖获得者舒尔茨认为现代农业发展要靠增加物质资本投入，更要增加人力资本投入；20 世纪 40 年代，费孝通先生提出"中国乡土重构与城乡融合发展"的崭新理念。近年来，城乡融合进程加速，城乡之间人才、资本、技术等要素资源的双向流动不断加剧，这为乡村振兴提供了新契机。而返乡创业的农民工群体作为逆城市化中的中坚力量，兼具城乡双重身份，是打通城乡良性循环系统的重要工具。它既为乡村发展提供了人口红利，也为乡村经济提供了新的增长点；此外，这个举措还将有助于重塑农村劳动力外流后所形成的空心结构，调节"城市中心—乡村边缘"的非对称关系格局，从而推动实现乡村全面振兴的目标。另外，人力资本的回流，带来一种生产要素的重新配置，使得土地、资本、技术、劳动力、信息等要素被激活，其结果劳动力的素质得到普遍提升。

10.3.3　农民工返乡创业与文化振兴

一方面，农民工返乡创业伴随着文化熏陶；另一方面，带有乡土气息的文化有助于农民工返乡创业。

乡村发展不仅要关注农民的经济收入，更要关注农民的精神风貌。农民工返乡创业者由于受到城镇现代化文明的熏陶，在思想观念上相较于本地农民更加符合现代文明的规范，因此他们可以作为改善乡风文明的领头雁，带领本地农民移风易俗，发挥模范带头作用，在潜移默化中影响本地农民，破除落后的文化习俗，形成良好的生活习俗、思维观念和行为方式，营造融洽的社会风气。同时，农民工返乡人员在创业过程中还可以充分利用乡村优秀文化资源，创办与之相关的文化产业，发展文化旅游，或者将本地优秀文化与产业相融合，塑造乡村文化的现实价值。

10.3.4　农民工返乡创业与生态振兴

一方面，习近平总书记的"两山"理论为农民工返乡创业指明了方向；另一方面，生态振兴为农民工返乡创业提供了经济高质量发展的具体路径。我们推进中国式现代化的过程，也是高质量发展的过程，而高质量发展当然也包括农业农村的高质量，生产生活的高质量。这就要求农民工返乡创业在发展经济的同时更要做好生态环境保护。农民工返乡创业者经历了城市现代文明，能够为乡村带来先进的生活理念。农民工返乡创业在创业过程中会注重转变发展方式，注重绿色生产，形成循环可持续的生态创业模式，兼顾环境效益和经济效益，有助于推动乡村生态振兴；而乡村生态振兴又可以为返乡创业者提供良好的创业环境，提高创业者的生活品质。因此，农民工返乡创业与生态振兴相互促进、共同发展。

10.3.5　农民工返乡创业与组织振兴

一方面，农民工返乡创业能够为乡村振兴带来新的组织形式和组织架构；另一方面，组织振兴的过程同时也是企业组织形式和组织架构适应地方文化、风俗习惯的过程。

农民工返乡创业者一般都具有一定的政治素养，他们懂管理、有知识、有眼光，受本地农民的拥护，可以成为乡村治理的重要参与者。首先，农民工返乡创业者具备的创业精神普遍高于本地居民，不论是发展乡村经济还是治理乡村，他们表现出来的综合素质都高于一般居民。其次，农民工返乡创业者具有一定的政治、经济和社会资源优势，同时又熟悉本地乡村风土人情、了解当地发展状况、熟知邻里关系情况，这有利于改善乡村面貌和乡村治理环境。另外，农民工返乡创业者作为乡村自治团队的重要力量，除了能够创办企业、带领村民提高生活水平，还能够带来丰富的管理经验。最后，农民工返乡创业者创办的企业作为市场中的独立主体，能够为乡村治理提供重要的组织基础，使组织利益与本地村民的利益紧密联系在一起，有助于乡村地区的社会安定。

10.4　农民工返乡创业驱动乡村振兴的关键作用

10.4.1　能够缓释"空心村"负面效应

快速城镇化使得大量农村人口短时间内向城镇持续转移，固然创造了城市化的中国奇迹，部分填补了农村剩余劳动力就业缺口。其负面效应也逐步显现，集中体现在"三农"问题矛盾日益凸显，直观表现在乡村地区的"空心化"现象不断加剧。农村人口大量流失,"人去屋空""人去地空",造成土地闲置、基础设施老化,加重基层公共治理负担,进而引发"人去业空",阻滞农业及相关产业发展、影响国家粮食安全。农民工返乡创业能够带动青壮年劳动力回流,缓释"空心村"负面效应,恢复乡村活力,促进乡村振兴。

10.4.2 能够减缓农村人才流失

广大中西部地区,相当数量的乡村地区天赋异禀、特色鲜明、交通便捷,却始终无法产业振兴,其瓶颈在于人才流失。一直以来,我国农村地区教育水平普遍低于城市地区,高等教育差距更大,青壮年劳动力由村到城的单向流动显著,使得农业新技术发展更加困难,进而导致农村整体人口素质水平继续降低,陷入"越生越穷、越穷越生"的怪圈,最终阻碍生产效率提高,阻滞产业结构优化。农民工返乡创业能够引导高素质劳动力回流,积累先进经验技术,加速乡村振兴。

10.4.3 能够提升土地利用效率

传统农业单位面积土地收益较低,种粮收入较低,因此农村青壮年劳动力大多选择外出务工养家,老人儿童留守本村务农,不可避免地带来土地抛荒化。当下国际形势复杂,确保我国粮食安全意义重大,乡村耕地利用集约化是一项基础性工作。农民工返乡创业能够积累外来资本、技术,促进规模农业发展,提升耕地利用效率,进而保障国家粮食安全。

10.5 农民工返乡创业驱动乡村振兴的目标任务

10.5.1 实施乡村振兴战略的目标任务

到 2020 年,乡村振兴取得重要进展,制度框架和政策体系基本形成。农业综合生产能力稳步提升,农业供给体系质量效益明显提高,农村一二三产业融合发展水平进一步提升;农民增收渠道进一步拓宽,城乡居民生活水平差距持续缩小;现行标准下农村贫困人口实现脱贫,贫困县全部摘帽，解决区域性整体贫困；农村基础设施建设深入推进，农村人居环境明显改善，美丽宜居乡村建设扎实推进；城乡基本公共服务均等化水平进一步提高，城乡融合发展体制机制初步建立；农村对人才吸引力逐步增强；农村生态环境明显好转，农业生态服务能力进一步提高；以党组织为核心的农村基层组织建设进一步加强，乡村治理体系进一步完善；党的农村工作领导体制机制进一步健全；各地区各部门推进乡村振兴的思路举措得以确立。

到 2035 年，乡村振兴取得决定性进展，农业农村现代化基本实现。农业结构得到根本性改善，农民就业质量显著提高，相对贫困进一步缓解，共同富裕迈出坚实步伐；城乡基本公共服务均等化基本实现，城乡融合发展体制机制更加完善；乡风文明达到新高度，乡村治理体系更加完善；农村生态环境根本好转，美丽宜居乡村基本实现。

到 2050 年，乡村全面振兴，农业强、农村美、农民富全面实现。

10.5.2　农民工返乡创业的目标任务

从脱贫攻坚到乡村振兴的历史性转移进程决定了农民工返乡创业的目标任务也相应地发生变化。具体来讲应体现在以下三个方面。

一是通过农民工返乡创业，实现由扶贫脱贫到防贫返贫的无缝衔接。中央一号文件提出，设置五年过渡期，主要完成两个任务：①巩固脱贫攻坚成果，防止规模性返贫；②实现脱贫攻坚与乡村振兴在体制机制和政策上的衔接。

首先对于一部分刚刚脱贫但标准不高的以及不是脱贫户但在贫困线边缘的群体，面临返贫和致贫风险，因此在过渡期内还要密切跟踪监测，主要帮扶政策不能停，出现问题迅速解决。这就要求在过渡期内落实"四不摘"，即摘帽不摘责任、摘帽不摘政策、摘帽不摘帮扶、摘帽不摘监管。相关政策不追求"大而全"，应当"小而精"，能够迅速应对突发问题。

其次就是脱贫攻坚与乡村振兴有效衔接。这需要相当一段时间的磨合与探索，将原有精准扶贫的政策目标替换为乡村振兴，并转换相应的实施路径。脱贫攻坚战胜利后，中央明确指出，乡村振兴应当借鉴脱贫攻坚的经验，比如，中央统筹、省负总责、市县落实；五级书记一起抓、"一把手"负责制等。

二是通过农民工返乡创业，实现农村经济高质量发展。人才是第一资源。劳务输出带来的劳动力和人才资源流失，其实就是优质发展要素的流失，必然会削弱输出地区的竞争优势和发展动力。返乡创业能够推动农村变革发展，能够引领全面乡村振兴，能够支撑国内大循环为主体、国内国际双循环相互促进的新发展格局。随着乡村振兴战略的深入推进，中西部地区经济正处于快速发展的机遇期、窗口期，基础设施不断完善、产业结构不断优化、城乡居民生活水平不断提高，吸引外地和本地劳动力、人才不断涌入、回流。站在脱贫攻坚和乡村振兴两大战略的交汇点，我们比以往任何时候都更需要劳动力和人才资源。因此，我们要把农民工返乡创业作为乡村振兴的重要抓手和助推器，要优化"劳务经济"的前提下，提速"创业经济"发展，促进农民工返乡创业，通过生产要素的逆向流动和优化配置，形成新的市场需求，释放新的增长动能，助推经济社会高质量发展。

三是通过农民工返乡创业，实现社区农民共同富裕。实现共同富裕是社会主义阶段的本质要求，也是党和政府不懈奋斗的目标。党的十九届五中全会明确提出，到 2035 年，全体人民共同富裕取得更为明显的实质性进展。然而，实现共同富裕是一项长期而复杂的工程，其中最艰巨、最繁重的任务便是实现 5 亿多农民的共同富裕。虽然在建党百年之际，我国已经全面建成了小康社会，实现了农村人口全面脱贫的目标，但由于农村在产业、人才、基础设施、公共服务等方面发展与城市存在较大差距，在一定程度上制约了农民共同富裕目标的实现。实施乡村振兴战略不仅是解决城乡发展不平衡、农村发展不充分问题的关键，也是全面巩固脱贫攻坚成果，实现农民共同富裕的必由之路。对于乡村来说，产业发展是农民实现共同富裕的基础和关键，支撑产业发展的重中之重是人才振兴，而返乡创业与乡村产业发展之间是紧密关联的。一方面，乡村产业能够吸收返乡创业劳动力，繁荣乡村市场；另一方面，创业创新又能助推乡村产业迭代升级。基于此，探索破解乡村振兴战略下农村创业创新面临的困境可以为乡村振兴注入新动能，对实现共同富裕具有重要战略意义。

第11章　研究结论与展望

11.1　农民工返乡创业符合时代逻辑

目前，国家正大力实施乡村振兴战略，乡村振兴最重要的是人才振兴，农民工就是乡村振兴的主体。在大机遇、大市场、大政策的支持下，农民工返乡创业必然成为趋势。党的十九大后，中国社会主义建设进入崭新时期，中国城乡发展的重心由城市转向农村。党的十九大报告第一次明确提出了乡村振兴战略，以期弥合城乡发展差异，促进经济社会的共享程度、逐步实现共同富裕（韩俊，2017）。江洁、萨日娜、宋建中（2018）等提出，精确帮扶将从被动型、输血型转向内生的、造血型帮扶，而农民工恰好为乡村发展提供内生动能力，结合地缘和亲缘优势，其返乡创业活动也给乡村振兴书写了浓墨重彩。精确帮扶的主要目标就是帮助农户脱离贫困，而乡村振兴则旨在促进农业农村信息化、提升农业的实体经济效益。另外，在城乡之间的经济活动也使他们具备了双重身份，从而成为连接城乡之间经济联系的重要纽带，可以助力精准帮扶、重建新型城乡关系（谢建社、谢宇，2018）。农业兴、农民好、农村美离不开乡村实体经济的建设，外出务工人员回乡就业可以与乡村实体经济建设开展有效互动，产生示范作用，从而带动乡村经济的蓬勃发展、助力乡村振兴（王肖芳，2018）。推行乡村振兴战略，农业发展的"空缺"社会问题急需"城归"人口数的"补位"来缓解，而农民工返乡就业恰恰适应了这个新状况，从而产生了新的人口数增长红利，并推动了城乡资源要素的双向流转（林亦平、魏艾，2018）。另外，在新型城镇化背景下，劳动者返乡创业也是就近消化剩余劳动力、提高农民收入、拉动区域增长的有效路径（辜胜阻、李睿，2016；张亮、李亚军，2017）。

通过扶贫主体所发挥的经济功能，引导贫困者致富，从而形成主动的经济发展，也就是在防止返贫、摆脱贫穷的过程（虞崇胜、余扬，2017）。落实乡村振兴战略，要依靠农村重建、发展新创业经济和农村精准扶贫三步走政策，建立精准帮扶的长效机制（陆益龙，2018）。基于此，乡村振兴将实现立足自身、制度扶持、政策引导、全民投入、农户创业、生产增长、人民幸福的前景（谢建社，谢宇；2018）。学者王立娜（2017）指出，农民工返乡创业和精准扶贫之间可以产生良性交互，因为精准扶贫在资金、人力和舆论氛围三方面都有利于返乡创业，而返乡创业在帮扶理念、帮扶方法、扶贫管理三方面都有利于精准帮扶的开展。通过建设贫困户创业园区，开展产业帮扶，可以促进贫困村农户的自主开发，有效提高帮扶成效（黄承伟、覃志敏，2013）。不过，目前我国农民工返乡创业仍存在着若干实际问题，应当加速建立我国农民工回乡创业有效激励机制，并健全资金、产业、培训、管理和服务等政策措施（《改革》服务于中央决策系列选题调研小组，2016）。

11.2　农民工返乡创业具有内在机理

精准扶贫强调激活贫困区域的造血功能，这需要储备乡村发展的内生动能，而农民工返乡创业就是动能来源，两者必须相得益彰，互促共进，才能在提升帮扶成效的同时促进乡村经济健康成长，实现乡村振兴。

11.2.1　返乡创业得益于农村的后发优势

返乡创业一方面是由于受到了近年来中国大中城市持续性的就业竞争压制，另一方面是因为乡村创业福利优惠政策的逐步完善。再者，由于乡村的资源和地缘优势、高劳务成本、低廉房租，加上返乡创业者天生的家乡情结导致返乡创业逐渐成为选择。正因为城市内卷与乡村情结产生的"推拉作用"，促成返乡创业浪潮形成。针对在乡村，尤其是偏远地区实行的精确扶贫政策，单纯依赖"输血式"帮扶是不足以持久的，而农民工返乡创业者一般以中小企业居多，而由于他们本身就对乡村经济来说更具备亲和力，所以在家乡发展推广更具备资源优势、更有助于提升乡村经济帮扶效果。但是，由于农民工回乡创业中面临着土地、投资、创业辅导等现实问题，这就要求在精确帮扶的优惠政策措施落实中向农民工发展企业倾斜，为回国务工人员创业者提供合理的投资、土地和支持，并通过创新措施来促进精确帮扶，从而实现内生性帮扶脱贫，继而实现乡村振兴。

11.2.2 精准扶贫及乡村振兴催生农民工返乡创业

精准扶贫重点是为了遏制返贫问题，让农民工可以利用自己务工获得稳定的收入来源，也要求农村有适合自身的支柱产业，而农民工返乡就业恰恰促进了乡村工业的蓬勃发展，这一发展趋势符合中国农村振兴规划和工业蓬勃发展的特点。开展农业扶贫工程，内生动力才是核心，通过帮助农村务工人员返乡就业，不但破除了城市中人力资源要素单向流通的原有局势，为农业开发带来了人力资源保障。而农业的开发关键在于人，人才兴旺，则农业的开发也必将出现良性局势，而他们不管是"新农民"还是"农村精英"，都必将成为扶贫脱贫和乡村振兴源源不断的动力源泉。

11.3 基本结论

11.3.1 共域性是创业与扶贫和共同富裕的最大公约数

如上文所述，农民工返乡创业与精准扶贫的共域性来自时间域、空间域、人才域、效应域、机制域、制度域和保障域七个层面的有机统一。处理好"三农"问题，需要充分利用农民工返乡创业与精准扶贫之间的共域性，以农民工返乡创业驱动精准扶贫，最终扶贫脱贫，实现共同富裕。

11.3.2 农民工创业扶贫与乡村振兴具有联动效应

近年来，我国经济运行进入新常态，身处东南沿海以及一线城市的在外打工者为寻求良好的企业前景选择了返乡就业，这不仅仅是达到自身效益最佳、经营风险最小的做法，更是顺应国家政策红利趋势的明智选择。伴随着中西部区域农民工返乡创业渐成潮流，嫁接精准扶贫和乡村振兴自然而然地产生联动耦合的作用,必然形成创业就业同步发展的联动效应。

11.3.3 农民工返乡创业具有内生动力

返乡创业的农民工长期在外打拼已经积聚了一定的资本、技术、管理及经验等。根据马斯洛需求的分层理论,自我实现是外出农民工精英对返乡创业者的基本价值需求。同时,基于技术驱动的人工智能建设,形成了城市劳动密集型行业的紧缩趋势。城市推力和农村拉力形成的合力使得农民工返乡创业具有内生动力。

11.3.4 农村经济高质量发展亟须人才杠杆的撬动

相当范围的乡村特别是中西部贫困地区的乡村,自然、人文条件丰富,却缺少人才的撬动,因此影响了地方的经济社会发展。返乡就业相似于"海归潮"的出现,这是一个人力资源的双向流动,符合农业人才流动规律。而借助本地的农业资源优势,农民工返乡创业可以带动农业一二三产融合发展,进而延长产业链,提高附加值,撬动农村经济的全面发展。

11.3.5 返乡创业"精英"具有天然优势

农村发展急需"乡贤"的回流,而返乡创业"精英"则急需廉价劳动力与创业环境。一般的投资者到农村创业不便于管理,需要处理、协调基层关系、村民关系、贫困人员关系等各种关系,会有一段时间磨合期。而返乡创业具有整合资源要素的天然优势,这源于自身的血缘、婚缘、地缘和族群文化等。

11.3.6 返乡创业振兴乡村具有持续效果

"创业帮扶"可以大幅度节省制度性交易成本费用,缓解财政压力,提升帮扶实效,减贫效果明显。同时,"创业帮扶"是农业经济社会发展的新动能,也必将在乡村振兴的过程中形成长效机制,发挥持续效果。

11.4　未来展望

11.4.1　国家关于农民工返乡创业的发展走势和政策导向

2021 年国务院发布的关于《"十四五"推进农业农村现代化规划的通知》（以下简称《规划》）比较集中体现了国家关于农民工返乡创业的发展走势和政策导向。其中提到，支持农民工、科技人员和工商业主等返乡入乡创业，建设一批农村创业创新园区等创业创新孵化载体，带动 1500 万名返乡入乡人员创业。

《规划》共分九章。其中，在阐述推进农村创业创新时，提出支持农民工、大中专毕业生、退役军人、科技人员和工商业主等返乡入乡创业，鼓励能工巧匠和"田秀才""土专家"等乡村能人在乡创业。推动城市各类人才投身乡村产业发展。

"乡村产业链供应链提升工程"专栏提到六点行动，其中，在"农村创业创新带头人培育行动"方面，《规划》强调，打造 1500 个农村创业创新园区和孵化实训基地，培育 10 万名农村创业创新导师和 100 万名带头人，带动 1500 万名返乡入乡人员创业。

《规划》指出，依托各类园区、企业、知名村镇等，建设一批农村创业创新园区（孵化实训基地）、农民工返乡创业园，打造一批众创空间、星创天地等创业创新孵化载体。依托现有资源建立农村创业创新导师队伍，为农村创业人员提供精准指导服务。依托普通高等院校、职业院校和相关培训机构，让有意愿的创业创新人员参加创业创新培训，对符合条件的人员按规定给予培训补贴。

此外，在创业扶持政策方面，《规划》提出，要制定分区域、差异化创业创新扶持政策，推动落实创业补贴政策，加大创业贷款等支持力度。支持有条件的县乡政务大厅设立创业创新服务窗口，提供"一站式"服务。

11.4.2　农民工返乡创业的现实意义和历史意义

第一，与国家"双创"战略的高度契合性。农民工返乡创业可以有效支撑"双创"战略。返乡农民工在城市里经过专业培训，积累了先进生产理念和技术，具有成为乡村创新创业主体的潜力。

第二，与乡村产业升级的高度契合性。返乡农民工的创业范围行业覆盖度高，涉及文化旅游、电子商务、特色加工等多个领域。相关部门调查数据显示，浙江省的返乡创业农民工群体中，不限于传统养殖业而拓展到物流、营销、文创等服务业的比例达到 85%。安徽省的统计数据比例则为82%。综合安徽、浙江两省的 17 个调查样本，笔者发现，单笔投资最高接近 2 亿元。

第三，与乡村社会治理的高度契合性。返乡创业农民工都是"原住民"，对本区域发展的"痛点"知之甚深，必然会积极投身于乡村治理的重点领域，比如"空心村"、老龄化、文化荒漠化等。

第四，与实现共同富裕目标的高度契合性。返乡创业农民工大多是怀揣梦想与激情、携带技术和资金、立志在故乡圆梦的"游子"。一方面熟悉当地人脉与文化，另一方面也容易被"老乡们"接纳和共情，结合现有的经济基础，往往能成长为当地共同富裕的带头人。

11.4.3　政府应该履行的责任

各级政府要为农民工返乡创业提供积极正面的政策引导，创造机遇、消解困境，吸引农民工返乡创业。

第一，编制完整的乡村振兴规划。各级政府应高屋建瓴，充分了解乡村区域资源优势，编制科学规划统筹安排各项工作。包括经济形势研判、市场发展规划、劳动力就业规划；基础设施规划、公共服务专项规划；社会养老、教育等相关规划。未雨绸缪、因势利导，实现就业促创业、创业带就业的良性循环。

第二，进一步优化返乡农民工创业环境。降低农民工创业门槛，放宽创业限制，实施至少等同于甚至是优越于外资的优惠政策，"法无禁止即可为"，引导当地行业向返乡创业主体开放，以企带村。

第三，增加返乡农民工的融资渠道。完善中小金融机构在乡村地区的布局，加速发展乡镇社区银行、村资金互助社和贷款公司等，规范民间融资。降低审核门槛，增加返乡创业中小额贷款项目。丰富融资形式，如土地抵押、房屋抵押，提供低息贷款等，解决创业初期资金周转难的现实问题。

第四，构建良好的创业服务机制。针对用地紧缺、融资困难、技术落后、人才稀缺等创业初期可预见的困难，政府和社会应在公共服务方面提供政策支撑。利用信息化技术建库，详细掌握返乡回流农民工的规模、结构、创业意愿、创业项目进展及遇到的瓶颈和挑战等，实施动态化管理，及时提供政策支持信息及解读咨询服务，提供相应的保险和社会保障。各级政府应进一步做好政府服务、市场服务和社会服务的协同，营造良好的服务氛围。

第五，制定完善的技能培训制度。在中国经济转型时期，人力资本的重要作用日益凸显。政府和市场应当关注人力资本投资，提高培训证书发放效率，提升培训内容广度和深度，拓展培训渠道，提高技能培训的针对性。

第六，推广可复制的共同富裕典型。据相关部门统计，农村"双创"人员绝大多数创办的都是农村产业融合类项目，行业交叉融合，呈现"百花齐放"的良好势头。各级政府要善于总结经验，广泛宣传可复制性强的创业典型。

11.4.4　农民工返乡创业的展望

第一，未来30年，农民工返乡创业将会成为推动乡村振兴的重要力量。改革40余年，家庭联产承包责任制的推行使农民跨越了温饱线，进城务工使农民生活奔小康。未来30年，人力资本投资将逐步实现共同富裕。最近40年，农村人力资本投资的主要领域是进城务工。据此而论，农民工返乡创业的本质是人力资本从城市到乡村的回流，这种回流将在今后30年对乡村经济发展起到决定性作用。改革初期，海外侨胞回国创业一度成为潮流，但影响力仅限于沿海经济圈；而近十年，农民工返乡创业正在成为一种"现象级"潮流，影响力将覆盖广大内陆地区，成为推动乡村振兴、新农村建设和实现共同富裕的重要力量。

第二，未来30年，农民工返乡创业将会体现多元价值和多种功能。乡村社会网络由血缘、亲缘和地缘织合而成。返乡创业农民工作为该网络中的成员，较之外来投资商更容易取得乡民信任、建立身份认同。尤其是返乡创业的新乡贤，势必能成为共同富裕的带头人。同时，返乡创业者自身"圆梦家乡、光宗耀祖"的乡土情怀也使得他们在创业过程中会兼顾经济效益与社会效益，既要发展现代化产业，也要建设美丽乡村，更要带领乡亲们共同致富。返乡创业既是他们实现自身价值和提升家庭福祉的理性选择，也是传承中华民族认同的达则兼济天下的文化的表现形式。所以，农民工返乡创业会为乡村产业结构升级注入新动能，会为乡村文化传承与发展带来新观念，会为农村社会进步提供新活力，他们对乡村发展的贡献将是全方位的。农民从走出去到返回来，是中国社会经济发生转折性变化的标志，是非常值得重视的新现象，也是非常值得总结的新经验。

第三，未来 30 年，农民工返乡创业将会形成多种利益共同体。农业创业投资大、回报慢，创业者更需要团队的支持。利用国家和地方的政策支持，鼓励返乡农民工创新经营主体组织体系，可通过承包、租赁、入股、联合经营等多种经济合作形式，创办家庭农林场、各种农村经济合作社、中小企业、社会化服务组织等新型经营主体；通过与其他经营主体合作组建现代经济组织形式，开拓创业空间；通过发展合作制、股份合作制、股份制等形式，培育产权明晰、利益共享、灵活有效的经营共同体。

参 考 文 献

[1] 安虎森，李锦. 适度的"政策梯度"是实现区域协调发展的战略选项——基于新经济地理学循环累积因果聚集机制的探讨 [J]. 学术月刊，2010, 42 (01).

[2] 白南生，宋洪远. 回乡，还是进城?: 中国农村外出劳动力回流研究 [M]. 北京: 中国财政经济出版社，2002.

[3] 白永秀，宁启. 易地扶贫搬迁机制体系研究. 西北大学学报 [J]. 2018, 48 (04).

[4] 蔡玲. 论新农村建设中农民主体作用的发挥——以武汉城市圈两型社会建设综合配套改革试验区为调研地点 [J]. 湖北行政学院学报，2009 (06).

[5] 陈俊梁，史欢欢，林影，毛丹. 长三角一体化背景下乡村振兴差异化策略 [J]. 华东经济管理，2021, 35 (09).

[6] 陈文超，陈雯，江立华. 农民工返乡创业的影响因素分析 [J]. 中国人口科学，2014 (02).

[7] 陈元春. 农民工返乡创业与精准扶贫战略——来自重庆市的实践与启示 [J]. 中国劳动，2019 (07).

[8] 陈云贤. 中国特色社会主义市场经济: 有为政府＋有效市场 [J]. 经济研究，2019, 54 (01).

[9] 陈志. 帮扶主体、帮扶措施与帮扶效果研究——基于华中 L 县精准扶贫实绩核查数据的实证分析 [J]. 财经研究，2017 (10).

[10] 仇娟东，曹钢. 经济增长理论与空间经济学双维度下的中国地区差距——一个文献综述 [J]. 西部论坛，2012, 22 (06).

[11] 崔传义. 中国农民工返乡创业创新调研 [M]. 太原: 山西经济出版社，2017.

[12] 邓俊森. 供应链视角下农民工返乡绿色创业模式探讨——基于"农民专业合作社＋创业农民工"视角探讨 [J]. 农业经济，2014 (03).

[13] 董秀莹. 新生代农民工返乡创业政策扶持体系构建 [J]. 农业经济，2017 (08).

[14] 杜威漩. 农民工返乡创业减贫效应生成机理及政策启示——政策激励视角的分析 [J]. 经济体制改革，2019 (02).

[15] 方鸣. 创业培训、政策获取和农民工返乡创业绩效 [J]. 北京工商大学学报（社会科学版），2021，36（06）.

[16] 冯景. 洛阳市农民工返乡创业与精准扶贫联动发展研究 [D]. 河南科技大学，2019.

[17] 甘宇，李伟. 见贤思齐：返乡农民工创业绩效提升的一个解释 [J/OL]. 农业技术经济：1 – 16.

[18] 高秀娟，杨博琼. 创业扶贫与乡村产业振兴政策衔接的测量与政策优化 [J]. 农业农村部管理干部学院学报，2021（04）.

[19] 古川，曾福生. 产业扶贫中利益联结机制的构建——以湖南省宜章县的"四跟四走"经验为例 [J]. 农村经济，2017（08）.

[20] 韩广富，辛远. 2020 年后高质量减贫何以实现——兼论与乡村振兴的有效衔接 [J]. 贵州师范大学学报（社会科学版），2022（03）.

[21] 韩俊，崔传义. 我国农民工回乡创业面临的困难及对策 [J]. 经济纵横，2008（11）.

[22] 韩俊. 确保农民工共享改革发展成果 [N]. 北京：中国社会科学报，2009 – 08 – 20（006）.

[23] 韩勇，武艳青，崔丽慧. 河南省返乡农民工创业环境空间差异研究 [J]. 信阳师范学院学报（自然科学版），2020，33（04）.

[24] 郝寿义，李媛. 集聚、增长与可持续性探讨——基于中国空间分布和行业配置的经验检验 [J]. 现代财经（天津财经大学学报），2012，32（12）.

[25] 胡俊波. 困境与突破：扶持农民工返乡创业的理论分析框架 [J]. 农村经济，2009（06）.

[26] 胡俊波. 农民工返乡创业扶持政策绩效评估体系、构建与应用 [J]. 社会科学研究，2014（05）.

[27] 胡雯等. 农民工返乡创业历史流变：阶段演进及内在逻辑 [J]. 农村经济，2013（08）.

[28] 华兴顺. 中西部地区返乡农民工创业研究 [J]. 经济研究导刊，2009（30）.

[29] 黄承伟，覃志敏. 贫困地区统筹城乡发展与产业化扶贫机制创新——基于重庆市农民创业园产业化扶贫案例的分析 [J]. 农业经济问题，2013，34（05）.

[30] 黄国庆，刘钘，时朋飞. 民族地区脱贫户返贫风险评估与预警机制构建 [J]. 华中农业大学学报（社会科学版），2021（04）.

[31] 黄祖辉. 农村改革发展：重在政府、市场、行业的协同 [J]. 财经问题研究，2020（09）.

[32] 黄祖辉，宋文豪，叶春辉，胡伟斌. 政府支持农民工返乡创业的县域经济增长效

应——基于返乡创业试点政策的考察［J］．中国农村经济，2022（01）．

［33］贾俊雪，秦聪，刘勇政．"自上而下"与"自下而上"融合的政策设计——基于
农村发展扶贫项目的经验分析［J］．中国社会科学，2017（09）．

［34］康海军．提升新生代农民工返乡创业能力研究［J］．教育评论，2012（02）．

［35］蓝管秀锋，朱伟娟，匡贤明．城镇化发展与居民消费——基于工业生产率地区差
异视角［J］．工业技术经济，2021，40（04）．

［36］黎明．我国地区发展的差异及因素分析［J］．经济体制改革，2006（02）．

［37］李贵成．返乡农民工创业扶贫模式的理念、困境和实现思路［J］．学习论坛，
2018（11）．

［38］李会宁，叶民强．我国东中西部三地区经济发展差距分析［J］．经济问题探索，
2006（02）．

［39］李珂，高晓巍．金融危机对农民工就业的影响及对策分析［J］．今日中国论坛，
2009（01）．

［40］李培林．农民工：中国进城农民工的经济社会分析［M］．北京：社会科学文献
出版社，2003．

［41］李胜会，冯邦彦．地区差距、产业聚集与经济增长：理论及来自广东省的证据
［J］．南方经济，2008（02）．

［42］李小建，时慧娜．务工回乡创业的资本形成，扩散及区域效应——基于河南省国
始县个案的实证研究［J］．经济地理，2009，29（02）．

［43］李小云．精准扶贫才能精准脱贫［N］．人民日报，2015－11－06．

［44］李晓燕，张克俊．城乡要素交换中市场与政府协同机制研究［J］．社会科学战
线，2019（10）．

［45］李周．农民流动：70年历史变迁与未来30年展望［J］．中国农村观察，2019
（05）．

［46］李卓，郑永君．有为政府与有效市场：产业振兴中政府与市场的角色定位——基
于A县产业扶贫实践的考察［J］．云南社会科学，2022（01）．

［47］林斐．对90年代回流农村劳动力创业行为的实证研究［J］．人口与经济，2004
（02）．

［48］林翰雄．返乡农民工创业政策研究［J］．农业经济，2014（12）．

［49］林毅夫．解决农村贫困问题需要有新的战略思路——评世界银行新的惠及贫困人
口的农村发展战略［J］．北京大学学报：哲学社会科学版，2002，39（05）．

［50］林毅夫．中国经验：经济发展和转型中有效市场与有为政府缺一不可［J］．行政
管理改革，2017（10）．

［51］刘恩华．加快西部贫困地区民营经济发展的对策建议［J］．科技创业月刊，

2010，23（12）.

[52] 刘风，葛启隆. 流动人口主体性的生成逻辑——基于广东省流动人口参与社区换届选举的调查. 社会工作［J］. 2019（04）.

[53] 刘苓玲，徐雷. 中西部贫困地区农民工返乡创业问题研究——基于河南，山西，重庆的调查问卷［J］. 人口与经济，2012（06）.

[54] 刘彦随等. 中国农村贫困化地域分异特征及其精准扶贫策略［J］. 中国科学院院刊，2016，31（03）.

[55] 刘溢海，来晓东. "双创"背景下农民工返乡创业意愿研究——基于河南省 4 市 12 县的实证分析［J］. 调研世界，2016（11）.

[56] 刘溢海，来晓东. 农民工返乡创业与精准扶贫共域性研究——基于乡村振兴战略视域［J］. 技术经济与管理研究，2020（01）：119－123.

[57] 刘铮. 劳动力无限供给的现实悖论——"农民工回流"的成因及效应分析［J］. 清华大学学报：哲学社会科学版，2006，21（03）.

[58] 刘志永. 基于面板数据的区域经济发展循环累积因果效应研究［D］. 秦皇岛：燕山大学，2012.

[59] 莫光辉. 农民创业与国家扶贫开发政策有效衔接的路径选择——基于广西天等县的实证分析［J］. 中国发展，2014（04）.

[60] 牟小刚. 返乡创业政策绩效评估的实证分析与对策——以陕西省返乡创业政策满意度的调研为例［J］. 陕西理工大学学报（社会科学版），2022（04）.

[61] 宁鑫，韦向阳，刘淼淼. 农民工返乡创业政策对创业绩效的影响机制研究［J］. 阜阳师范大学学报（自然科学版），2021，38（04）.

[62] 潘文卿，刘庆. 中国制造业产业集聚与地区经济增长——基于中国工业企业数据的研究［J］. 清华大学学报（哲学社会科学版），2012，27（01）.

[63] 彭安明，朱红根. 农民工返乡创业政策扶持体系构建研究［J］. 江西农业大学学报（社会科学版），2013，12（02）.

[64] 彭仕兰，李玉娟，付明. 西部贫困乡村产业转型升级影响因素研究——基于野茶村与晨光村实地调研［J］. 新疆农垦经济，2021（06）.

[65] 彭新万，张凯. 中部地区农民工回流趋势与政策选择［J］. 江西社会科学，2017，37（06）.

[66] 钱文荣，朱嘉晔，钱龙，郑淋议. 中国农村土地要素市场化改革探源［J］. 农业经济问题，2021（02）.

[67] 阙立峻. 农民工返乡创业试点政策绩效评估——来自浙江丽水的调查［J］. 理论观察，2020（01）.

[68] 芮正云，史清华. 中国农民工创业绩效提升机制：理论模型与实证检验——基于

"能力 - 资源 - 认知"综合范式观 [J]. 农业经济问题, 2018 (04).

[69] 童星. 贫困的演化、特征与贫困治理创新 [J]. 山东社会科学, 2018 (03).

[70] 童星, 孙思. 返乡农民工创业的影响因素分析——以江苏省盐城市为例 [J]. 华东理工大学学报 (社会科学版), 2016, 31 (05).

[71] 汪三贵, 郭子豪. 论中国的精准扶贫 [J]. 贵州社会科学, 2015 (05).

[72] 汪三贵, 周园翔. 构建有效的防规模性返贫的机制和政策 [J]. 农业经济问题, 2022 (06).

[73] 王春光. 贵州省脱贫攻坚及可持续发展研究 [J]. 贵州民族大学学报 (哲学社会科学版), 2018 (03).

[74] 王德文, 蔡昉. 中国农村劳动力流动与消除贫困 [J]. 中国劳动经济学, 2007 (07).

[75] 王迪, 薛选登. 脱贫户返贫风险评估及防控体系构建研究 [J]. 洛阳师范学院学报, 2021, 40 (01).

[76] 王辉, 朱健. 农民工返乡创业意愿影响因素及其作用机制研究 [J]. 贵州师范大学学报 (社会科学版), 2021 (06).

[77] 王睿, 骆华松. 贫困退出背景下返贫风险预警与评价 [J]. 统计与决策, 2021, 37 (20).

[78] 王小鲁, 樊纲. 中国地区差距的变动趋势和影响因素 [J]. 经济研究, 2004 (01).

[79] 王小鲁, 余静文, 樊纲. 中国分省企业经营环境指数 2013 年报告 (摘要) [J]. 国家行政学院学报, 2013 (04).

[80] 王晓毅. 坚持农民主体地位是实现高质量乡村振兴的保障 [J]. 人民论坛, 2022 (05).

[81] 王亚华, 舒全峰. 中国精准扶贫实践的溢出效应 [J]. 中共中央党校 (国家行政学院) 学报, 2021, 25 (02).

[82] 王亚欣, 宋世通, 彭银萍, 周艾平, 杨燕. 基于交互决定论的返乡农民工创业意愿影响因素研究 [J]. 中央民族大学学报 (哲学社会科学版), 2020, 47 (03).

[83] 吴克强, 赵鑫, 谢玉, 汪昕宇. 创业韧性对农民工返乡创业绩效的作用机制：一个有调节的中介模型 [J]. 世界农业, 2021 (05).

[84] 伍如昕, 何薇薇. 新生代农民工创业动机和意愿的影响因素分析——以人力、社会和心理资本为视角 [J]. 湖南农业大学学报 (社会科学版), 2018, 19 (01).

[85] 夏柱智. 嵌入乡村社会的农民工返乡创业——对 H 镇 38 例返乡创业者的深描 [J]. 中国青年研究, 2017 (06).

[86] 熊德斌, 欧阳洪姝, 李佳欢. 政府有为、市场有效与特色农业发展机制——赣南

脐橙产业升级历史变迁考察［J］. 上海大学学报（社会科学版），2021，38 （05）.

[87] 修兴高. 中国产业扶贫模式比较研究［D］. 福州：福建师范大学，2018.

[88] 杨建海，曹艳，王轶. 乡村振兴战略背景下返乡创业扶持政策的就业拉动效应 ［J］. 改革，2021 （09）.

[89] 杨志明. 新生代农民工就业创业的"四新"变化与对策建议—基于"百企万人" 的调查分析［J］. 中国劳动，2019 （07）.

[90] 翟庆华，叶明海，苏靖. 创业活跃程度与经济增长的双螺旋模型及实证研究 ［J］. 科技进步与对策，2012 （07）.

[91] 张卉，詹宇波，周凯. 集聚、多样性和地区经济增长：来自中国制造业的实证研究 ［J］. 世界经济文汇，2007 （03）.

[92] 张立新，段慧昱，戚晓妮. 创业环境对返乡农民工创业意愿的影响［J］. 农业经济与管理，2019 （01）.

[93] 张明喜，郭戎. 从科技成果转化率到转化效率——指标体系设计与实证分析 ［J］. 软科学，2013，27 （12）.

[94] 张楠，周明星. 金融危机背景下的失业困境与微型企业创业政策探究［J］. 企业经济，2010 （02）.

[95] 张若瑾，张静. 农民工创业意愿影响因素的实证研究［J］. 中国人口·资源与环境，2017，27 （S2）.

[96] 张姗，袁鹏举. 农民工返乡创业对产业扶贫的多维影响研究［J］. 农村经济与科技，2021，32 （03）.

[97] 张思阳，赵敏娟，应新安，牛方妍. 社会资本对农民工返乡创业意愿的影响效应分析——基于互联网嵌入视角［J］. 农业现代化研究，2020，41 （05）.

[98] 张涛，张琦. 新中国70年易地扶贫搬迁的就业减贫历程回顾及展望. 农村经济 ［J］. 2020 （01）.

[99] 张宇. 中国经济改革的经验及其理论启示［M］. 北京：中国人民大学出版社，2015.

[100] 郑山水. 强弱关系、创业学习与农民工返乡创业绩效［J］. 西部论坛，2017，27 （03）.

[101] 钟晓萍，于晓华. 长三角区域一体化背景下城乡建设用地增减挂钩政策的创新与完善［J］. 南通大学学报（社会科学版），2021，37 （01）.

[102] 周建锋. 基于绩效评价的农民工返乡创业行为研究［J］. 商业研究，2014 （03）.

[103] 周劲波，陈丽超. 我国创业政策类型及作用机制研究［J］. 经济体制改革，

2011 (01).

[104] 戚迪明，刘玉侠. 人力资本、政策获取与返乡农民工创业绩效——基于浙江的调查 [J]. 浙江学刊，2018 (02).

[105] 邹芳芳，黄洁. 返乡农民工创业者的创业资源对创业绩效的影响 [J]. 农业技术经济，2014 (04).

[106] 邹璠，周力. 中国共产党百年减贫的思想演进与历史成就 [J]. 财经研究，2022, 48 (08).

[107] Adamba C, Quartey P. Circular Migration and Entrepreneurship Development in Ghana [M]//Impact of Circular Migration on Human, Political and Civil Rights. Springer International Publishing, 2016: 239 – 265.

[108] Black R, King R, Tiemoko R. Migration, return and small enterprise development in Ghana: A route out of poverty? [C]. International Workshop on Migration and Poverty in West Africa, University of Sussex, United Kingdom. 2003, 13.

[109] Colette. Entrepreneurship Education and Training: Can Entrepreneurship Education Be Taught? Part I [J]. Education and Training, 2005 (23): 116 – 119.

[110] Olesen H. Migration, return, and development: An institutional perspective [J]. International migration, 2002, 40 (05): 125 – 150.

[111] Orazem P F, Jolly R, Yu L. Once an entrepreneur, always an entrepreneur? The impacts of skills developed before, during and after college on firm start-ups [J]. IZA Journal of Labor Economics, 2015, 4 (01): 9.

[112] Yu L, Yin X, Zheng X, et al. Lose to win: entrepreneurship of returned migrants in China [J]. The Annals of Regional Science, 2016: 1 – 34.

后　记

一部即将付梓出版的专著，虽然顿感释然，但难免仍有感慨。从初稿到交稿不到半年，但其花费的心血应该是伴随我工作的长周期的。对我国"三农"问题的持续关注及国家社科基金重点项目的成功申报，一方面来自自己作为河南科技大学经济学院院长、教授的岗位使命使然；另一方面也是骨子里或者说最根本的终究是自己的求学经历、从教经历以及对中国农村长期观察的心理路程的内心冲动使然。

我本农村出生，1982年上大学的初衷是将来回到县里谋个一官半职，因此大学本科毅然决然选择了作为第二届33名同学的河南农大农经专业，毕业后命运的安排进入农业院校，十几年后惯性的作用又回母校读了个农业经济与管理的硕士，工作中深感要想进一步弄清中国农村背后的底层逻辑还应继续充电。于是2007年又到华中科技大学经济学院读了个经济学博士，主要研究方向是发展经济学，博士毕业论文就是欠发达地区县域经济跨越式发展问题研究——以河南为例，并于当年在中国农业出版社出了自己的第一本专著。这件事儿除了毕业论文的刚性要求，出版专著本身也算是我相对独立地对中部农村欠发达地区中观层面的一点观察与思考。

随着发展经济学分析问题和研究主题趋势的微观化，也随着农村劳动力由单向流动到双向流动，农民工返乡创业渐成趋势。2017年我深感中西部地区农民工返乡创业与精准扶贫具有时间、空间、效应等多方面的共域性，就和我的同事现河南科技大学教务处副处长朱云章博士确定了研究方向，侧重从两者的对接机制和配套政策进行系统思考。上天不负有心人，春节期间与朱云章博士的高密度交流与碰撞终于换来了国家社科基金重点项目的突破。但凡大学老师都有一个共同的感受，申报难，写作难，疫情期间写作尤其难。疫情过后，我们抓紧一切时间，弥补失去的损失，修订完善工作方案和撰写大纲，几多轮回，几多心血，内用心书写，外用力调研，攻坚克难，发扬团队的力量终于得以结项。在此衷心感谢鉴定专家对我们报告的充分肯定和中肯建议，这一次出书虽然也并不轻松，但终究少了些个人单打独斗的痛苦和烦恼，多了些团队协同作战的充实和快乐。

改革开放以来，农民通过包产到户解决了温饱，通过外出打工达到了小康。未来 30 年，通过人力资本投资实现富裕，绝不是天方夜谭。45 年来，农村覆盖面最大的人力资本投资不是学校教育，而是外出打工。就此而言，农民工返乡创业的经济实质是把这部分人力资本再从城市转移到乡村，这种转移对今后 30 年实现乡村振兴和共同富裕目标具有至关重要的作用。认识到这一点后我到三亚学院又继续了我的拓展性研究，对农民工返乡创业与乡村振兴、共同富裕进行深度思考，也恰恰连接起来形成了本书的名字：从精准扶贫到乡村振兴——中西部地区农民工返乡创业问题研究。

本专著的顺利出版是集体智慧与分工协作的结果。我和朱云章博士进行了总体的设计和通稿，具体的分工是刘溢海完成了前言、第 1 章、第 8 章、第 10 章和第 11 章及第 3 章 3.4 节，王晓燕副教授完成了第 2 章，薛艳茹博士完成了第 3 章，张家龙老师完成了第 4 章，吴昱博士完成了第 5 章，朱云章博士完成了第 6 章和第 9 章，房裕博士完成了第 7 章，郭祎博士、我的学生农业农村部来晓东博士和我的爱人河南科技大学图书馆副馆长赵黎霞副研究馆员为本书的出版提供了大量素材并做了许多基础工作。感谢河南科技大学杜威漩教授、岳佐华教授给予的无私帮助，感谢河南科技大学的前期资助，尤其要感谢三亚学院作为高层次人才给予的后期资助，最后还要感谢本书得以顺利出版的经济科学出版社顾瑞兰编辑的鼓励和大力支持。

2023.9.26 中秋、十一"双节"前于三亚